软法九讲

沈岿 著

北京大学出版社

图书在版编目(CIP)数据

软法九讲 / 沈岿著. -- 北京：北京大学出版社，
2025.8. --（北大法学文库）. -- ISBN 978-7-301
-36580-9

Ⅰ.D9

中国国家版本馆 CIP 数据核字第 20251QT590 号

书　　　名	软法九讲
	RUANFA JIU JIANG
著作责任者	沈　岿　著
责 任 编 辑	吴佩桢
标 准 书 号	ISBN 978-7-301-36580-9
出 版 发 行	北京大学出版社
地　　　址	北京市海淀区成府路 205 号　100871
网　　　址	http://www.pup.cn
新 浪 微 博	@北京大学出版社　@北大出版社法律图书
电 子 邮 箱	编辑部 law@pup.cn　总编室 zpup@pup.cn
电　　　话	邮购部 010-62752015　发行部 010-62750672
	编辑部 010-62752027
印 刷 者	大厂回族自治县彩虹印刷有限公司
经 销 者	新华书店
	965 毫米×1300 毫米　16 开本　14.75 印张　306 千字
	2025 年 8 月第 1 版　2025 年 8 月第 1 次印刷
定　　　价	59.00 元

未经许可，不得以任何方式复制或抄袭本书之部分或全部内容。
版权所有，侵权必究
举报电话：010-62752024　电子邮箱：fd@pup.cn
图书如有印装质量问题，请与出版部联系，电话：010-62756370

自　序

一

2005年,我的恩师罗豪才教授在北京大学法学院博士班上正式开设软法讨论课,同年,在他的授意、指导之下,北京大学法学院软法研究中心组建,并举办了"公共治理与软法"研讨会。彼时,我并没有以年轻教员的身份第一时间去"蹭课",对罗老师经常提及的软法概念一知半解,且长年累月受传统"法观念"浸泡的我,还对这个新词多少有点抗拒。不过,以将信将疑的态度对待学术新生儿,可能也是一件常事。随着多次参加罗老师组织的软法相关研讨会,加上自我研读、学习和思考,终于渐窥堂奥,接受与认可软法研究之重要性。2014年,我发表了第一篇软法主题论文。

2015年,在罗老师的热情推动之下,在时任最高人民法院副院长、中国行为法学会会长江必新同志的大力支持之下,中国行为法学会软法研究会(现更名为"中国行为法学会软法研究专业委员会")正式成立。感谢罗老师的推举,感谢软法学界前辈们、同仁们的信任,我非常荣幸地担任了第一届、第二届研究会会长(现更改为"主任")。在这十年期间,软法研究专业委员会成为从事软法研究和实务的同道定期进行交流的平台,而我本人深感重任在肩,持续对软法基础理论问题开展研究,陆续发表了若干论文。本书正是在对这些论文进行修改、完善并整理之后形成的。

二

2018年,恩师驾鹤西归,然其开创的软法研究基业却吸引着众多的后来者深耕细作。回顾倏忽而逝的二十年,仅"中国知网"数据上记录的、在标题中出现"软法"一词的已发表文章就有1063篇[1],其在每年的分布如下图所示。

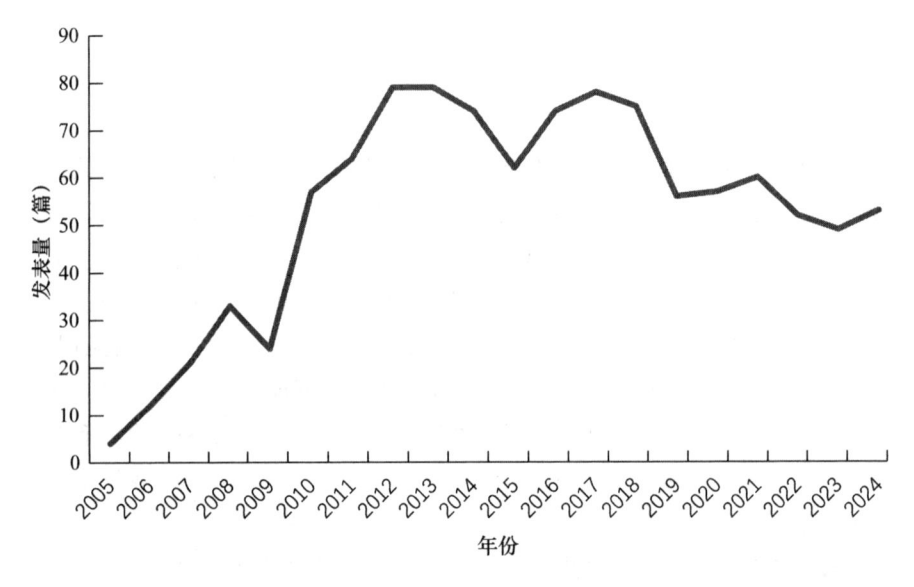

而自罗老师与宋功德合著的、中国软法研究领域扛鼎之作《软法亦法:公共治理呼唤软法之治》于2009年问世以来[2],软法的专题著作有:

——张荣芳、沈跃东等:《公共治理视野下的软法》,中国检察出版社2010年版;

——刘小冰等:《软法原理与中国宪政》,东南大学出版社2010年版;

——梁剑兵、张新华:《软法的一般原理》,法律出版社2012年版;

——张清、武艳:《社会组织的软法治理研究》,法律出版社2015

---

[1] 检索时间为2025年6月6日。检索起始年份为2005年,截止年份为2024年。
[2] 该书的英文版,See Haocai Luo & Gongde Song, *Soft Law Governance: Towards an Integrated Approach*, William S. Hein & Co., 2013.

年版;

——曾文革等:《食品安全国际软法研究》,法律出版社2015年版;

——琚磊:《软法、硬法视角下的产品召回制度研究》,中国政法大学出版社2015年版;

——段海风:《我国地方软法治理的规制研究:基于"红头文件"现象的考察和论证》,人民日报出版社2017年版;

——宋方青等:《软法之治与社会治理创新——海沧经验》,厦门大学出版社2018年版;

——张宪丽:《企业社会责任的硬法与软法之治》,中央编译出版社2018年版;

——黄茂钦等:《经济领域的软法之治:理论辨析与实证考察》,厦门大学出版社2019年版;

——强昌文:《软法及其相关问题研究》,中国政法大学出版社2019年版;

——刘晶:《国际软法视域下的国际法渊源》,湖北人民出版社2019年版;

——居梦:《网络空间国际软法研究》,武汉大学出版社2021年版;

——胡玉婷:《软法的渐变:以巴塞尔规则为视角》,上海财经大学出版社2021年版;

——梅中伟:《"软法"视角与现代社区治理研究》,吉林大学出版社2021年版;

——王兰:《民间金融软法治理及协同问题研究》,厦门大学出版社2024年版;

——廉睿:《软法何以有效:〈监察法〉中的软性条款研究》,厦门大学出版社2024年版;

——龙龙:《网络空间的软法治理研究》,人民出版社2024年版;

——何晨玥:《软法与利导:变革时代的大学校院两级治理》,中国社会科学出版社2024年版。

除专题著作以外,自2006年以来,以论文集形式出现的著作或译著有:

——罗豪才等:《软法与公共治理》,北京大学出版社2006年版;

——罗豪才等:《软法与协商民主》,北京大学出版社2007年版;

——罗豪才主编:《软法的理论与实践》,北京大学出版社2010年版;

——罗豪才、毕洪海编:《软法的挑战》,商务印书馆2011年版;

——〔荷兰〕弗朗斯·彭宁斯编:《软法与硬法之间:国际社会保障标准对国内法的影响》,王锋译,商务印书馆2012年版;

——罗豪才主编、毕洪海副主编:《软法与治理评论》(第1辑),法律出版社2013年版;

——罗豪才:《为了权利与权力的平衡:法治中国建设与软法之治》,五洲传播出版社2016年版;

——石佑启、朱最新主编:《软法治理、地方立法与行政法治研究》,广东教育出版社2016年版;

——罗豪才主编、王瑞雪执行主编:《软法与治理评论》(第2辑),法律出版社2016年版;

——沈岿、彭林、丁鼎主编:《传统礼治与当代软法》,北京大学出版社2018年版。

此外,徐维博士的《软法研究这十年》一书以"大事记"的方式记录了北京大学法学院软法研究中心成立以后十年间的主要活动,从一个机构的学术生命成长的视角,呈现了软法研究从起步到渐次展开的一角。[①]以上著述的出版,加之平均每年50余篇的论文,足以表明:软法概念对于法学界而言已不再陌生,不再仅仅是少数学者瞄准的研究对象。近些年,屡有同仁向我表示,以前对软法关注不多,现在的确开始认识到这一法现象的重要意义。听闻于此,我当然很高兴,而且暗忖,这应该不是冲着一个学会负责人的恭维或讨喜。因为,我忝作负责人已经若干年,该恭维或讨喜的话,早该说于当面了。更为重要的是,我很了解这些同仁的人品、学品,他们是发自内心的、认真的。我也十分理解,毕竟,自己就是从略带抵触开始,直到最终将其全面接受并纳入研究视野和研究计划之中的。

[①] 参见徐维:《软法研究这十年》,中国法制出版社2016年版。

三

软法概念及其意义在较之以往更大范围内得到了认可,但并不意味着从其诞生伊始即萦绕不去的反对、质疑之声已随风而逝,也不意味着在软法研究共同体内部就许多基本议题已经达成了充分共识。后者出现的不同认知,更是反过来成为前者的理据。在若干场合,我曾经被多次问到:"党内法规、不具有《立法法》上法律渊源地位的规范性文件(俗称的'红头文件')、行业协会自治规则、学校规章制度、互联网平台规则、村规民约等,究竟是不是软法?"这个"究竟"两字似乎在暗示:你们连软法范畴包括什么、不包括什么都没有形成一致,软法的定义都没有基本的共识,怎么能让更多的人接纳这个概念呢?此外,我还被问及:"按照你们的硬法与软法划分逻辑,中国的法治事业在硬法轨道上还没发展好呢,再加个所谓的软法或软法之治,岂不乱套了?"这两个疑问,一是涉及内在的软法的基本原理,二是涉及外在的软法的价值和作用。针对软法的挑战,形式和内容各异,但大致上皆可归入于此。

如何回应?这是摆在软法研究共同体所有成员面前的艰巨任务。就内在的软法的基本原理而言,软法是什么、软法包括/不包括哪些规范、软法概念的历史性/时代背景、软法的效力、软法的实施等一系列议题,都还有进一步研究的意义。这看上去似乎是味同嚼蜡的老生常谈了。可能的疑问乃至嘲讽是:"都研究二十多年了,还在原地打转吗?"其实不然。如果我们用一键替换的方式,将以上议题中的"软法"换为"法律",谁又能说这些议题已经无须研究了?其实,这些议题可以视为"软法法理学"的研究对象,应该会伴随着软法学而长期存在。如果有这样的定位,那么,在这些议题上的探索固然需要有追求一致和共识的努力,但也不排除百花齐放、百家争鸣的局面。既然在传统法理学领域,法律实证主义、法律现实主义、法律社会学、法律经济学、法律人类学、批判法学等学派,乃至同一个学派里的不同学者,都会在基本问题上发生争论,作为一个新兴的学术领域,软法的外部质疑和内部分歧自然不可避免。罗老师就曾经为梁剑兵教授的著作写序道:"我和梁剑兵教授研究软法的角度不完全相同,在一些问题上的观点也不尽一致。这些都是属于学理讨论范围内的合理分歧,因为学术观点都是作者自我负责的,想必读者也不至于混淆;同时,一个新事物的研究,从不成熟到成熟,总是有一个渐进发展的过程"。①

就外在的软法的价值和作用而言,其与软法的基本原理有着千丝万缕的联系。对软法是什么、软法何以有效、软法如何实施等基础性问题的探求,会塑造对软法价值和作用的认知,而在软法价值和作用上的实证考察,同样反过来会影响基本原理的研究输出。如果说软法的基本原理需要在现实经验的基础上,侧重于反思近现代民族国家、主权国家的实证主义法学对我们法思维的定型,侧重于在理论世界里进行抽象的、思辨的、格物穷理的努力,那么,对软法价值和作用的探究与认知则需要更多地进入现实世界,关注其真实的发生。而一旦将目光聚焦于经验现实,就会发现诸如国际软法对国内法的影响②、"名义软法"混合"实质硬法"③、软法的硬化④、软法在实现治理目标方面相较硬法的作用和局限⑤、社区秩序形成更依赖软法⑥等现象。由此,关于软法对整个法治事业的影响问题,也就不会贸然草率地甩出上述的或类似的质问,而是能够给出相对公正、客观的评价。更为重要的是,以实证主义的立场和路径对待软法的价值和作用,势必会引领对特定领域的制度建设、对特定问题的制度应对的整全研究,从而为该领域或该问题贡献以"有效实现治理目标"为宗旨的制度方案。

---

① 参见梁剑兵、张新华:《软法的一般原理》,法律出版社2012年版,"序",第3页。
② 参见〔荷兰〕弗朗斯·彭宁斯编:《软法与硬法之间:国际社会保障标准对国内法的影响》,王锋译,商务印书馆2012年版;参见曾文革等:《食品安全国际软法研究》,法律出版社2015年版,第127—148页。
③ 参见本书第七讲。
④ 软法的硬化包括法律上的硬化,即硬法化,也包括事实上的硬化,即运用政治或经济的影响力保证软法得到普遍的实施。参见胡玉婷:《软法的渐变:以巴塞尔规则为视角》,上海财经大学出版社2021年版,第32页。软法硬法化现象,亦参见曾文革等:《食品安全国际软法研究》,法律出版社2015年版,第180—184页。
⑤ "软法——如行业协会制定的相关指引、社会机构推出的相关评价——则能够通过倡议引导和舆论压力的方式,引导并督促企业积极履行社会责任。尤其是作为社会评价方式之一的企业社会责任指数,因为其评价方法相对客观,所以能够更好地帮助社会公众了解企业在社会责任方面的履行情况。在此基础上,通过对排名落后的企业施加舆论压力,转移对其产品或服务的忠诚度,企业将会积极地回应社会责任缺失的状况,并为改善企业社会责任履行状况做出努力。"但是,"仅仅依靠企业的'自觉自愿'是根本靠不住的。与此同时,就软法成果来说,它也无力强制推进企业履行社会责任。"参见张宪丽:《企业社会责任的硬法与软法之治》,中央编译出版社2018年版,第56,82—83页。
⑥ 参见梅中伟:《"软法"视角与现代社区治理研究》,吉林大学出版社2021年版,尤其是第八章以下。

换个角度,若我们不再如传统意象中的法律人——法官或者律师,以诊脉看病的方式审视在法律案件中谁的什么行为合法或不合法、谁的什么权益损害可以得到法律上的救济,而是如立法者或者更准确地说如工程师那样去构想什么样的制度工程最能满足民众、企业或者社会组织的需求,那么,我们就不可能忽视传统意义的法律即"硬法"的局限,就不可能忽视"软法"的价值和作用。结合特定领域、特定问题去探索研究软法的价值与作用,就更能为这样的制度工程提供有效的、完整的方案。甚至,有些研究成果会突破对软硬法混合治理"硬法为主,软法为辅"的刻板印象,在特定领域或问题上获得不一样的结论。① 这就是其有着独立研究意义的重要一面。

总之,在未来,软法研究共同体需要应对的理论和实践挑战并不会减少,这些挑战部分来自软法研究成果本身的不足,部分来自共同体内部的分歧,还有一部分则来自外界的困惑甚至质疑。然而,无论如何,挑战是学术生命的源泉。问学、治学在于永不停止地追求智慧给我们带来的快乐,在于当我们抓住脑际中乍然而现、电光火石、转瞬即逝的灵感时欢喜的颤动。

四

最后,我要感谢已故恩师罗豪才先生对我的学术引领!特别要感谢他对我的信任,在我进入软法领域较晚、研究并未完全展开的时候,推荐我担任中国行为法学会软法研究会的首任会长,从而让我始终感受到他的灼灼期待并将其转化为动力。

我还要感谢北京大学姜明安教授、湖南大学江必新教授、清华大学于安教授等一众前辈的关照、鼓励,感谢软法研究专业委员会和软法研究共同体各位同道的砥砺、支持,学会历年来重要活动获得的成功,自己在软法领域获得的些许研究成果,都应该归功于你们!

我要感谢我的母亲史涪春女士!她是如此体谅我在各处的奔波,如

---

① 例如,有学者指出,人工智能在数字政府建设中应当"提供以'软法'为先导,兼容硬法的法律规则供给"。参见王静、张红:《人工智能在数字政府建设中的应用及其法治化路径——基于 DeepSeek 在数字行政中应用场景的分析》,载《中外法学》2025 年第 3 期。

此用心地照顾和管理好自己而不让我担忧、挂念。本书的十余年积累，就是在她默默无声的关怀和支持之下完成的。即便在她生命最后的时光，她依旧会向陪护自己的两个儿子道声："辛苦啦！"行笔至此，眸中尽湿，内心无限悲苦。

我当然还要感谢我的夫人余伟利女士、我的儿子沈子越！他们是我迄今没有停止在书本间啃读、在键盘间垒砖的最强动力！在过去的五六年间，我的夫人经常独自一人照顾一个少年的成长，料理家中的各种琐事，从而让我心安于学术之乐。每念及此，感恩不已！也要感谢沈子越同学对学业和健康的自我管理，以及在此基础上获得的成绩，让我们有无尽的欣慰与喜悦！尤其感谢他在数日之间，为本书封面贡献了一幅寓意贴切的黑白画，这已经是他第三次以其独有的方式参加到我的学术出版之中。念及此，亦觉有种学术生命得以交融和延续的欢欣。

悲欣交集，在知天命之年真是越来越能体会到人生的此种况味。然，人伦之欢，治学之乐，纵悲苦磋磨亦不能消损泯灭也。

还要特别感谢北京大学出版社的王晶老师、吴佩桢老师，她们对标点符号、脚注格式、文献出处、封面设计等认真而又高效的编辑，让本书如我所愿地在2025年软法研究专业委员会年会召开之前付梓、问世。

感谢，在路上遇到的所有支持……

沈　岿

于北京大学法学院陈明楼

2025年6月16日

目 录
CONTENTS

第一讲　自治、国家强制与软法　/001
　一、自治：谁之自治？何种意义？　/005
　二、国家强制：源自哪里？何种形式？　/012
　三、典型软法及在软法与硬法之间　/018
　四、结语：典型软法的意义　/022

第二讲　软法概念的正当性　/024
　一、软法概念正当性理论回溯　/025
　二、软法与硬法共享的沟通之维　/031
　三、软法因商谈沟通而具规范性　/036
　四、结语：为何"软法"？沟通万能？　/041

第三讲　软法与政策、习惯法、民间法　/043
　一、软法与政策　/044
　二、软法与习惯法　/054
　三、软法与民间法　/060
　四、结语：一种廓清的努力　/064

第四讲　软法的有效性与说服力　/065
　一、问题：软法是否有效力　/065
　二、法律为何应当遵守：法律效力观的问题意识　/068
　三、强制约束力：在有效性与实效之间　/071
　四、软法有效性（效力）：多余的概念吗？　/074

五、软法有效性的条件 /079
　　六、软法说服力及其强弱 /082
　　七、结语:在反思中前行 /086

第五讲　软法的实施机制　/087
　　一、问题:软法何以产生实效 /087
　　二、人工智能软法及其"实效赤字" /091
　　三、"实效赤字"原因及为什么仍然需要软法 /098
　　四、人工智能软法的实施机制 /106
　　五、结语:认真对待软法实施 /115

第六讲　软法助推:意义、局限与规范　/117
　　一、问题:软法是助推吗?如何有用? /117
　　二、助推的意涵与形式 /120
　　三、自由—家长主义与助推正当性 /126
　　四、软法助推的意义与局限 /136
　　五、更好软法助推的规范 /143

第七讲　软硬法混合治理的规范化进路　/148
　　一、引言:软硬法混合治理的法治紧张症 /148
　　二、"名义软法"混合"实质硬法"现象 /149
　　三、法治面临的挑战与紧张 /156
　　四、应对法治紧张的规范化进路 /163
　　五、结语:对法治图景的补缺 /169

第八讲　风险交流的软法构建　/173
　　一、引言:制度构建萌芽及问题 /173
　　二、风险交流为何需要制度化 /176
　　三、诉诸软法之维的原因 /183
　　四、风险交流软法构建的基本面 /188
　　五、结语:"一体两面"的启示 /198

第九讲　数据治理与软法　/200

　　一、引言:数据治理时代　/200

　　二、数据治理的理论界定　/201

　　三、数据治理的目标及规则任务　/205

　　四、数据治理的软法空间　/209

　　五、结语:数字时代的软法未来　/213

主要参考文献　/214

第一讲　自治、国家强制与软法

2006年，可以称得上是中国软法研究元年。在该年，之后被公认为对中国软法学普遍推广具有决定性作用的引领者罗豪才教授，发表了两篇重要的、奠基性的学术论文①，也出版了一本专著，收录了17篇文章②。不仅如此，根据"中国知网"的数据库③，该年度学术论文题名中出现"软法"一词的共有12篇之多，是2005年4篇的3倍。在2005年之前的若干非连续的年份，基本是年度1篇的情况，有两个年度是2篇或3篇；研究对象则主要局限于国际法语境中的软法。④

近二十年的概念史和学术史——言长不长、言短不短——使"软法"这一术语已经至少为众多的法律学者所知闻。然而，围绕此概念是否成立、是否多余、其所指是否真的应该成为法学研究对象、由此展开的研究是否会增加对"法"现象认知的混乱性、是否会击碎既有的整个法学理论的基石和体系等的争议，一直以来不绝于耳。这些争议尽管各有侧重的关切，但似乎总是与软法的意涵和外延有直接或间接的关联。

软法学者曾经基于不同的问题意识，在不同的语境中，以不同的方

---

① 参见罗豪才、毕洪海：《通过软法的治理》，载《法学家》2006年第1期；罗豪才、宋功德：《认真对待软法——公域软法的一般理论及其中国实践》，载《中国法学》2006年第2期。
② 参见罗豪才等：《软法与公共治理》，北京大学出版社2006年版。
③ "中国知网"数据检索时间为2024年8月20日。
④ 例如，参见李泽锐：《略论国际经济软法与建立国际经济新秩序的斗争》，载《法学研究》1983年第6期；赵秀文：《论软法在调整国际商事交易中的作用——兼论国际组织和学术团体在国际商事立法中的作用》，载陈安主编：《国际经济法论丛》第2卷，法律出版社1999年版，第116—128页；蔡从燕：《现代商人法与国际贸易法的"软法化"》，载《国际商务（对外经济贸易大学学报）》2000年第2期；万霞：《国际法中的"软法"现象探析》，载《外交学院学报》2005年第1期。

式,探索软法的意涵、疆域、边界等相关问题。其中,罗豪才、宋功德在其经典著作《软法亦法:公共治理呼唤软法之治》中,对软法给出了如下定义:"所谓软法规范,指的是那些不依靠国家强制力保证实施的法规范(内涵),它们由部分国家法规范与全部社会法规范共同构成(外延)。"① 与该定义相契合,他们指出软法的三种基本形态:国家法中的柔性规范、政治组织创制的自律规范和社会共同体创制的自治性规范。② 而国家法中的柔性规范,又可以分为:法律、法规和规章中旨在描述法律事实或者具有宣示性、号召性、鼓励性、促进性、协商性、指导性的法规范;国家机关依法创制的诸如纲要、指南、标准、规划、裁量基准、办法等规范性文件。③ 在此理论图式中,行政裁量基准、公共政策、城乡社区的自我规制、乡规民约、社团章程、标准④、中国共产党党内法规、党内规范性文件(以下简称"党内法规"),以及互联网业界自我治理规范等⑤,皆可归入软法范围。

然而,党内法规、行政裁量基准、社团章程以及网络平台规则等,真的都属于不具有强制约束力的软法吗?若政党组织适用党内法规、行政机关适用裁量基准、社会组织适用社团章程及其他规章制度、网络平台适用规则于具体情形之中,对特定个人或组织作出涉及后者权益的决定,若后者不服决定,起诉至法院,被告以这些规范为依据为其决定的合法性进行辩护,法院真的不会以"国家强制力"来保证这些规范的实施吗?之所以作此提问,盖因上述理论建构所纳入的部分软法形式(或另一种表达:"软法渊源"⑥),似乎有悖于事实或通常认知。如法院承认并支持网络平台规则对双方当事人的约束力,而且是以"契约"——其效力得到合同法的

---

① 参见罗豪才、宋功德:《软法亦法:公共治理呼唤软法之治》,法律出版社2009年版,第394页。
② 同上书,第377页。
③ 参见罗豪才:《我的软法观》,载《北京日报》2009年11月16日,第020版。
④ 参见罗豪才主编:《软法的理论与实践》,北京大学出版社2010年版,第104—269页。
⑤ 参见罗豪才、周强:《法治政府建设中的软法治理》,载《江海学刊》2016年第1期。
⑥ 参见宋功德:《公域软法规范的主要渊源》,载罗豪才等:《软法与公共治理》,北京大学出版社2006年版,第189—203页。

支持——定性平台规则的[①],尽管平台规则契约论尚有可探讨、可争辩之余地。再如,很少有人会认为,党内法规对党员、社团章程对社团成员不具有"刚性"约束力,党员或社团成员可以自愿选择遵守或不遵守。

细究之下,罗豪才等论者的观点(因其影响力,以下简称"主流观点")在框定软法形式和疆域方面,直接或间接、明显或隐晦、自觉或不自觉地确立了两个主要标准。一个是"自治"标准,即规范创制主体若是享有自治权的社会共同体而非国家,其制定的规范就是软法而非硬法。"这种关于国家法和社会法的界分在相当程度上与软法和硬法的划分构成了重叠",政治组织创制的自律规范和社会共同体创制的自治性规范"都只能是软法规范"。[②]

另一个是"强制"标准,更准确地说是"国家强制"标准,即规范的实施若不是由"国家强制力"给予保证的,该规范就是软法。依此标准,可以确定如下软法规范。首先,国家法(法律、法规和规章)中的"主要依靠利益诱导或者宣示、号召、建议等方式来实现预期社会效果"的柔性规范,"通常不规定消极的否定性法律后果——即便是作出相关规定,那也仅限于法律评价层面,不能上升为运用国家强制力追究其违法责任的法律制裁层面"。其次,国家机关创制的,除法律、法规、规章之外的其他规范性文件,需要区分对外适用和对内适用两种情形。前者涉及公民、法人和其他组织的规范,除非得到法律、法规、规章授权,是不能依靠国家强制力保证实施的,故"绝大多数属于软法规范";后者涉及上下级国家机关之间或国家机关与其所属公务人员之间关系的规范,是"国家机关创制的用于自律

[①] 例如,在浙江省杭州市中级人民法院2022年4月20日发布的涉外民商事审判十大典型案例(2012—2021)之六——深圳某公司诉浙江某网络公司合同纠纷案中,发布法院提及:"对这类既当运动员又当裁判员的电商平台,既要支持其依据平台规则对平台内经营活动进行合理必要的管理,同时也要加强对服务协议和平台规则的合法性审查,严将该自治权利规制在合理必要的限度之内。"在上海市长宁区人民法院2019年9月24日发布的服务保障民营经济十大典型案例之四——某贸易有限公司诉某信息技术有限公司网络服务合同纠纷案中,发布法院提及:"平台规则不是平台与某一具体经营者决定或修改的,而是平台与所有经营者共同达成的一致契约,遵守平台规则不单是经营者对平台的义务,也是对其他经营者的义务,更是对消费者的义务。经营者一旦入驻电商平台并签署协议,即视为对自身权利的让渡,就需要服从平台的自律管理。"本书援引的案例,如非特别注明,皆来源于"北大法宝·司法案例"数据库。下文不再一一指出。

[②] 参见罗豪才、宋功德:《软法亦法:公共治理呼唤软法之治》,法律出版社2009年版,第377页。

的规范性文件""主体部分也应当是软法规范""侧重于反映组织管理的自治性原理"。最后,政治组织自律规范和社会共同体自治性规范"虽然不可避免地要规定运用组织自治力来强制成员服从自治规范,并追究违规成员的责任,但这些责任及其追究都仅限于成员身份,不能突破自治范围,其所依靠的自治力只能是一种社会强制力而非国家强制力"。① 而在这些论述之中,与"国家强制力"对应的是两个概念建构:"社会强制力"和"组织自治力",尽管论者并未充分展开它们的意涵。

鉴于主流观点运用的"自治"和"国家强制"标准具有划定软法疆域与边界的界碑作用,本讲也试图围绕这两个标准,进行更为深入的探索,并希冀建构更为狭义的、典型的"软法"概念,展示软法的图景。从世界范围内来看,软法研究者对"软法"概念的内涵、外延有着不同的认识,就如同法律研究者对什么是法、法有哪些形式或渊源这一法学领域亘古恒久的问题一直以来也并非众口一词一样。本讲努力的目标是反思主流观点及其视野中相对广阔的软法疆域,挖掘其存在的局限、不足,希望在此基础上提炼和提供另一种厘定软法核心特征及其形式、疆域的理论建构方案。该方案是:(1)"自治"在原初上即有自己制定规则并按这些规则生活的意涵,在现代法秩序中,自治规则一般有更高规范直至宪法规范为基础和依据,并因此而具备有效性,即法律上约束力,并可由法秩序指定的机构(主要是法院)在判断其满足其他效力要件后直接或间接宣告其有效,保证其得到强制实施,换言之,即便适用对象反对这些规则或者根据这些规则作出的决定,指定机构也可违逆其意志强行实施;(2)在基于授权而有效的规范颁布之初,国家强制力只是作为一种威慑的力量存在,而不会完全展现,只有规范所指对象拒绝服从、法秩序规定的机构强制适用该规范于对象时才会真正呈现。国家强制力有直接的、清晰可见的表现,也有间接的、隐含的、后备的表现;(3)典型"硬法"规范有行为指令并设定违反指令的不利后果(制裁),其因得到法秩序的授权而具备有效性(validity),只要满足法秩序规定的其他效力要件,就可以违逆规范所指对象的意志得到实施,这种实施会得到国家强制力直接或间接的支持。

---

① 参见罗豪才、宋功德:《软法亦法:公共治理呼唤软法之治》,法律出版社 2009 年版,第 377—379 页。

对应地,典型"软法"规范虽然也会给出行为指示,但并没有对违反指示行为设定任何法律上的制裁,而是希望通过引导、宣传、号召、建议等,让规范所指对象自愿遵守,以实现规范制定者所希望达到的目标。尤其是,若适用对象选择不愿遵守,任何组织——包括规范制定者本身和法秩序指定机构——都不得正当地强制实施软法规范。当然,本讲还会进一步指出,在典型"硬法"与典型"软法"之间有一种既似硬法又似软法的规范。必须说明的是,此处的讨论语境仅限于国内法而不涉及国际法。

一、自治:谁之自治? 何种意义?

从主流观点的论述中可以发现其内含三种类型的"自治"。一是国家机关系统内部的自律管理;二是政治组织为执政、参政、议政等而进行的自律管理;三是社会共同体进行的自治型管理。① 尽管极有可能是出于服从习惯话语、准确进行修辞的考虑,论者分别采用了"自律"和"自治"两种术语,但它们在通过"组织自治力"保证其规范实施的意义上是一致的。② 而且,在逻辑上,正因为"组织自治力"的存在,其规范就不依靠"国家强制力",自然也有了软法的属性。

然而,"自治"究竟是指什么?"自治"权利/权力的来源是什么?"自治"有哪些类型?"组织自治力"意味着什么? 其是否必然与软法而非硬法发生勾连? 这些问题若不能更进一步细致探究,就无法排除在表面上看起来成立却又令人有逻辑跳跃所产生的悬空感。本讲在此重点梳理自治的意义、类型、组织自治力的可能意涵,试图从中获得关于其与国家强制的关系的初步认识。对二者间关系的更多探讨,会在下一部分专门讨论国家强制时展开。

1. 自治的意义

在中国古代,"自治"一词有多种意义,大致上有:(1) 自行管理或处理,如《史记·陈涉世家》:"诸将徇地,至,令之不是者,系而罪之,以苛察

---

① 参见罗豪才:《我的软法观》,载《北京日报》2009 年 11 月 16 日,第 020 版。
② 参见罗豪才、宋功德:《软法亦法:公共治理呼唤软法之治》,法律出版社 2009 年版,第 378—379 页。

为忠,其所不善者,弗下吏,辄自治之。"(2) 修养自身的德性,如宋朝程颐《辞免西京国子监教授表》:"伏念臣才识迂疏,学术肤浅,自治不足,焉能教人。"(3) 自然安治,如《尹文子·大道上》:"法用则反道,道用则无为而自治。"(4) 自营,如《汉书·张禹传》:"禹年老,自治冢茔,起祠室。"① 而在现代中国,其更多指向"民族、团体、地区等除了受所隶属的国家、政府或上级单位领导外,对自己的事务行使一定的权力"。②

可见,在汉语中,"自治"可以简单理解为"自己"和"治理"的叠加。至于"自己"对应的主体是个人还是组织,"治理"的客体是家事、政事还是德行、学问,需视具体语境而定。不过,现代汉语中的"自治"更多是政治、法律意义上的,无论是在民族自治、村民自治、学术自治等词语之中,还是在民法体系最为重要的概念——意思自治——之中;并且,其受西方的"自治"理念影响甚深。

"自治"概念在西方也是多义的,且在英语词汇中还有不同的对应术语,包括 autonomy, self-rule, self-management, self-government, self-regulation, self-governance 等。③ 其中,"autonomy"一词可以追溯至古希腊,是由两个词组合而成的:*autos* 意味着"自己"(self),*nomos* 意指"法律"(law)或习惯(custom)。字面意义就是"按照自己的法则生活"(living by one's own laws)。古希腊论者在使用该词时,通常指向一个集合体(collective)依靠自己统治或者创制自己的法律,不受外界强加。④ 至罗马共和国和帝国时期,自治集合体可以是城邦、城市、部落、市镇、市民、殖民地、岛屿以及区域联盟等,但自治集合体仍然可能维系在另一个政治权力(如罗马帝国)的保护或监督之下。换言之,自治并不一定意味着完全

---

① 参见汉语大词典编辑委员会、汉语大辞典编纂处编纂:《汉语大词典》,汉语大词典出版社 1997 年版,第 5284 页。
② 同上;亦见中国社会科学院语言研究所词典编辑室编:《现代汉语词典》(第 7 版),商务印书馆 2016 年版,第 1741 页。
③ See Claire E. Rasmussen, *The Autonomous Animal: Self-Governance and the Modern Subject*, University of Minnesota Press, 2011, p. X; Eva Sørensen & Peter Triantafillou, *The Politics of Self-Governance*, Ashgate Publishing Limited, 2009, p. 216.
④ See Lucas Swaine, "The Origins of Autonomy", *Historical of Political Thought*, Vol. 37, No. 2, p. 217 (2016); Claire E. Rasmussen, *The Autonomous Animal: Self-Governance and the Modern Subject*, University of Minnesota Press, 2011, p. X.

独立,而是可以在一个更大集合体下的相对独立。① 此外,"自治"也可能被用于指向手握政治或军事权力可以为其治下人民立法的个人,或者是哲学家。② 当然,相比指向集合体而言,指向个人的使用是较为罕见的。

到了17世纪,"自治"逐渐开始与个人建立更多联系。在有的著者笔下,自治、良知自由(liberty of conscience)以及自我立法(self-law)是意义相近的、几乎交替使用的词语。在现代道德哲学中,康德发明了"自治的道德性"观念。当时的思想家认为,人们可以认知道德律令,而不必依赖道德专家或道德权威的指示。根据新兴的哲学观念,每一个个体的人都有同等的能力认知理性的命令,进而,每一个人都可以据此采取行动。这些观念在康德哲学中得到阐发并广为接受。③

之后,在社会观念的历史性建构中,尤其是在自由主义政治理论和哲学的推动下,个人主体性得以充分提升,从而让个体自治、私人自治观念获得了极为重大的意义。在明显的从集体自治到个人自治的变迁之中,甚至出现一种流行的理论建构,即个人自治是集体自治的基础,集体自治源于个人的同意、认可而不是源于更高权威(如古罗马帝国或中世纪以后欧洲国家的君主)的授予、赋予;个人自治也是个人接受拘束、接受他治或他律(heteronomy)的基础,拘束、他治/他律都是个人部分让渡自治的结果。这种拟制的而非完全符合现实的理论建构之所以流行,在相当程度上可归因于经济领域的资本主义与市场放任主义、政治领域的自由民主主义、精神领域的宗教自由。

即便是在20世纪之交,在有些国家如法国,社会、政治的需求从个人主义的、非干预主义的自由主义向联合主义的、中央集权的社会主义转变,社会连带主义、马克思主义、天主教社团主义、无政府工团主义等与经济自由主义相对的理论或观念风起云涌④,但都充分肯定个人自治。例如,社会连带主义一方面承认个人自治,另一方面又意识到特定共同体内

---

① See Lucas Swaine, "The Origins of Autonomy", *Historical of Political Thought*, Vol. 37, No. 2, pp. 222-224 (2016).

② Ibid., pp. 225-228.

③ Ibid., pp. 231-233.

④ See J. E. S. Hayward, "The Official Social Philosophy of the French Third Republic: Léon Bourgeois and Solidarism", *International Review of Social History*, Vol. 6, No. 1, pp. 19-20 (1961).

成员之间的相互依赖,二者都必须考虑在内,并通过共同体成员间的相互帮助来得以实现。社会连带主义哲学的创始人莱昂·布尔茹瓦(Léon Bourgeois)就强调综合"社会连带之法"和"个人自由发展之法"的必要性。[①]

以上简单梳理显然不能穷尽西方"自治"概念的复杂历史,但该词延绵发展至今,即便曾经出现多种意涵,在观念上仍然可以明确的是:(1)"自治"适用于集体的、共同体的自治时,往往有"自我立法"之意;(2)集体自治并不必然与"独立"挂钩,其可能只是更大共同体的一部分;(3)集体自治早先源于更高权威的授予,此后,又有被建构为源于个人自治的;(4)个人自治基础上的集体自治实际上是个人同意接受拘束、接受他治,换言之,集体自治的"自我立法"对个人有拘束力。

2. 自治的类型

自治可以有不同的类型。例如,从主体出发,自治可分为个人自治、组织自治和共同体自治[②],组织自治包括企业自治、机构自治、团体自治等,共同体自治又可分为国家自治、民族自治、地区自治等。就自治领域而言,可以有良心自治、宗教自治、政治自治、经济自治、行业自治、职场自治、学术自治、家庭自治等。此处无意也不可能展示自治的所有类型,而是重点以自治基础为标准对自治进行类型化处理。这对于反思软法主流观点提出的"组织自治力"概念以及与此概念相连的"社会强制力"而言,有着极为重要的意义。

如前所述,无论"自治"在不同语境中有着如何不同的意义,其不变的共性成分是自我管理、治理而不受他者的约束、干预。这种"自我"与"他者"、"自治"与"他治"的界分,是依赖一定规则或法秩序——习惯法或制定法——形成的。只是,法秩序确立或承认自治的基础或理由有所不同,大致有个人意志、合意、赋权三类。

---

① See Karl-Peter Sommermann, "Some Reflections on the Concept of Solidarity and its Transformation into a Legal Principle", *Archiv des Völkerrechts*, 52. Bd. No. 1, pp. 10 & note 2 (2014).

② 严格而言,"共同体"是社会组织的一种形式。在此进行区分,大致上将"组织"视为人们在一起工作以实现特定目标的群体;将"共同体"视为享有共同利益或特征的群体。

（1）基于个人意志的自治适用于个人自治，纯粹是个人根据其自我意志进行决定。随着个人主体性观念的广为流行，随着"自治"一词从集合体身上转移到个人身上，个人自我意志的基础或理由越来越多地得到法秩序的认可。个人的信仰、思想、表达、行动等自由，个人对其财产的占有、使用、收益、处分，个人对其身体的自主决定，个人对他人收集和利用其信息的同意，个人对其隐私的保护等，都是这种认可的体现。

（2）基于合意的自治，亦可称为基于契约的自治，其适用于两个或两个以上的个人或组织在缔结契约基础上形成的自我管理、治理。契约可以是为达成交易缔结的，也可以是为建立或加入一个组织或共同体缔结的。前者的表现形式就是契约的另一种称谓：合同；后者的表现形式通常是章程。在现代法观念之下，自治的合意基础可以认为是个人意志自治的延伸，它以个人意志自治为起点，而终于多方的共同意志。

（3）基于赋权的自治适用于既非源于个人意志，也非源于合意或契约的自治。赋权者可以是君王，也可以是习惯（法）或者是成文法等。如在历史上，君王授权在其控制的疆土范围内的地方自治，或者聚居一处的共同体基于习惯对共同体成员实施自治，或者习惯（法）赋权家庭的自治，或者成文法授权国家机关内部的自治。至于现代国家、民族、地区等的自治，更多情形是源于国内法或国际法秩序的直接赋权。国家或地方团体统治建立在作为国家或地方团体成员的个人同意或合意基础上，基本上是一种理论建构或拟制，而不是现实。①

在现代国家，三种类型自治都得到了法秩序的认可或授权。其中，与此处主题相关的是，无论基于合意的组织或共同体自治，还是基于赋权的组织或共同体自治，都在各自自治范围内可以制定对其成员有法律上约束力的规则，这是法秩序予以认可的最重要体现。

3. 组织自治力的意涵

前文提及，软法主流观点提出"组织自治力"，以与"国家强制力"相对，主张政治组织自律规范和社会共同体自治规范是"运用组织自治力来

---

① "很少有这样的场合，契约论者真的相信社会契约是一个历史事实，……相反，社会契约被用做一种哲学策略，借此，理论家们可以探讨公民应当服从祖国的依据。"〔英〕安德鲁·海伍德：《政治的常识》（第三版），中国人民大学出版社2014年版，第189页。

强制成员服从自治规范,并追究违规成员的责任";由此,进一步论证这些规范属于软法而非硬法。只是,其并未对"组织自治力"的意义所指进行展开,也未深入讨论其为何以及如何不同于"国家强制力"。

其实,抛开个人自治不论,按照自己的规则运作是"组织自治"的应有之义。换言之,进行自我管理、治理的组织,通常都会奉行自己认可的习惯规则或制定自己的成文规则,以使其成员有章可循。设若组织成员遵守和服从这些规则,包括遵守和服从组织按照规则对其违规行为作出的制裁,"组织自治力"的意义仅限于组织的权力和影响力即可,因为似乎没有必要将此概念与"强制服从"建立关联。问题在于,当成员的行为违反这些规则,且不愿意服从相应的制裁,组织依靠什么才能保证其奉行的习惯规则或制定的成文规则的完整性不受毁损。

这个问题的答案在一定程度上同组织自治是基于合意的还是基于赋权的有关。若是前者,成员因为认同该组织规则而自愿同意建立或加入,那么,其通常情形下也会自愿接受自己违规行为所应受到的、组织规则所确定的制裁。如果成员不愿意接受,就成员一方而言,其可以选择"用脚投票"、离开该组织;就组织一方而言,其可以选择开除成员。在此情形下,可以视为双方合意或契约的解除。唯一存疑的是,在少数情形中,当成员不仅执意不服从组织给出的制裁,包括剥夺其成员资格的制裁,而又不愿意离开组织,那么,"组织自治力"如何体现?

暂时搁下此疑问,再看基于赋权的组织自治。由于此类组织对其成员的治理、管理并不源于成员对组织的自愿加入,而是因为习惯法或成文法秩序给予的授权,所以,即便成员不愿遵守组织规则、不愿服从组织对其违规行为的制裁,一般也无法通过或很难轻易通过"用脚投票"来化解其与组织之间的冲突。于是,这就同基于合意的组织自治遗留的问题极为相似了,都是在"不遵守、不服从、不愿/不能离开"的情形下如何解决冲突。

历史上,在国家尚未垄断使用暴力之前,个人可以使用暴力解决与他人的冲突,延伸至组织与其成员之间,这也是被允许的。欧洲中世纪的法秩序就不承认国家垄断暴力的观念,当然,为了避免无政府状态,其对家族世仇制度进行了严格的规制。① 在中国古代,宗族治理虽然更多依靠长期性、基础性的教化权力,而非依靠临时性、暴力性的手段,但是暴力强制还是存在的。② 而在现代国家形成的过程中,正当使用暴力解决纠纷的权力日渐集中到国家,个人或组织仅在正当防卫、紧急避险等极少数情形中才可使用。③ 对现代国家这一关键属性的认知,是由马克斯·韦伯塑成的。④ 韦伯称:"国家是这样一个人类团体,它在一定疆域之内(成功地)宣布了对正当使用暴力的垄断权。"⑤

因此,在现代国家,自治组织无论是基于合意,还是基于赋权,在遭遇成员"不遵守、不服从、不愿/不能离开"的情形时,其并不能使用暴力手段或强制手段来实施其规则或者执行依照规则作出的制裁,而只能寻求对暴力、强制手段有正当垄断权的国家的支持。可见,若"组织自治力"仅仅意味着组织进行自治的权力和影响力,那么,此类权力和影响力,或源于合意,或源于赋权,是普遍而广泛存在的。在通常情形下,组织成员也会认同组织的规则,自愿遵守和服从之,或者会担心不遵守、不服从的不利后果而循蹈之。这样的影响是不用诉诸强制力量的,也就是形成了"事实上的约束力"。但是,当组织成员与组织之间发生规则遵守、适用方面的不可自力解决的冲突,"事实上的约束力"已经不存在时,"组织自治力"绝不可能如软法主流理论所主张的,被视为一种与"国家强制力"对应的"社会强制力",因为,组织或共同体是不被现代法秩序允许直接使用"强制力"的。当冲突发生时,现代法秩序更多是支持其中任何一方将冲突提交至代表国家垄断强制力的法院或其他机构去解决。而法院判决或其他机构的决定对有效规则的支持,就意味着该规则是可以强制实施的,这在下文将予以更多阐述。

---

① See Stefan Haack, "Monopoly on the Use of Force", in Ludger Kühnhardt & Tilman Mayer, ed., *The Bonn Handbook of Globality*, Vol. 2, Springer International Publishing AG, 2019, p. 1108.
② 参见胡平江:《分与合:血缘、利益与宗族治理——国家不在场背景下宗族共同体的自我调节之道》,华中师范大学 2017 年博士学位论文。
③ See Stefan Haack, "Monopoly on the Use of Force", in Ludger Kühnhardt & Tilman Mayer, ed., *The Bonn Handbook of Globality*, Vol. 2, Springer International Publishing AG, 2019, p. 1108.
④ Ibid., p. 1107.
⑤ 〔德〕韦伯:《学术与政治》,冯克利译,生活·读书·新知三联书店 1998 年版,第 55 页。

至此,可以得出一个暂时的结论:"自治""组织自治"并不排斥"国家强制力",相反,在国家正当垄断暴力的现代,其在根本上还需得到国家强制力的背书和支持,才可使其自治力得到最大程度的发挥和最有效的保障。那么,"组织自治"与"国家强制力"之间存在的如此勾连,是否意味着组织自治规则都是具有约束力的硬法呢?是否意味着法院在处理纠纷时必须适用呢?如果规定组织成员权利义务、设定制裁的组织自治规则是硬法,这是不是与法律由立法机关制定的认识相悖?回应这些疑问,需要论及软法主流理论提出的另一厘定边界的标准:国家强制。

二、国家强制:源自哪里?何种形式?

软法主流理论不仅主张"组织自治力"与国家强制无涉,而且主张法律、法规、规章(以下统称"立法性规定")中的柔性规范是软法,而立法性规定以外的其他规范性文件中对外涉及公民、法人和其他组织的,除非得到立法性规定授权,是不能依靠国家强制力保证实施的,故绝大多数也是属于软法规范。按此观点,规范究属硬法还是软法,端视其实施是否需要和可以得到国家强制力的支持,而判断的第一步是看该规范是否为立法性规定。若是立法性规定,则毋庸置疑地可以由国家强制力保障。第二步,只需判断其中的规范是否具有诱导、宣示、号召、建议等性质。若具有此类性质,即可析出是软法规范。若不是立法性规定,则原则上排除国家强制力的获得,基本定性为软法规范,唯立法性规定予以授权的除外。

国家强制标准的如此应用,显然是在中国特殊语境中阐发的。毕竟,全国人大及其常委会制定的法律,国务院制定的行政法规、地方(设区的市以上)人大及其常委会制定的地方性法规、国务院部门和地方(设区的市以上)人民政府制定的规章,能够在理论上获得一致的对待,与《立法法》将它们一并纳入该法适用范围有关。① 然而,立法性规定与国家强制力之间可以架起毫无门槛的桥梁,非立法性规定则必须通过明确授权门槛才能企及国家强制力,如此区别对待有没有正当的、连贯一致的理据?

---

① 参见《立法法》第2、10、72、80、81、91、93条。本书涉及的法律法规除特别注明外,均指中华人民共和国法律法规,如《中华人民共和国立法法》简称《立法法》。

国家强制力究竟源自哪里？在保证规范实施方面，国家强制力的表现形式是怎样的？本讲于此就这些问题展开讨论，以廓清"国家强制"标准在划定软硬法边界方面的意义。

1. 区别对待"无章可循"

上述区别对待的可能理由是，《立法法》将法律、法规和规章一律收入其规制范围，即将它们统一视为"立法"，而"立法"是有法律上约束力的（legally binding），故立法性规定当然有国家强制力保障实施，除非从规范的内容看并无强制遵守之意。然而，《立法法》将三类规范皆作为"立法"对待的做法并无连贯一致的政治和法律理论给予支撑，其更像是策略考量。

全国人大及其常委会是全中国人民的代表机关，将其制定的法律视为"立法"，不仅符合人民当家作主、民意由民选代表通过立法体现的民主政治原则和理论，而且在《宪法》上也有直接而明确的依据。[①] 民选代表机关可以"立法"表达民意的理论延伸至地方性法规，后者由此得到"立法"的地位，在逻辑上也是连贯的，尽管《宪法》没有直接而明确地规定地方人大及其常委会"行使地方立法权"。"民选代表立法"的理论依据并没有得到完全充分的伸展，《宪法》和《立法法》让其在设区的市层级上戛然而止，区县人大及其常委会和乡镇人大未获"立法"权限。然而，这并不影响以下结论的成立：地方性法规和法律一样被视为"立法"，可以在逻辑上连贯地共享理论依据。

而"民选代表立法"的理论却无法支持行政法规、规章作为"立法"，因为行政法规、规章的制定者都属于行政系列，而非民选代表机关。因此，将二者视作"立法"必须提供另外的依据。考察域外，有两种可供选择的理论方案："宪法依据"和"议会授权依据"。前者是指，制定立法性行政规则的权力直接来自宪法对立法权的配置，如法国的总统和总理可以根据宪法制定具有立法性质的条例；后者是指，议会通过法律授权行政机关制

---

① 《宪法》第 58 条规定："全国人民代表大会和全国人民代表大会常务委员会行使国家立法权"。

定立法性规则,如英国、美国、德国的情况。① 由于我国《宪法》明确规定了行政法规、部门规章的制定②,"宪法依据"理论应该可以支持它们被《立法法》作为"立法"对待。而且,"宪法依据"理论较之"民选代表立法"理论,似乎可以为法律、行政法规、部门规章作为"立法"提供连贯一致的依据。不过,地方政府规章的宪法地位的匮缺,使其只能在"法律授权"上寻找依据。

但是,若沿着"宪法依据"和"法律授权依据"的路径走下去,法律、法规、规章以外的其他规范性文件,也有一些是有宪法地位的,在逻辑上,也就不应该被排斥在"立法性规定"之外。例如,《宪法》第 89 条第 1 项规定:"国务院行使下列职权:(一)根据宪法和法律,规定行政措施,制定行政法规,发布决定和命令"。第 90 条第 2 款规定:"各部、各委员会根据法律和国务院的行政法规、决定、命令,在本部门的权限内,发布命令、指示和规章。"《地方各级人民代表大会和地方各级人民政府组织法》第 73 条第 1 项规定:"县级以上的地方各级人民政府行使下列职权:(一)执行本级人民代表大会及其常务委员会的决议,以及上级国家行政机关的决定和命令,规定行政措施,发布决定和命令"。第 76 条第 1 项规定:"乡、民族乡、镇的人民政府行使下列职权:(一)执行本级人民代表大会的决议和上级国家行政机关的决定和命令,发布决定和命令"。这些条款中的决定、命令、指示等都是行政法规或规章以外的其他规范性文件,且在有些情形下可能会直接涉及公民、法人或其他组织的权利义务。

可见,无论是"民主代表立法"理论,还是"宪法依据"或"法律授权依据"理论,都不能为学理上区别对待法律、法规、规章和其他规范性文件——将前者视为"立法性规定"、将后者视为"非立法性规定"——提供连贯一致的依据。《立法法》的区别对待更多是基于立法政策,是为了让在各个领域发挥比其他规范性文件更加重要作用的法律、法规、规章得到统一规制,而不是进行清晰、完整的"立法性规定"与"非立法性规定"的划分。以此为立足点,对硬法和软法进行区分,就很难说是牢靠、稳当、不摇

---

① 参见沈岿:《解析行政规则对司法的约束力——以行政诉讼为论域》,载《中外法学》2006 年第 2 期。

② 参见《宪法》第 89 条第 1 项、第 90 条第 2 款。

摆的。

2. 授权、效力与法院裁判

其实,软法主流学说关于"非立法性规定一般为软法,除非立法性规定予以授权"的主张,倒是借助"授权"理论,相当程度上弥补了《立法法》区别对待的非连贯性缺陷,也暗合了法律实证主义理论家如凯尔森的观点,即规范的有效性并非来自事实,而是来自另一规范,层层递归直至来自作为预设的基础规范。[①] 然而,如上所述,我国语境中通说的"非立法性规定"并不是都缺乏授权依据的,行政法规、规章以外的其他规范性文件在宪法和组织法上皆有授权依据。依凯尔森的理论,这些规范性文件一般而言就是有效力的法规范,就与规范意义上的约束力/强制力发生关联。至于这些规范性文件是否超越其被授权的范围(例如,没有"立法性规定"的依据,不得设定减损公民、法人或者其他组织权利或增加其义务的规范[②]),则属于是否可撤销(repeal)或可宣告无效(annul)的问题,而不是规范性文件本身自始没有效力(自始没有约束力)的问题。[③]

在域外,如德国、美国,理论上也会根据授权原理将行政规则区分为立法性规则和非立法性规则。但是,实际上,这种区分对于法院裁判而言,更多呈现为法院的尊重程度不同,而不是直接对应规则的效力有无。在诉讼中,立法性规则除非明显违法或不合理,法院一般会给予其像议会法律那样的支配性力量,作为裁判准据;而对于非立法性规则,法院通常会充分斟酌之,并在其具备足够说服力的情况下肯定其效力,但由于它们

---

① See Hans Kelsen, *Pure Theory of Law*, translated by Max Knight, The Law Exchange Ltd., 2005, pp. 45-46.
② 对规章的类似要求,参见《立法法》第 91 条第 2 款、第 93 条第 6 款。
③ 凯尔森认为,关于有效的制定法"违宪"的陈述是自相矛盾的。因为,制定法有效的假定所依据的就是宪法。传统理论所称的制定法违宪不能从字面意义上去理解,这种声称唯一的法律意义是,该制定法是可以根据宪法规定的程序予以撤销的。在被撤销之前,该制定法就应该被认为是有效的。同理,凯尔森也不认为,法院裁判——在其理论体系中等同于法院创设的个别规范——被撤销,是因为该裁判与其适用的一般规范不一致而违法(unlawful),如果是不一致、违法,法院裁判就是自始无效的(null),而不只是可撤销的(annullable)。法院裁判之所以被撤销,是因为法秩序提供了一种可能性,就是通过一定程序去实现另一种裁判的效力。See Hans Kelsen, *Pure Theory of Law*, translated by Max Knight, The Law Exchange Ltd., 2005, pp. 271, 269-270. 凯尔森的主张与传统法学认知或习惯用语大相径庭,但却很好地避免了一个逻辑悖论,即某个规范依据上位法制定而有效,但又与上位法不一致而无效。

并未得到适当授权,法院可以相对自由地拒绝适用。需要进一步说明的是,这样的区别对待尽管一直存在,却也并非完全泾渭分明。有的国家法院会从平等原则或信赖保护原则出发,肯定非立法性规则的效力;有的国家法院会越过分类这一先行步骤,直接判断争议中的行政规则是否与法律目的一致;若一致,法院予以支持;若不一致,法院则不予适用。① 无论如何,当法院裁判认定规则有效时,就相当于确保其作为纠纷解决的依据,保证其得到实施。

在理论上,"国家强制力"的真正来源是规范的"有效性"。② 凯尔森指出,"说一个规范是有效的,就是说……我们假定它对那些其行为由它所调整的人具有'约束力'。法律规则,如果有效,就是规范。更确切地说,它们是规定制裁的规范。"③ 在实践中,"国家强制力"并不会在法规范颁布生效的环节展现,彼时,其更多作为一种威慑的力量存在;只有规范所适用的对象不愿意服从、法秩序所指定的机构在规定的程序中强制适用该规范于对象身上时,它才会"完全现身"。在现代国家,法秩序可以指定行政机关在行政过程中担任这样的角色,但在民事、行政、刑事诉讼中,更为普遍存在的角色扮演者毫无疑问是法院。当然,不能由此本末倒置地认为,规范的效力有无取决于法院裁判是否认可,但是,法院在规范实施的环节强制适用之,就是规范有效性在法院裁判处的延伸和体现。

3. 国家强制力的表现形式

按照凯尔森的纯粹法学说,作为一种"强制秩序",法就是以强制行为来对付因为损害社会而不受欢迎的特定事件,尤其是对付损害社会的人的行为;也就是说,让负有责任的人承受一种恶,如剥夺生命、健康、自由或经济价值;必要时,通过运用暴力,违逆其意志地实施这种

---

① 参见沈岿:《解析行政规则对司法的约束力——以行政诉讼为论域》,载《中外法学》2006年第2期。
② 若非特别说明,此处的"有效性"是传统法律理论所指的作为强制秩序的法秩序中规范(即硬法)的有效性。关于软法的"有效性",参见本书第四讲。
③ Hans Kelsen, *General Theory of Law and State*, Transaction Publishers, 2006, p. 30.

恶。① 由此,国家强制力保障规范实施,在终极意义上,就是当行为人不接受规范时,通过实施者之手对其施加的制裁,由国家运用暴力来强制执行。

现实中,国家强制力的表现形式大致上有两类:一类是直接的、明晰可见的;另一类是间接的、隐含的、后备的。犯罪者被判决没收财产、拘留、拘役、徒刑甚至死刑,司法机关直接对其褫夺财产、限制自由或剥夺生命;违法者被行政机关罚款、责令停产停业等,拒不服从和执行,行政机关强制执行或申请法院强制执行;违约者或侵权者被法院判定承担违约或侵权责任,却拒不执行,法院强制执行。诸如此类的国家强制都是直接的、明晰可见的,其对应的法规范属于硬法而非软法,也是毋庸置疑的。

网络平台根据自制的平台规则,对违反规定的平台使用者采取屏蔽或删除现有账户、限制发布商品及服务、限制参加各类营销或促销活动、扣除信用积分、降低信用评级或限制账户权限权利等措施,平台使用者不服诉诸法院,法院认可平台规则的效力,驳回使用者的诉讼请求。律师协会依照律师章程,对违规的律师会员给予训诫、通报批评、公开谴责、取消会员资格等处分,会员不服诉诸法院,法院或者认可章程的效力,且裁定协会是严格依照章程作出的处分,驳回会员的诉讼请求,或者直接告知起诉人,协会依照章程的处分所引发的争议不在法院的管辖范围内,从而裁定驳回起诉。在这两种情形中,表面上看是网络平台、协会在作出平台规则或协会章程规定的制裁,法院并没有像前述情形中代表国家直接采取强制措施。然而,法院对平台规则或协会章程效力的认可,实际上就是宣告了它们在法律上的约束力。平台使用者或律师会员服从法院裁判,纠纷得以平息,就意味着平台规则或律协章程得到了国家强制力的保障实施,尽管是间接的、隐含的。甚至,法院拒绝受理案件,也相当于间接承认相关组织可以依其自制的规则实行在某个或某些事项上的"完全自

---

① See Hans Kelsen, *Pure Theory of Law*, translated by Max Knight, The Law Exchange Ltd., 2005, pp. 33-34.

治"。① 在极端情形中,平台使用者或律师会员不服从法院裁判,扰乱平台或律协秩序,就会触犯国家法的相关规定,导致依据这些规定的进一步制裁乃至强制执行。这就是后备的国家强制力。

由此延伸,以不同形式、活动实现自治的市场组织和社会组织,其自治规则的效力一般都有法秩序中更高规范的认可。② 在此意义上,其都是有法律上约束力的。只要这些规则明确给出行为指令,且对违反行为指令者设定制裁(不利后果),就是硬法。如果这些规则符合法秩序所要求的其他效力条件,就可以获得法院(或法秩序指定的其他机构)支持和强制适用。③ 如此逻辑,才能连贯一致地解释所有硬法现象:在一般意义上因得到更高规范的授权而具有法律上约束力,发生适用争议时,只要满足法秩序的其他效力要求,法院就可以裁判适用之,即便违逆适用对象的意志——此是强制之本意。

三、典型软法及在软法与硬法之间

至此,本讲重新阐述了软法主流理论用于厘定软法与硬法界线的"自治"标准与"国家强制"标准的意义,可以得出的结论是:

---

① 在规范意义上,任何组织都没有超越法律的"完全自治",故法院不应该以组织自治为由拒绝受理相关争议。此处只是指出事实上存在法院不受理的可能性,而即便如此,也意味着法院对自治规则有效性的支持。

② 例如,根据《电子商务法》第32、41、63条,电子商务平台经营者可以制定平台服务协议和交易规则、知识产权保护规则、争议解决规则。《律师法》第44条第1款规定:"全国律师协会章程由全国会员代表大会制定,报国务院司法行政部门备案。"《体育法》第61条第1款规定:"国家鼓励、支持体育组织依照法律法规和章程开展体育活动,推动体育事业发展。"根据《村民委员会组织法》第27条第1款,村民会议可以制定和修改村民自治章程、村规民约。此类立法例不胜枚举。

③ 在域外,市场组织、社会组织自治章程(by-law)通常也都被认为是有效力的,只是,它需要满足各种要求。"工会为内部纪律而制定章程的一般性权力是毋庸置疑的","为了工会的行动协调一致并因此富有成效"而对违反工会规则的行为进行的惩罚是"持续施加的"。See Notes, "Validity of a Labor Union By-Law Involving Expulsion for Petitioning the Legislature", *Harvard Law Review*, Vol. 35, No. 2, p. 333 (1922). "社团的立法权力(legislative power)不仅受到其所在州的宪法和议会法的限制,而且受到该州普遍接受的普通法一般原则和政策的限制。""章程的效力需要满足许多条件",它不得妨碍既定权利,不得溯及既往,必须平等对待其欲治理的群体的所有人,不得不合情理、暴虐压迫、敲诈勒索等。See R. T. H., "Validity of Corporate By-Law Vesting in Directors the Discretionary Power of Denying Stockholders the Right to Examine the Corporate Books", *Michigan Law Review*, Vol. 8, No. 3, p. 226 (1910).

第一,对于基于合意的自治和基于赋权的自治而言,"组织自治力"——如果指权力和影响力的话——的来源和实现方式是不同的。但是,在国家垄断暴力(强制力)的情况下,无论何种自治,"组织自治力"并不内含所谓的"社会强制力"可以在终极意义上用来保障其规则的实施;保证组织按其规则自治的强制力量最终仍然要归于国家。

第二,在传统法学理论上,如凯尔森的观点,硬法规范是有效的,就会对应地获得"法律上约束力"和"国家强制力"。然而,原则上将法律、法规、规章视为"立法性规定"且具有法律上约束力,将法律、法规、规章以外的其他规范性文件视为"非立法性规定"且不具有法律上约束力,这种区别对待并无连贯一致的理据。

第三,无论规范是国家机关制定的还是国家机关以外的其他组织制定的,是"立法性规定"还是"非立法性规定",是对国家机关和其他组织以外的人员适用的还是对其内部人员适用的,只要规范是给出行为指令并对违反指令者设定不利后果的,且其效力有更高位阶规范直至宪法规范的依据,那么,该规范就是得到国家强制力保障实施的,法院裁判就可以直接或间接予以支持。

基于以上结论,或许可以观察和发现典型软法的存在,以及在软法与硬法之间的规范之存在。

1. 典型软法

典型意义的软法,是不依靠国家强制力保障实施的规范,无论这种保障是直接的还是间接的。其虽然也会给出行为的指示,但并没有对违反指示的行为设定任何制裁,而是希望通过引导、宣传、号召、建议等,让规范所指对象自愿遵守,以实现规范制定者所希望达到的目标。此类规范只要不与硬法或硬法原则、精神相抵触,只要符合一定范围内社会对值得的、更好的"公共善"的认知与期待,就会产生一种特殊意义的、与硬法"有效性"不同的软法"有效性",即应当得到遵守和实施的说服约束力。这种约束力更多是因认同而自发约束自我的力量,而不是使用或威胁使用强制措施的约束力量。[1]

---

[1] 参见本书第四讲。

典型软法规范可以存在于各种载体或形式之中。由于其非强制属性，制定主体可以是任何组织甚至是个人。国家机关制定的法律、法规、规章和其他规范性文件（包括对内和对外的），法律、法规、规章授权履行公共管理或服务职能的组织制定的与公共管理或服务有关的规范性文件，政党的党内规范性文件，企业、企业联盟、行业协会、职业协会制定的规范性文件，非营利公益组织制定的规范性文件等，都可能是典型软法规范的"栖息之所"。判断文件之中的规范是否是软法，就不能简单地以制定主体或文件形式而论，既不能当然地认为法律、法规、规章等"立法性规定"中的规范都是硬法规范，也不能当然地认为国家机关以外的政党、社团等组织的自治规范都是软法。

尤其是，软法主流理论认为城乡社区的自我规制、乡规民约、社团章程、标准、中国共产党党内法规和规范性文件等皆属软法的观点，仅从制定主体或文件形式进行判断，而忽视了在这些规制性文件之中，存在着对成员提出严格行为要求并设定相应不利后果的规范。而且，在组织或共同体执行这些规范、对违反规范者施加制裁、被制裁者不服诉诸法院的情形中，法院很有可能在裁判中直接或间接地宣告这些规范的有效性，从而保障这些规范的强制实施。宣告有效性的理由有可能是以下的一个或数个：规范制定得到法律授权；规范内容没有明显违法或不合理；规范制定和适用是共同体或组织自治的权限范围等。

2. 在软法与硬法之间

与典型软法对应的当然是典型硬法。凡是规范（1）在内容上，对适用对象给出什么当为、什么不当为的行为指令，并辅以违反指令的不利后果；（2）在有效性上，有法秩序更高规范直至宪法规范的基础和依据；（3）在实施上，只要满足法秩序规定的其他效力要件，就可以违逆规范所指对象意志得到实施，实施会得到国家强制力直接或间接的支持，此类规范就是典型硬法。传统的部门法，如刑法、民法、行政法、经济法、环境法、诉讼法等，其绝大部分皆是由硬法规范构成的。

现实中还存在一些规范，是介于典型软法与硬法之间的。它们并非如典型软法那般只是给出行为的引导、号召、建议等，而是明确提出行为的要求，并设定了或者关联了相应的不利后果。但是，它们自己在形式上、表面上定位为裁量基准、工作指南、指导意见，即从名称上看是具有灵活适用性的、是可以选择适用的，是容易令人产生其为"软法"的印象或结论的。然而，实践中，它们往往得到广泛适用，一旦有异议者就其是否可以强制适用提出诉讼，法院可能会在确认其没有明显违法或不合理的同时，基于其他法治原则如平等对待或信赖保护的考虑而宣告其是有效力的，可以被强制适用。

有的时候，这些裁量基准、工作指南、指导意见等文件会在规范的"授权有效性"条件上有所欠缺，故不宜称其是具有法律上约束力的硬法。但是，如果按照"非黑即白"的逻辑，就此将其列入软法范畴，也是不合适的。在此举一例释明。国家医疗保障局医药价格和招标采购指导中心于2020年11月18日发布《医药价格和招采信用评级的裁量基准（2020年版）》（以下简称《基准》）。该文件列出失信等级被评定为"一般"的五类情形，失信等级被评定为"中等"的七类情形，失信等级被评定为"严重"的十类情形，失信等级被评定为"特别严重"的五类情形。失信等级评定可以认为是一种不利后果的设定，而《基准》列出的待评定情形有的是不符合相关规范、未经制裁的行为①，有的是已经被制裁的违法行为②。因此，失信等级评定可能是初始的不利后果，也可能是在原有不利后果基础上的叠加。况且，《基准》明确要求："省级集中采购机构在信用评级和修复信用过程中，应严格遵循上述规则，形成公平、统一、标准、规范、协调、均衡的评级结果。"显然，《基准》制定者并不将其仅作为指导性的、建议性的、可选择适用的规则，从内容上看就不宜列其为软法。然而，《基准》的发布者是作为国务院直属机构的国家医疗保障局下辖的医药价格和招标采购指导中心，该中心显然不具有行政机关或行政主体地位。仅凭此，《基准》

---

① 例如，《基准》规定："医药企业价格或营销行为符合以下情形之一的，失信等级评定为'一般'：1.3 在《医药价格和招采信用评价的操作规范》要求的报告期限内，存在瞒报、漏报、不报承诺范围内的法院判决或部门行政处罚信息的。"

② 例如，《基准》规定："医药企业价格或营销行为符合以下情形之一的，失信等级评定为'一般'：1.1 根据法院判决或相关执法部门行政处罚认定的案件事实，近三年（不包括2020年8月28日之前，下同）在本省范围内，对各级各类医疗机构、集中采购机构及其工作人员实施过给予回扣等医药商业贿赂行为，同一案件中累计行贿数额1万元以上（含1万元，下同）、不满15万元（不含15万元，下同），或单笔行贿数额1万元以上、不满10万元的。"

连行政规范性文件都不是①,将其视为广义上的因授权而具有效力即法律上约束力、可强制实施的硬法,同样是不适当的。

可见,在典型软法与典型硬法之间,确实存在着一些"既非此又非彼"的规范。当然,若以这些规范的内容——制定者的意志而非形式(包括名称、制定主体等)——为重点,它们的性质还是偏于或倾斜于硬法。只是因为缺少法秩序规定的有效条件,如制定主体不适格,从而在其诞生伊始就不具备硬法规范的有效属性。就此而言,对它们进行较之软法更为严格的规制,是更符合法治主义要求的。

四、结语:典型软法的意义

软法主流理论是在早期的"开疆拓土"中形成的。之所以将众多的共同体自治规范尽皆纳入软法范围,或许是受到公共治理理论的影响甚深。既然在现代公共治理体系之中,国家以外的经济、社会组织都是重要的、不可或缺的治理主体,那么,就有必要研究这些主体所制定的规范在公共治理体系中的作用、在公共治理体系所对应需要的更为广阔的规范秩序中的作用。但这些规范又非传统法理论关注的国家法,于是,软法概念似乎成了一个可供选择的理论工具。

类似地,在中国语境之中,之所以将党内法规列为软法,也是因为传统基于国家法的法理论对其较少关注,但其对中国共产党的作用无疑是至关重要的,而后者则在中国国家治理体系、公共治理体系中的地位是无可匹敌的。放在公共治理体系建设的时代背景之下,这样的理论考量是可理解的,也打开了传统法学的封闭之门。只是,传统法学聚焦国家法而忽视其他主体制定的规范,并不意味着其他主体的规范缺少国家强制力的保障实施。软法主流理论在运用"自治"标准和"国家强制"标准时存在着不自洽。

---

① 《国务院办公厅关于加强行政规范性文件制定和监督管理工作的通知》(国办发〔2018〕37号)明确指出:"行政规范性文件是除国务院的行政法规、决定、命令以及部门规章和地方政府规章外,由行政机关或者经法律、法规授权的具有管理公共事务职能的组织(以下统称行政机关)依照法定权限、程序制定并公开发布,涉及公民、法人和其他组织权利义务,具有普遍约束力,在一定期限内反复适用的公文。"

本讲是反思性的,是对软法主流理论界定软法形式与疆域的方法论的反思。通过反思,"典型软法"的概念跃然纸上,较之主流理论视野,其边界与范围显然限缩许多。由反思是否直接导向颠覆？现在对此问题进行定论还为时尚早。反思的目的是提供另外一种可能的软法理论图景,或者是一种更为聚焦软法"核心圈"的理论方案。这个理论图景或方案或许会在软法形式与疆域、软法有效性、软法正当性、软法规范化、软法的治理作用、软法与硬法的关系、软法与硬法的转换、软法与硬法的混合治理等议题上,形成更为自洽一致的理论阐发和体系。① 这个理论图景或方案也更有助于发现典型软法与硬法之间超越"非黑即白"逻辑的现实存在。

---

① 这些议题也是本书以下各讲将予处理的主题,希望本讲的探讨为前后连贯的软法原理奠定基础。

第二讲　软法概念的正当性

"软法"(soft law),作为一个概念,诞生已久,且越来越多地出现在法学学术文献之中。在比较法视野范围内,其最初源于国际法语境,而后逐渐扩展适用至国内法的分支领域。在我国,罗豪才首倡以公共治理(public governance)之兴起为背景研究软法。其倾注心血,领衔一批公法学人,于此题域开疆拓土。[①] 特别是,其与宋功德合著《软法亦法》一书,从部门法层面一跃而至法理学层面,提出崭新的"法"概念重述,以及软法/硬法"混合法治理"之命题。[②] 显然,认真且开放的学术立场,不可回避由此带来的知识挑战。

软法研究文献的日益增加,并不意味着"软法"概念本身被普遍接受,对其持犹疑、批判态度的学者并非少数。受传统国家主义法律观的影响,怀疑论者不免会提出诸如此类的问题:软法如何定义?其内涵与外延为何?软法与传统法律观所认识的、与"法律"相对而言的其他社会规范(如道德、纪律、职业规范、习俗等)是否有区别?若没有,为何非要用"软法"概念指称这些规范,会否造成法律观的混乱或者泛软法主义?若有,区别究竟在何处?软法是否有效力、是否有助于秩序的形成?若

[①] 较为集中的研究成果,参见罗豪才等:《软法与公共治理》,北京大学出版社2006年版;罗豪才:《软法与协商民主》,北京大学出版社2007年版;罗豪才、宋功德:《软法亦法:公共治理呼唤软法之治》,法律出版社2009年版;罗豪才主编:《软法的理论与实践》,北京大学出版社2010年版;罗豪才、毕洪海编:《软法的挑战》,商务印书馆2011年版。另外参见刘小冰等:《软法原理与中国宪政》,东南大学出版社2010年版;张荣芳、沈跃东:《公共治理视野下的软法》,中国检察出版社2010年版;梁剑兵、张新华:《软法的一般原理》,法律出版社2012年版。

[②] 该书对法的新定义是:"法是体现公共意志的、由国家制定或认可、依靠公共强制或自律机制保证实施的规范体系",并主张"无论是国家管理还是社会自治领域,其实都正在从一种单一的硬法或者软法之治,转向软硬并举的混合法治理。"参见罗豪才、宋功德:《软法亦法:公共治理呼唤软法之治》,法律出版社2009年版,第202、437页。

有,其效力通过什么得以实现?软法是否会破坏和威胁法治?等等。对于这些问题,既有的软法学成果已或多或少地作出回应,尽管争议仍然存在。①

本书第一讲已经对软法概念的所指提出了新的思考,其余各讲也希望对上述这些问题的大部分,提供比较全面、融贯的系统回答;而本讲只是希望回顾阐述"软法"概念正当性的若干理论,在此基础上,应用法律的沟通理论(law as communication)②,对软法现象进行一种以往软法学较少从事过的观察,为"软法"概念的正当性提供新的诠释。此处将要论证,借力法律沟通理论,可以发现软法与硬法之间并非如想象中的那样壁垒森严,二者发生"实际"效力存在共通的、虽然并不完全相同的规范基础;进而,法律沟通理论还有助于阐明,面向当今社会时代特征的秩序之形成,为什么需要共有此基础的硬法与软法之结合。

一、软法概念正当性理论回溯

在"法律"(Law)之外,提出一个颇为新异的"软法"概念,对有着传统法律观之思维定式(mindset)的人而言,毫无疑问是颠覆性的,怀疑和质问自然在所难免。于是,"软法"的提倡者和支持者,也就必须承担起艰难的说服工作和任务。迄今为止,为软法概念正当性进行辩护的理论纷纭杂陈,主要围绕着两个相互关联的问题展开:第一,软法为什么可以视作"法"?第二,软法为什么是可选择的以及为什么被遵守?

就第一个问题而言,存在一系列的论述,拉斯洛·布拉特曼(László Blutman)将其大致分成两个家族(family):功能理论(functional

---

① 有关争议观点,例见〔荷〕让·克莱伯斯:《冗余的软法》,魏武译,载《行政法学研究》2008年第2期;让·克莱伯斯:《软法的不可取》,载罗豪才、毕洪海编,《软法的挑战》,商务印书馆2011年版,第315—331页;赵春燕:《对"软法"概念的冷思考——兼谈对卢曼法社会学理论的正确理解》,载《河北法学》2010年第12期;László Blutman, "In the Trap of a Legal Metaphor: International Soft Law", *International and Comparative Law Quarterly*, Vol. 59, pp. 605-624 (2010).

② 参见〔比〕马克·范·胡克:《法律的沟通之维》,孙国东译,法律出版社2008年版。

arguments)和接近理论(proximity arguments)。① 功能理论的核心主张是,软法所指的规范尽管没有传统形式主义、实证主义的法律拘束效力(legally binding effect),但在事实上,它们发挥着与传统意义上的法规则同样的功能,即行动者自愿地、普遍地遵守和信奉这些规范,并将它们视为形塑其行为的依据。它们可以确立和提高对行动者行为安排的预期;可以对行动者提出概要的、大致的政治要求、道德要求或者技术要求;可以协调行动者之间的互动;等等。既然软法规范有这些与正式法律规则类似的行为规范和预期、秩序促成之功能,故可以将其视为具有法律或准法律(quasi-legal)地位。②

同属功能理论家族且对软法概念具有重大支撑作用的,还有对形式主义和实证主义法律观予以解构的理论。③ 其中,颇具影响力的是法律多元论(legal pluralism)、法的自创生系统论(autopoietic law)等。在翟小波看来,法律多元论受法社会学、法人类学等研究的影响,早在软法概念产生之前既已发展,其主要目的是用法的思路来认知社会秩序的构成和运作,认知国家法和非国家法在促进此类秩序方面的各自作用及其相互关系。法律多元论视野下的法不只是国家法,而是存在于各种规模和性质的社会系统内的规范。法的自创生系统论是法律多元论的一种,其认为,当今功能空前分化的社会,已经存在且正在孕生大量独立、自治、自生和自新的子系统;这些子系统在日益专门化、技术化、抽象化的过程中,需要为参与其中的行动者提供相对稳定的预期,以减少复杂性和偶然性;于是,它们不断地生产大量的行为规范,这些规范形成独有的"合法/违法"的二元编码机制,就某行为作出"法上的正确和错误"的评价认定,并通过沟通或交往的系统,影响和塑造参与者的行为。法的自创生系统论

---

① See László Blutman, "In the Trap of a Legal Metaphor: International Soft Law", *International and Comparative Law Quarterly*, Vol. 59, pp. 614-623 (2010). 该文虽然是在国际法语境中讨论国际软法的证成理论及其缺陷,但这些证成理论具有相当的可延伸至整个软法现象的普遍意义。拉斯洛·布拉特曼提出的两组证成软法的理由,是将存在家族相似(family resemblance)的理由归在两个范畴之下,故可以称其为理论家族。关于家族相似,参见〔奥〕维特根斯坦:《哲学研究》,李步楼译,商务印书馆 1996 年版,第 46—48 页。

② See László Blutman, "In the Trap of a Legal Metaphor: International Soft Law", *International and Comparative Law Quarterly*, Vol. 59, pp. 614-615, 623 (2010). 国内学者也多持类似观点,恕不一一例举。

③ Ibid., p. 616.

力主强制并非法的必要因素,揭示严格国家法在当代社会的有限性,把沟通或交往作为法系统的主要内容,从而在解构形式主义、实证主义、国家主义法律观的同时,为软法提供了有力证成。①

与功能理论强调软法的实际规范作用略有不同,接近理论则是关注软法规范与传统法律规则之间的特殊关系或关联性,从而赋予其法的地位。一方面,软法有时候是尚在酝酿的正式法律规则的先驱(precursor)和基础。正式法律规则的制定可以开始于不具有约束效力的、在传统法律渊源体系以外的文件,这些文件最终会转变为正式法律规则。另一方面,软法在正式法律规则适用的时候发挥必要的补充(complement)作用。大致上,补充作用可见于两类情形。一是,正式法律规则在文本中明确提及不具有法律性质的规则、建议或标准,指示后者应该得到相关行动者的尊重和参考;二是,软法为正式法律规则提供了解释依据。通过解释,软法与正式法律规则的规范内容发生关联,从而享有较高的特殊地位。正是由于软法规范与正式法律规则之间有着广泛的、紧密的、多面向的特殊关系,其中有些规范成为正式法律规则实际运作不可或缺之条件,其才得以享有法律或准法律的性质。②

功能理论和接近理论虽然在软法为什么可视作"法"的问题上,有着相当程度的说服力,但拉斯洛·布拉特曼仍然认为留有不少无法得到满意解答的疑惑。

功能理论的不足在于:(1)没有充分阐明,行动者为什么遵循非法律的规范(non-legal norm),自愿地、普遍地遵守这些规范只是社会学意义上的事实,其本身并不能赋予这些规范以规范性的力量;(2)没有令人满意地区分软法与其他非法律的规范,也没有说明非法律的规范如何变成软法;(3)形式主义可以确保相对的规范确定性(normative certainty),而功能主义无法解决其带来的规范不确定性问题。

接近理论的缺陷则在于:(1)非法律的规范本身不能仅仅因为其为即将出台的立法提供实质性基础而被赋予法律地位;(2)正式法律规则

---

① 参见翟小波:《软法概念与公共治理》,载罗豪才等:《软法与公共治理》,北京大学出版社2006年版,第147—153页。
② See László Blutman, "In the Trap of a Legal Metaphor: International Soft Law", *International and Comparative Law Quarterly*, Vol. 59, pp. 617-623 (2010).

要求遵守、尊重和参考非法律的规范，实际上已经将其变为传统意义上的法定义务；(3) 在法律解释过程中偶然发挥作用本身，也不构成在法律与非法律之间确立软法种类的必要依据。总之，功能理论与接近理论家族都没有为软法概念提供坚实的依据或基础。[①]

对软法为什么是可选择的以及为什么被遵守问题的回答，在一定程度上有助于弥补功能理论和接近理论之欠缺。例如，安德鲁·古兹曼(Andrew Guzman)和蒂莫西·迈耶(Timothy Meyer)共同提出国际软法之所以在有些情形下受到青睐的四种解释：

(1) 作为协调机制的软法理论(soft law as coordinating device)。软法的协调理论表明，国家行动者可能使用软法，进行直截了当的协调博弈，只要就重要的核心事项达成共识，就足以形成服从。

(2) 损失规避理论(loss avoidance theory)。损失规避理论则指出，硬法比软法产生更严厉的制裁，而制裁不仅会阻止更多背离规则的行为，而且由于制裁在国际体系中是负和的(negative-sum)[②]，也会增加当事人的净亏损。当背离规则的预期损失的边际成本超过禁止背离规则的边际收益的时候，国家行动者就会倾向于选择软法。

(3) 委托理论(delegation theory)。委托理论认为，当国家行动者不确定今天制定的规则在未来是不是值得的时候，当允许特定国家或者一部分国家面对情势变更及时调整预期是利大于弊的时候，国家行动者就会选择软法，从而便于其宣布放弃既定规则或其解释，更有效率地推动软法规则的演进。

(4) 国际普通法理论(international common law theory)。国际普通法理论聚焦于非国家行动者的裁决或标准。由于国家行动者之间有的希望进行深度合作，有的则只想浅层合作，为了在广大范围内实现合作，国家行动者可能就模糊规则或粗浅规则达成合意，并成立

[①] See László Blutman, "In the Trap of a Legal Metaphor: International Soft Law", *International and Comparative Law Quarterly*, Vol. 59, pp. 615-624 (2010).

[②] 负和是指在竞争或互动中，参与者的总损失大于总收益。在此情况下，一方当事人的收益必然导致另一方当事人的损失，且总损失大于总收益。

裁判机构或组织。裁判机构或组织的决定，除就特定争议事项、针对特定当事国家有效外，通常并不具有约束力，从而形成软法的一种形式。但是，它们可以形塑每个国家行动者关于什么是约束力法律规则的预期。①

以上四种理论虽然针对国际软法而言，但它们关于行动者在软法与硬法之间进行选择所考虑的因素的论述，如规则核心事项达成共识的便利性、规则服从和背离的成本效益分析、规则变革的效率以及通过非约束性裁决推动规则演进的可行性，也可借鉴适用于国内公共治理和国内软法语境之中。

至于软法规则为什么会得到遵守的问题，其实与传统意义上的法律规则为什么会得到遵守的问题一样，皆非轻而易举可以回答的。亚历山大·弗吕科格尔(Alexandre Flückiger)认为，就后者而言，仅仅是强制性质或配以制裁是不够的，"神经科学家会提及大脑脑区激活对规范的服从，心理学家会提及情感，社会学家会提及社会规范，伦理学家会提及价值观，神学家会提及美德，经济学家会提及效率，精神病学家会提及超我(superego)，等等"。进而，"如果服从硬法不易解释的话，那么，服从软法就更加复杂了。"②

亚历山大·弗吕科格尔从心理学角度，考察了情感(emotion)在说服技术和操作技术中的作用，以探讨软法如何发挥其影响力。其中，服从软法的情感动机包括：

(1) 认可(appreciation)。规范性不能与命令性(imperativity)混同，规范的可以是命令的，也可以是认可的。软法的规范性不在于命令而在于认可。

(2) 服从权威(obedience of authority)。出自公共权威的建议往往比出自鲜为人知的个人或社团的同样建议更有分量，社会心理

---

① See Andrew T. Guzman & Timothy L. Meyer, "International Soft Law", *Journal of Legal Analysis*, Vol. 2, pp. 176-178 (2010).
② See Alexandre Flückiger, "Why Do We Obey Soft Law?", in Stéphan Nahrath & Frédéric Varone ed., *Rediscovering Public Law and Public Administration in Comparative Policy Analysis: A Tribute to Perter Knoepfel*, Presses polytechniques romandes/Haupt, Lausanne et Berne, 2009, p. 45.

学研究表明,人们给予权威相当的尊重,而无论是否存在命令性法律关系。

(3) 担心(fear)。担心和忧虑是促成服从的有力向量(vector),国家可以在软法之中运用它们,通过信息运动以促成一些担心、忧虑以及相关的厌恶、愤怒或悲伤等,如在禁烟运动中让公众担心癌症,在预防艾滋病运动中让公众担心死亡和疾病,从而强有力地鼓励目标受众改变其行为。

(4) 羞耻(shame)。唤起羞耻感和罪恶感在刑法中已是司空见惯,同样,软法在让人们担心经历这些情感方面是最有效的。

(5) 快乐(joy)。快乐和其他的正面情感(如自豪、自尊、愿望和高兴等)都可以改变人的行为。软法可以在提出建议的同时辅以物质激励,或者通过信息直接传达快乐幸福之感(如健康饮食抵制肥胖),以推动行为模式的改变。

(6) 出人意料(surprise)。软法通常有试验的功能,国家可以研究受众的反应,并根据观察到的效果,决定是撤回付诸试验的措施还是让其永久化。由此,软法可以使公众逐渐习惯和适应新制度,避免在转为硬法时出人意料。

(7) 同情(empathy)。同情是非法律的纠纷解决(如调解)获得成功的必要条件,软法也可以借助它,提高人们从事某种行为(如器官捐赠)的概率。[①]

关于软法为何被选择和遵守的理论,可谓汗牛充栋,无法于此尽述。之所以介绍安德鲁·古兹曼和蒂莫西·迈耶以及亚历山大·弗吕科格尔的理论,是因为前者阐述了行动者选择软法而非硬法的一般性或普遍性动因,后者在更为微观的心理学维度上表明软法是可以让受众服从之,从而发挥其影响力的。然而,即便在事实上有更多的理由支持行动者选择软法,即便情感调动可以说明为什么软法有着实际的效力,即便规范性可以不只是命令还包括认可,以上论述似乎仍然没有解决拉斯罗·布拉特

---

① See Alexandre Flückiger, "Why Do We Obey Soft Law?", in Stéphan Nahrath & Frédéric Varone ed., *Rediscovering Public Law and Public Administration in Comparative Policy Analysis: A Tribute to Perter Knoepfel*, Presses polytechniques romandes/Haupt, Lausanne et Berne, 2009, pp. 49-57.

曼提出的问题：软法得到普遍服从或认可、发生实效的社会学意义上的事实，不能为其提供坚实的规范基础。

不过，软法概念正当性之辩可以在现有基础上进一步探索，前述的接近理论家族具有启示意义。换言之，要解答软法为什么可以视作"法"，软法在规范意义上（而不是事实意义上）为什么应该得到服从的问题，或许可以着眼于寻找软法与硬法共享规范性基础的可能性。

二、软法与硬法共享的沟通之维

传统国家主义法律观对法的定义，有两个基本要素：一是法出自国家，无论是国家制定还是国家认可；二是法由国家强制力保证实施。① 此观念或明确或暗示"国家"这个词得享至高无上主权者的意义。国家正是在理论打造的垂直阶梯上获得了最高位置，同时被赋予了人格想象，也就有资格产生国家意志，制定颁布体现其意志的、令主权者/国家管辖范围内的人民服从的法律，也就有资格对违反法律者施加制裁、以实现和维护法律期冀的秩序，也就有资格与其他国家成为平等主体，同他们缔结有效的、法律上有约束力的国际合约。

这种本来在近代欧洲历史上适应民族国家建构之需而产生的观念，被超时代、超区域地推广适用，塑造成放之四海而皆准的法律本质观。关于社会之中存在多种法规范并不都出自国家之手的认识，虽然古今中外皆有，却因为与民族国家建构的统一需求相悖，而逐渐被法学边缘化。即便承认这些规范对社会秩序的意义，也不将其纳入"法"的范畴，不列为法学研究的对象。充其量，只是为法社会学、法人类学等交叉学科所关注。

并且，受国家法观浸染日久，不自觉地容易形成三个相互关联的认知或立场上的倾向，这一点在中国尤为明显。第一，法律具有强制性，通过建立"强加—接受""命令—服从"等的权力关系，促使秩序的形成和维护；第二，凡社会秩序发生问题，即追问国家法律是否健全，是否贯彻落到实处；第三，法律实效必须建立在制裁性法律后果的设定和实施上。由是，

---

① 参见沈宗灵主编、张文显副主编：《法理学》（第 2 版），高等教育出版社 2004 年版，第 39—42 页。

"有法可依、有法必依、执法必严、违法必究"的法制观,以及在立法中凡行为规范必配备法律责任条款的思路,与这些倾向不无关联。

然而,即便是在国家法观视野下的法律体系之中,法律规范并不总是内含"命令—服从—否则严惩"的强制信息,也存在大量的义务性法律规范,仅仅提供指示性、引导性或者评价性的信息,而不给出任何具体特定的制裁性后果。宪法以及其他诸多立法关于国家任务的一般性规定,就属于此类法规范。① 其对执行国家任务的各级政府而言,无疑是指示性的。设若国家任务未得尽职履行,唯有造成相当严重后果的,政府才会承担某种不利后果,但这种后果也仅仅是政治责任,而非具体的法律责任。关于公民义务的许多法律条款,也不尽然都以制裁为促使其履行的手段。② 众多非强制性义务规范的存在,并不意味着立法者所期望的秩序无法形成。相反,非强制性义务规范的受众,或者其中的绝大部分,都在遵行之。

对于这些法律现象的存在,传统国家法观及其内含的、试图将法律与其他社会规范截然区分的法律强制论,无法解释其缘由所在。所谓法的强制力是就其终极意义而言,并不代表法规范的实施都要借助于国家暴力,也不等于国家强制力是保证法律实施的唯一力量。③ 既然在国家法的体系之内,也都有不依靠命令、强制、逼迫,却依靠说服、激励、信奉,而得以实际执行的规范,且此类规范不在少数,那么,仍然坚持法律的实效完全依赖强制的说辞,不免过于牵强。

---

① 例如,《宪法》第9条第2款规定:"国家保障自然资源的合理利用,保护珍贵的动物和植物。禁止任何组织或者个人用任何手段侵占或者破坏自然资源。"《草原法》第3条规定:"国家对草原实行科学规划、全面保护、重点建设、合理利用的方针,促进草原的可持续利用和生态、经济、社会的协调发展。"

② 例如,《草原法》第35条规定:"国家提倡在农区、半农半牧区和有条件的牧区实行牲畜圈养。草原承包经营者应当按照饲养牲畜的种类和数量,调剂、储备饲草饲料,采用青贮和饲草饲料加工等新技术,逐步改变依赖天然草地放牧的生产方式。在草原禁牧、休牧、轮牧区,国家对实行舍饲圈养的给予粮食和资金补助,具体办法由国务院或者国务院授权的有关部门规定。"该条款虽然也采用"应当"字眼,对草原承包经营者提出义务性要求,但其明显是指导性的,而非强制性的,草原承包经营者接收到的是激励信息——粮食和资金补助,而非"不遵即罚"的惩戒信息。同样,《森林法》第10条第1款明确规定:"植树造林、保护森林,是公民应尽的义务。各级人民政府应当组织开展全民义务植树活动。"但是,并没有哪个执法部门负责去调查核实公民是否尽到植树义务,也没有任何配套条款规定公民每年植树多少,以及未尽义务将受何制裁。

③ 参见沈宗灵主编、张文显副主编:《法理学》(第2版),高等教育出版社2004年版,第42页。

相比较而言,沟通主义法律观对法律内在的沟通之维的揭示,在解释力上更具竞争优势。依据法律沟通论,法律提供的是人们行动的一种框架。由于人们行动暗含人际关系和沟通,故法律也为人的沟通提供了一种框架。不仅如此,法律本身在根本上也是基于沟通:立法者与公民之间、法院与诉讼当事人之间、立法者与司法者之间、契约当事人之间等,都处于持续的沟通之中。

例如,"立法是一种特殊的沟通形式,通过立法,立法者设立规范,传达给许许多多当下和/或未来的(法律上的)人,这些人被期待会尊重并遵从这些规范。"再如,在法律实践中,法院的初审、上诉审分别会形成第一个、第二个沟通领域;法学者对有趣案例作出批评性和/或支持性评论,转而影响未来法院的裁决,这是第三个沟通领域;而少许情形下的媒体关注、非法律受众的讨论,甚或大量公民卷入涉及基本道德或政治议题的普遍争论,会形成第四个、第五个沟通领域。最为重要的是,法律的沟通性提供了法律合法化的框架:"法律人之间的一种合乎理性的对话是'正确'地解释和适用法律的最终保证。"[①]

法律的沟通理论与前文所述的法律多元论持同一立场,否认国家的中心地位、法的唯一渊源地位;认为法律可被定义为某个共同体制度化的规范体系,而不仅仅是国家的法律系统。同样,强制性制裁本身也被认为对法律的定义而言并不是必不可少的。"有效的制裁即实际的强制在法律中只具有有限作用,大多数规则在大部分情形中由于不同的原因而被自发地遵守。"[②]法规范去国家化、去强制化的观点之所以能够成立,就是因为法律的实效更多地归因于持续不断的,甚至在各个相关领域或环节循环往复的沟通,而不是归因于单向的强力命令和被迫接受。

法律的沟通主义进路并不是要硬生生地"用沟通替换强制",仿佛要在法律世界中植入沟通要素,完全否认法律的强制特征。相反,它是把法律世界中早已存在的沟通现象和逻辑,予以凸显和强调。而法律之所以需要沟通,归根结底在于法律对实效的追求。由古至今,无论中外,明理的治国者不会奢望完全靠一纸文书的制作,以及暴力执法机构和人员的

[①] 参见〔比〕马克·范·胡克:《法律的沟通之维》,孙国东译,法律出版社2008年版,第13、177、237—238页。

[②] 同上书,第38—46、47—49页。

配备,即可高枕无忧地等待法律的实施及效果。秦国商鞅变法,以徙木立信的方式,向天下民众宣布其法之必行;而太子犯法,商鞅坚决对秦国贵族代表太傅公子虔和太子师公孙贾施刑。① 这些看似在映证法律的严肃性、强制性,其实在与法律受众进行沟通。若无此种形式的沟通,商鞅所颁新法,怎么可能迅速收到实效?

进入民主社会,法律的"立信"(credibility)沟通仍然重要,但更为重要的是法律的"说服"(persuasion)沟通。"如果立法者想从沟通过程中获得最佳结果,亦即最大化地影响人们的行为,那么立法者这样做是明智的,即不把自己局限为单纯制颁规则,而是以正当理由、说明和例证添加见闻广博的评论,把制定法放在一个更大的语境中,进而更好地告知、激励公民遵从其所制颁的规则。"②立法之前的公开听取意见、通过媒体传达立法意向,立法后的宣传、培训以及普法等,都是以说服法律受众接受规则为目标的沟通。

法律世界之中的沟通不仅可以立信、说服,更可以实现法律的合法化/正当化(legitimization)。由于立法者不可能先知先觉地制定出只需行政者、司法者简单适用即可维护和促进秩序的所有规则,因此,法律的生命力还在于行政者、司法者对立法的拾遗补阙,在于他们对规则的再生产、再创制。然而,在民主社会中,当他们扮演"事实立法者"身份的时候,其合法性就会成为一个严峻的问题。解决这个问题的方案,不可能是再把他们强行打回"适法者"的理想/假想原型,不可能只是让他们披上技术或法律专家、精英的外衣。让规则再生产过程更多具备商谈性沟通(deliberative communication)的特征,已经成为法律实践的选择偏好,也被众多的理论家看好为促进合法化的路径。

诚然,如果极端化对待法律沟通论,将原本从沟通视角呈现出的法律景观,扩大想象为全景图,从而否认法律强制论的意义,那是对该理论的扭曲。毫无疑问,在法律世界中,与前文所揭非强制性法律规范并存的,

---

① 参见《史记·商君列传》。"令既具,未布,恐民之不信己,乃立三丈之木于国都市南门,募民有能徙置北门者予十金。民怪之,莫敢徙。复曰:'能徙者予五十金'。'有一人徙之,辄予五十金,以明不欺。卒下令。……于是太子犯法。卫鞅曰:'法之不行,自上犯之。'将法太子。太子,君嗣也,不可施刑,刑其傅公子虔,黥其师公孙贾。明日,秦人皆趋令。"

② 〔比〕马克·范·胡克:《法律的沟通之维》,孙国东译,法律出版社 2008 年版,第 178 页。

是大量若违背将遭受制裁的强制性规范,而且,它们往往构成基本社会秩序的基石。因此,法律体系同样需要强制、制裁,否则社会必将混乱不堪。只是,在法律世界中,且不论非强制性规范的目标实现更多依赖沟通以后的共识,即便是强制性规范,其背后的制裁更多不是作为现实而是作为威慑存在,这些规范在沟通完成以后就会得到绝大部分法律受众的遵守。

沟通的力量首先在于分享。沟通是人们分享信息、思想和情感的任何过程。沟通过程由发送—接收者(sender-receiver)、信息(message)、渠道(channel)、噪音(noise)、反馈(feedback)和环境(setting)等要素构成。① 在法律世界中,立法者是最初的规范发送者,行政者、司法者以及普通民众都是规范接收者,由语言符号构成的规范则是在规范发送者、规范接收者之间分享的信息。强制性规范向普通民众传递的信息是命令性的,且往往以不利后果作为对违法行为的制裁。规范接收者即便并不认同此规范,或者在遵守该规范会对己不利的时候反感此规范,在多数情况下,也会以"经济人"的思维方式掂量可能的收益与成本,并选择守法。至此,沟通即可见法律实效,无须诉诸制裁。非强制性规范传达的是引导性、指示性、劝诱性信息,没有配备违法的不利后果,意味着规范传达者并不严格要求法律受众皆奉行之,尽管其可能有此期待。规范接收者在收到信息并在理性和情感上予以认同之后,也会出于自愿地而非受威慑地选择守法,规范传达者所期待的秩序也会实现。

沟通的力量还在于说服。在这个世界,清晰、有效的沟通在生活的各个层面都是必不可少的。在公共关系理论中,沟通被认为存在单向沟通模式和双向沟通模式(one-way vs. two way)、对称沟通模式和不对称沟通模式(symmetric vs. asymmetric)。② 其中,双向的、对称的沟通模式目的是建立组织和公众之间的相互理解。而采取对话形式的沟通并不必然要求相互改变,因为沟通过程本身就是目的。运用对话,组织可以通过与

---

① 参见〔美〕桑德拉·黑贝尔斯、理查德·威沃尔二世,《有效沟通》(第7版),李业昆译,华夏出版社2005年版,第6—11页。其中,噪音指的是阻止理解和准确解释信息的任何障碍。

② See James E. Grunig & Larrisa A. Grunig, "Models of Public Relations and Communication", in James E. Grunig ed., *Excellence in Public Relations and Communication Management*, Lawrence Erlbaum Associates, Inc. Publishers, 1992, pp. 285-327.

公众的互动,提升其合法性和自主性。[1]

这些理论同样可以适用于法律世界中的沟通。的确,强制性规范与非强制性规范存在区别:前者必须得到遵守,无论法律受众是否认可;而后者的受众可以自行决定是否服从。然而,二者都需要借助沟通,尽可能多地争取法律受众的认同。难以想象,不能得到大多数法律受众认同的强制性规范,会有令人满意的实效;长期高压下的强制服从,甚至会招致激烈对抗或潜规则盛行。沟通可以在规范发送者和规范接收者之间缔造开放意识、信任和理解,可以说服规范接收者承认规范发送者及其制颁的规范的合法性。就强制性规范而言,如此可以减少违法及治理违法的成本;就非强制性规范而言,如此无疑有助于多数接收者与发送者在规范所期待的行为模式上形成共识与合作。

三、软法因商谈沟通而具规范性

如前所述,在传统国家法观视野所界定的法律体系之中,强制性规范和非强制性规范是并存的。而沟通主义法律观凸显和强调了法律内在的沟通维度,尽管沟通并非法律的全貌,尽管制裁对强制性规范的实施而言具有重要的保障作用,但是,无论是强制性规范还是非强制性规范,都需要借由沟通,也有可能主要借由沟通实现其效果。

此外,沟通主义法律观不只是在国家法的范围内议论沟通,更是突破了"决定于意识形态的法与国家相联系的观念",将法律系统放在结构化的社会关系(structured social relations)、制度化的共同体(institutionalized community)之中予以理解,并定义法律为"某个共同体制度化的规范体系"。尽管"国家法律系统仍是最完善的,因为其覆盖社会生活的几乎所有方面,而且具有最先进的制度化水平",但是,更加接近经验现实的共同体制度化规范的定义,不仅可以涵盖国家法,更可以把对形塑和调整秩序直接产生影响的超国家的法律系统或国家之下的法律系

---

[1] See Kathleen M. Sutcliffe, "Organizational Environments and Organizational Information Processing", in Fredric M. Jablin & Linda L. Putnam eds, *The New Handbook of Organizational Communication: Advances in Theory, Research, and Methods*, Sage Publications Inc., 2001, pp. 197-230.

统皆纳入其中。①

由此,方兴未艾、争议丛生的"软法"概念及其研究,或许可以从法律沟通论那里,得到一个更具解释性和规范性的视角和进路。首先,软法的形成者可以是国家,也可以是国家以外的其他制度化共同体(如国际组织、政党、各种形式的社会自治组织、行业自治组织等)。如同国家法中共存硬法与软法一样,其他共同体形成的规范也存在硬法与软法,区别都在于是否具有强制约束力。国家以外其他共同体形成的规范,并非都不具备强制约束力。② 例如,在软法概念最初源起的国际法情境中,国际条约、国际习惯法、一般法律原则通常因具有强制约束力而被称为硬法,这是与后来发展较多的建议、指南、意见、宣言、决议、行动计划、标准、备忘录等软法相对而言的。③ 在国内法情境中,国家以外的自治组织的某些具有强制性制裁内容的规范,也有可能因国家法的授权而得到法院支持,被认定为对案件裁判有约束力。④

非国家共同体之所以能够成为规范——尤其是软法规范——的形成者,不是因为它们享有国家法意义上的立法权。在世界仍然需要民族国家治理结构的情境中,此类体现民族国家集中治理权威的立法权,不可能分散化,不可能任由非国家共同体行使。非国家共同体的规范形成权也不是因为得到国家法的授予。尽管有些共同体的规范形成权有国家法明确首肯为依据。但是,一方面,国家法明文规定并不都意味着国家授权;⑤另一方面,亦有相当一部分非国家共同体在没有国家法的明文规定下行使着规范形成权。而这两方面可以归结到一点,即非国家共同体规

---

① 参见〔比〕马克·范·胡克:《法律的沟通之维》,孙国东译,法律出版社2008年版,第38—47页。

② 详见本书第一讲。

③ 参见万霞:《国际法中的"软法"现象探析》,载《外交学院学报》2005年第1期;韩永红:《论食品安全国际法律规制中的软法》,载《河北法学》2010年第8期。需要指出的是,国际法上的硬法与软法划分,不能以国际文件的名称为标准,此处只是为行文方便而作简单陈述。参见周华兰:《浅议国际软法》,载罗豪才主编:《软法的理论与实践》,北京大学出版社2010年版,第371—392页。

④ 法律上的约束力通常会被认为是对法律调控对象而言的,即法律调控对象的行为受法律的约束。其实,约束力也同时指向行政者和司法者,尤其是司法者,意味着他们负有适用法律、实施法律的义务。

⑤ 因为授权意味着权力首先为授予者所有,而后才能授予他人,而国家法对非国家共同体自治享有的规范形成权的规定,其意义可能只是给予认可,而不是给予授权。

范形成权在绝大多数时候是这些共同体自身固有的。非国家共同体具有制定规则的能力以及借助商谈沟通、说服受众服从的手段,即便是强制性的如开除成员资格、通报批评等强制服从的手段,也是建立在商谈沟通以后形成共同体合意或多数同意的社会契约基础上。而这种社会契约可以缔造共同体的强制性规则,也可以缔造共同体的柔性规则。可见,商谈沟通造就了软法形成主体的多元化。

其次,软法主要是有助于沟通的成文形式。如前所述,本身不具有强制实施效力的规范,是"缺乏锐利牙齿的",若欲法律受众依循,必须依靠沟通、说服而不是惩罚,依靠在平等主体之间形成的对话,以达成更多的共识,逐渐改变共同体成员的态度和行为。[1] 而达此目的,诉诸文字与公开是必不可少的,否则,很难形成沟通与对话。软法概念最初指向的就是各类国际组织、跨国组织借由充分沟通而制定的大量不具约束力的文件,这些文件发生实效的基础也是仰仗成文后的持续沟通。

虽然软法规范也有不成文的惯例[2],但是,作为软法的惯例具有四个特征:一是在稳定的、结构化的共同体社会关系中长期积淀下来的制度化、体系化的行为规范;二是基本符合当时当地共同体成员分享的情感、信仰和价值观,并在长期沟通中得到发自内心的认同;三是可以诉诸笔下、形成文字、公开予以传播和讨论的,惯例的不成文往往是指没有写在正式规范性文件之中,而不意味着不可言说;四是具有相当程度的公共性,在共同体内外都会产生影响力。因此,零散的、非体系化的,或者明显不符合情感、信仰和价值观而不得不隐蔽存在的,或者仅仅是在较小规模的共同体内而不具公共意义的相当一部分潜规则,不属于软法。

再次,软法制定、实施并发生实效的核心机制是商谈沟通以及通过商谈沟通完成合法性认同或合意。[3] 软法没有强制约束力,其实施方式或许依靠社会舆论、道德自律、内部监督、同行监督等产生的社会压力,或许

---

[1] See Willem Witteveen & Bart van Klink, "Why Is Soft Law really Law? A Communicative Approach to Legislation", *RegelMaat*, Vol. 3, p. 126 (1999).
[2] 关于公域软法中的政法惯例,参见宋功德:《公域软法规范的主要渊源》,载罗豪才等:《软法与公共治理》,北京大学出版社 2006 年版,第 189—194 页;关于经济领域中的交易习惯,参见程信和:《硬法、软法与经济法》,载《甘肃社会科学》2007 年第 4 期。
[3] 关于软法的其他各类实施机制,参见本书第五讲。

依靠软法之中的激励[1],或许依靠软法对受众情感的调动。[2] 然而,与民主社会中的硬法类似,软法若无法得到法律受众的基本认同,主要依靠外在他律或激励或情感调动,也会遇到实效难题。尤其是在面对工业社会、科技社会、信息社会不断涌现的新问题时,共同体内部以及与共同体有着密切关联的其他共同体,不能借助商谈沟通和对话,形成广泛共识,也就无以形成社会压力以及普遍的情感。

例如,在全球企业治理中的软法,与传统硬法实施机制的不同之处,的确在于其以"信誉规则"(rule of reputation)为根基。对信誉受损的担心,使许多跨国企业开始自我实施"民间规制"(civil regulation)。但是,正是全球市民社会提出了公众偏好和期愿,对一系列原则和价值——诸如人权、环境的可持续性、负责的公民、企业责任、正直和可信的品德等——凝聚了共识,才促使跨国企业考虑其品牌是否会因为违反社会契约而受到信誉损害,才促使"民间规制"及相应软法的形成和发展。[3] 因此,软法的制定与实施过程更加开放,更加注重商谈—论证与合意性,注重对话与沟通,强调共识与认同。[4]

由此,法律的商谈沟通理论不仅打通了前文所述的功能理论家族和接近理论家族,而且为软法得到较为普遍遵守这一社会学意义上的事实提供了规范性基础。它表明了软法具有事实效力、发挥其形塑受众行为的真正机制和基础在于沟通—对话—论证,也表明了软法与硬法在这一点上的接近性或相似性,更加重要的是,它在事实与规范之间搭起了一个桥梁。

最后,软法与硬法的并存,成为后现代治理的规范体系结构特点。当

---

[1] 参见罗豪才、宋功德:《认真对待软法——公域软法的一般理论及其中国实践》,载《中国法学》2006年第2期。

[2] See Alexandre Flückiger, "Why Do We Obey Soft Law?", in Stéphan Nahrath & Frédéric Varone ed., *Rediscovering Public Law and Public Administration in Comparative Policy Analysis: A Tribute to Perter Knoepfel*, Presses polytechniques romandes/Haupt, Lausanne et Berne, 2009, pp. 49-57.

[3] See Kevin T. Jackson, "Global Corporate Governance: Soft Law and Reputational Accountability", *Brooklyn Journal of International Law*, Vol. 35, pp. 41-106 (2010).

[4] 参见罗豪才、宋功德:《认真对待软法——公域软法的一般理论及其中国实践》,载《中国法学》2006年第2期;邢鸿飞:《软法治理的迷失与归位——对政府规制中软法治理理论和实践的思考》,载《南京大学学报(哲学·人文科学·社会科学版)》2007年第5期。

今社会更趋复杂化、碎片化和差异化,社会子系统日益分殊且变动不居,造成了规则体系的分裂,依靠民族国家系统制定统一适用规则的策略已经捉襟见肘。经济生活的全球化,也使得民族国家的主权和管制权在事实上受到限制。而国家即便对国内问题进行集中治理也难以克服科层官僚制内在的局限,同时还会增加成本、引致财政危机。[1] 不仅如此,现代工业社会的技术发展以及相应的行动、决策,潜伏着大量不可确定、不可预测的风险,而无所不在的风险阴影和风险转化为巨大灾难的随机性、突发性,也使得民族国家的集中治理以及"基于确定性的治理"处于绵软无力又饱受诟病的境地。[2]

如此困境是现代性危机的体现。欧洲大陆启蒙时代以来的现代性推进了民族国家的历史实践,形成了民族国家的政治观念与法的观念。而全球化、经济发展背后的消费主义、权威的瓦解、风险社会的降临等,已经动摇了国家中心主义的政法结构,造成公共治理和面向不确定性的治理的兴起。在这样的时代背景下,各种社会子系统(包括但不限于国家)都分担着治理的角色,体现出既封闭自治又对外开放的特征:在内部沟通网络中完成有规则的自我治理;与其他社会子系统持续循环地沟通,以实现相互之间(包括但不限于规范)的不断调适。后现代治理的秩序是集中性与分散性、统一性与个体性、稳定性与变动性、严格性与灵活性、控制性与调适性、确定性与不确定性构成的复杂综合体。如果说现代统治秩序/现代法是对前者诸性的追求,那么,后现代治理是回应后者诸性比重加大的现实。因此,主要依赖民族国家系统的硬法及其生产机制,尽管越来越显示出能力不足,却也有其不可或缺的作用;同时,主要以非国家的社会子系统为基础的软法及其生产机制,因为其更多的沟通性、灵活性、试验性、调适性,而成长为几乎同样重要的秩序动力装置。

---

[1] 参见翟小波:《软法概念与公共治理》,载罗豪才等:《软法与公共治理》,北京大学出版社2006年版,第134—135页。
[2] 参见〔德〕乌尔里希·贝克:《风险社会》,何博闻译,译林出版社2004年版;〔德〕乌尔里希·贝克:《风险社会再思考》,郗卫东编译,载《马克思主义与现实》2002年第4期;〔德〕乌尔里希·贝克:《风险社会政治学》,刘宁、沈天霄编译,载《马克思主义与现实》2005年第3期;杨雪冬:《全球化、风险社会与复合治理》,载《马克思主义与现实》2004年第4期。

四、结语:为何"软法"? 沟通万能?

国家法规范与非国家法规范的同时存在历史悠久。在传统国家法观的视野下,也有缀以"法"字的用语指称非国家法规范,如"原始法""习惯法""民间法""教会法""宗法""跨国法"(transnational law)等;或者完全不用带有"法"字的用语,而仅以其他行为规范或社会规范称之。那么,为何需要新提"软法"范畴?难道不会徒增混乱?

软法与其他非国家法或社会规范之间,无疑有着复杂的交叉、重叠关系,但较为细致、严谨的探讨,将构成本书第三讲的内容。在此更想表明的是,以上原有的概念,都烙有国家/国家法中心主义的印记,有意无意地使其所指对象受到边缘化的对待。认为这些规范属于法人类学、法社会学、法律与宗教等交叉学科的研究范围,就是边缘化的体现。这在建构和推进民族国家或现代法的时代,应该是有积极意义的,但前文已指出其在当代的局限性。而"软法"概念的意义就在于顺应时代需求。它不仅将传统凸显强制性的国家法观所掩盖的"国家法中的软法"展现出来,更是将原先被边缘化的非国家法规范拉到视野的中心。进一步,它显示出主流法学研究(而非交叉学科)关注各社会子系统规则体系的分裂、沟通及相互创生的重要性。

法律的沟通主义进路在解释论和规范论上对软法研究的意义,本书只是尝试略窥堂奥。其实,人类社会的沟通以及法律世界中的沟通自古以来即有,沟通也并非如上呈现的那样完全是双向的、肯定的、积极的作用。沟通作为一个相对客观、中立的词语,既可以指双向的、对称的沟通模式,也可以指单向的、非对称的沟通模式。前者为信息发送者和接收者双方的调适性改变提供机会,有助于就共同关心的问题进行协商、合作与调停;而后者旨在控制、支配和改变接收者。[1] 因此,两种模式似乎分别接近地对应软法的沟通和硬法的沟通。现实的沟通则更是一个混合的、复杂的过程,而不是纯粹的模式。

---

[1] See James E. Grunig & Larrisa A. Grunig, "Models of Public Relations and Communication", in James E. Grunig ed., *Excellence in Public Relations and Communication Management*, Lawrence Erlbaum Associates, Inc. Publishers, 1992, p. 289.

此外,一个相对封闭的社会子系统,可能会构成"匿名的沟通魔阵"(anonymous matrix of communication),而个人的权利有可能会遭受沟通过程非人格的结构性侵犯。① 例如,企业间形成垄断性价格同盟对消费者构成侵害。而且,沟通是否能在双向对称结构中充分进行,也在很大程度上取决于信息发送者和接收者是否有足够的动机、能力或者机会。有许多时候,即便一个社会子系统与另外一个社会子系统有着密切关联,前者(如房地产估价师协会或房地产评估协会)的运作是否良好、规范,对后者(如购房者群体)的权益产生直接影响,后者也会因为知识隔阂、能力局限或者机会匮乏而处于沟通的消极状态。

因此,尽管沟通是法律发生实效的重要基础之一,无论硬法规范还是软法规范皆依赖该基础,借此,也得以促进后现代治理秩序。但是,沟通和制裁各自对法律实效的作用是什么,沟通对于硬法和软法有着怎样深刻且不同的意义,通过沟通完成的软法秩序有何特点,沟通的局限性又会对后现代治理秩序构成怎样的消极影响。尤其重要的是,为软法和硬法都提供规范基础的商谈沟通,究竟应该具备哪些特性,以及这些特性如何才得以可能,从而不至于因为无法在现实中成就商谈沟通,而侵蚀或者摧毁其规范意义。这些以及更多的问题,都有待在法律沟通论与软法的题域之中做进一步探讨。

---

① 参见〔德〕贡特尔·托依布纳:《匿名的魔阵:跨国活动中"私人"对人权的侵犯》,泮伟江译,载《清华法治论衡》2007年第2期,清华大学出版社2008年版,第286—287页。

第三讲　软法与政策、习惯法、民间法

本讲延续前两讲的基本问题意识:什么是"软法"?"软法"概念因何而存在?只是,与之前的不同在于,此处旨在择取"政策""习惯法"与"民间法"这三个概念,将其与"软法"概念进行比较,发现它们之间的区别和关联,以解决人们心中可能存在的疑惑:在传统的法学话语体系中,已经有政策、习惯法、民间法等,指向与国家法——尤其是具有强制力的国家法规范——相对的其他规范,我们又为什么需要"软法"概念?后者的创造和存在,是否只会增加认知的混乱,而无任何知识增量的意义和实际应用的价值?通过这样的比较分析,通过回应这样的疑惑,或可进一步凸显"软法"作为一种话语存在的独特意义。

当然,必须说明的是,与国家法相对的其他规范,并不止于政策、习惯法、民间法等概念所指的现象。第二讲结语提及的原始法、教会法、宗法、跨国法,以及更多的与历史现象有关的概念,如封建法、庄园法、商法、城市法等[①],都是指向国家法以外的法规范。选择政策、习惯法、民间法作为比较的对象,一是因为习惯法、民间法等规范并未成为历史骨灰,在现今时代仍然大量存在,二是因为此处的分析仅是通过举例释明的方法,以揭"软法"概念之独特价值,而并无穷尽所有非国家法规范之必要。

---

① 参见〔美〕哈罗德·J.伯尔曼:《法律与革命(第一卷)——西方法律传统的形成》(中文修订版),贺卫方、高鸿钧、张志铭、夏勇译,法律出版社 2008 年版。

一、软法与政策

2004年3月22日,国务院发布《全面推进依法行政实施纲要》(以下简称《依法行政纲要》),该文件对于我国的行政法治发展具有举足轻重的意义,被行政自制理论的倡导者视为具有里程碑意义、奠定了行政自制的基础。[①]《国务院关于印发全面推进依法行政实施纲要的通知》(国发〔2004〕10号)指出,该文件"确立了建设法治政府的目标,明确规定了今后十年全面推进依法行政的指导思想和具体目标、基本原则和要求、主要任务和措施,是进一步推进我国社会主义政治文明建设的重要政策文件。"可见,无论是一些学者,还是国务院,都将其作为一项重要的公共政策。

然而,软法学者也多将《依法行政纲要》视为软法的一种表现形式,是依照逻辑对依法行政、建设法治政府进行全面规定的软法。[②] 甚至,有学者直截了当地提出,国家法之外的、属于公共政策的正式规范是国内软法的表现形式。[③] 由此实例,可能会产生一些困惑:软法与政策[④]之间是否可以画等号?或者,政策是否属于软法的一种,后者的范围包括前者但又远远大于前者?如果政策归在软法范畴之下,政策是否就纯粹是指导性的而非强制性的?以后,"政策"一词是否完全可以为"软法"所取代,而无单独存在的意义?

假若最后一问的答案是肯定的,那么,长期以来的政策相关学科,如第二次世界大战以来兴起的政策科学(公共政策分析)[⑤],就都需要改换门庭了。这显然是荒谬至极的。软法的倡议者从未有这样的主张,软法

[①] 参见于立深:《现代行政法的行政自制理论——以内部行政法为视角》,载《当代法学》2009年第6期。

[②] 参见罗豪才、宋功德:《认真对待软法——公域软法的一般理论及其中国实践》,载《中国法学》2006年第2期。另外参见姜明安:《完善软法机制,推进公共社会治理创新》,载《中国法学》2010年第5期。

[③] 参见程信和:《硬法、软法与经济法》,载《甘肃社会科学》2007年第4期。

[④] 广义的政策包括公共领域的、与一定范围内共同体成员集体利益相关的公共政策以及私领域的、与企业或其他组织利益相关的政策。本书若未予特别指出,所用"政策"一词指向公共政策。

[⑤] 参见陈振明主编:《公共政策分析》,中国人民大学出版社2003年版,第1—12页。

的概念也从未有此寓意。但是,软法概念的质疑者通常会有这样的逻辑:既然软法概念所指的各种规范现象,亦即软法的不同表现形式,都已有不同的相应概念进行指称,并且与传统的"法律"概念相对立,从而通过传统的"法律"概念去判断有约束力/无约束力、合法/不合法[①],又何必叠床架屋、徒增累赘地增加一个冗余的软法概念呢?

其实,软法与政策之间不能简单地画等号,二者的所指并不是完全一致的;软法也不是可以覆盖政策且意涵外延大于政策的上位概念,政策既有可能进入硬法,也有可能仅表现为软法,更有可能并未呈现为任何规范的形式而只是大致指明行动的方向。以下将从什么是政策、法与政策的区别和关联以及软法、政策各自表述的价值三个方面展开分析。

1. 什么是"政策"

"政策"(Policy)概念,如同"法律""软法"概念一样,存在多种的定义。[②] 最广泛的定义是"一个或一组行动者在处理一个问题或关切事项时有意识采取的作为或不作为"。该定义聚焦实际所作而非仅仅聚焦意欲何为;该定义有意同"决策"(decision)区分,后者指向在不同选项之间进行特定的选择;该定义也将政策视为随着时间的推移而展开的。[③] 当然,就该定义的字面而言,行动者既可以是政府机构和官员[④],也可以是政府系统以外的组织,如企业、社会团体、非营利组织等。因此,最广义的政策除了公共政策以外,当然也包括政府系统以外的组织采取的政策,就如同我们经常会提及网络平台的"隐私政策"。

根据美国得克萨斯农工大学的政治学教授、美国政策研究组织

[①] "法律之美就在于它能够把握住所有那些不同的心境与情绪,并能够将它们转化为可操作的分析:它能够将所有不同的政治或道德的精妙与细微之处转化为诸如有约束力/无约束力、合法/不合法这样的简单二分,并通过准确判定什么是有约束力的、合法的来对它们进行适当的处理。"〔荷〕让·克莱伯斯:《冗余的软法》,魏正译,载《行政法学研究》2008年第2期。

[②] 西方学者和我国学者对"政策"的各种不同定义,参见陈振明主编:《公共政策分析》,中国人民大学出版社2003年版,第42—43页。

[③] See James Anderson et al, *Public Policymaking: An Introduction*, 9th ed., Cengage, 2021, p.8.

[④] 在本书中,"政府"(government)一词有时指向广义的公权力统治实体,该实体有若干个拥有和行使不同性质权力的分支(branch),如立法机构、行政机构、司法机构等;有时,政府一词则是狭义的,仅指向该实体中的行政分支。读者可从上下文语境中予以辨别。

(Policy Studies Organization)前任主席詹姆斯·E. 安德森(James E. Anderson)等人所著《公共政策制定导论》一书的观点,公共政策有以下意涵。第一,政策是有目的的或目标导向的,而不是一种随机行为或偶然发生的。然而,目标有可能是内容松散而不精确的,有可能只是提供大致方向而不是提供可以直接瞄准的靶子。第二,政策是政府官员在一段时间内长期遵循的行动方针或模式,而不是他们单独的、离散的决策。政策不仅包括在特定议题上制定法律或规则的决定,而且包括后续的意在实施或执行法律或规则的一系列决定。第三,政策是对公众需求的回应,采取的回应形式有可能是制定法律、发布行政首长命令或法令、颁布行政规则、对法律进行司法解释。政策声明是政策的正式表达或阐述,它会在法律、总统命令或法令、行政规则、司法解释等形式之中,也会在政府官员的陈述和言论之中。第四,政策指向政府实际上所做的,而不只是其想要做的或者其官员声称要做的。第五,政策可能是积极的作为,即公开采取行动去处理问题,也可能是消极不作为,即在某些事项上决定不采取行动,如奉行放任自由的经济政策。第六,政策,至少就其积极作为的形式而言,是以法律为依据的,进而也是具有权威性的,有着法律上的强制性质,这是私人组织的政策所没有的。[①]

美国威斯康星大学绿湾分校的迈克尔·克拉夫特(Michael E. Kraft)和纽约州立大学奥斯威戈分校的斯科特·弗朗(Scott R. Furlong)也指出公共政策是政府为应对公共问题采取作为或不作为的行动方针。而公共问题就是公众普遍认为不能接受并因此要求进行干预的情况。政策的要素包括:意图(intention),即政府采取行动的目的;目标(goal),即政府宣称要达到的结果;计划或提案(plan or proposal),即实现目标的手段;方案(program),即得到授权的实现目标的手段;决策或选择(decision or choice),即为了设定目标、制订计划、执行方案而采取的具体行动。这些政策要素都会在法律、总统令、行政规则和司法判决中得到具有法律意义的表达。[②]

[①] See James Anderson et al, *Public Policymaking: An Introduction*, 9th ed., Cengage, 2021, pp. 8-10.

[②] See Michael E. Kraft & Scott R. Furlong, *Public Policy*, 7th ed., Sage Publications Inc., 2021, pp. 60-61.

可见,政策是更多被作为一个过程来对待的,以上所述政策要素在有些论者那里就是构成政策过程的若干步骤,即便是在超越公共政策的、更为广义的政策语境中同样如此。加拿大卡列敦社会政策研究所前任副所长、社会政策顾问、残疾人政策领域专家谢莉·托奇曼(Sherry Torjman)女士就认为,政策过程的通常步骤包括:第一,决定期望达到的目标;第二,划定适当的政策对象或群体;第三,确定达到目标的途径,在诸多选项中选择如何最佳地实现目标;第四,针对该目标设计具体的方案或措施;第五,实施该措施并评估其影响。[①]

以上在浩如烟海的政策研究文献之中择取寥寥数个对政策的定义、对政策意涵的描述,显然无意循此路径走下去,继续探索与政策相关的议题,这应该是政策学的旨趣所在。对于本书在此关切的"软法"与"政策"这两个概念的意义关系而言,这些介绍已经足以作为分析的基础。然而,欲分析软法与政策之关联,在法学研究传统之中早已涉及的、对于法律与政策之关联的讨论,可以作为先在的知识进行适当回顾。

2. 法与政策的区别和联系

以上所述已经表明,部分公共政策学者将公共政策与法律紧密地联系在一起,认为政策往往会在各种形式的法律渊源——具有法律上强制约束力的规范文件——之中得到表达,并且因此而有强制性质。然而,政策毕竟不等同于法律。除非政策制定者可能会将政策写入具有法约束力的文件之中,否则就无须使用两个不同的概念了。

在美国法理学家埃德加·博登海默(Edgar Bodenheimer)笔下,公共政策"主要是指尚未被整合进法律之中的政府政策和惯例",而法院、法官们会在没有宪法规范、法律,也没有先例的情况下,将公共政策作为支持判决的独立法律渊源,尽管法院、法官们对该术语含义的认识并不是完全连贯一致的。[②] 博登海默之所以如此区分法律与政策,主要是因为,若政策已经转化为法规范,其对法院而言,自然可以作为用来支持裁判的法律

[①] See Sherry Torjman, *What is Policy?*, Caledon Institute of Social Policy, Prudencecov (maytree.com), last visited on Sept. 3, 2024.

[②] 参见〔美〕E. 博登海默:《法理学:法律哲学与法律方法》,邓正来译,中国政法大学出版社 1999 年版,第 464—465 页。

渊源，就无须讨论其是否可以被法院适用（答案明显是肯定的），而只有在法规范以外的政策，才有讨论其是否可以作为非正式法律渊源的意义。博登海默还主张，政策可以作为非正式法律渊源，但法官"对于实施与基本正义标准相冲突的公共政策应当具有否决权"，政策在价值等级序列中低于法律安全和正义的价值。①

可见，一方面，政策可以通过法规范制定程序转化为具有约束力的实在法，换言之，可以为具体的法规范所反映。具体的法规范可以让原本较为抽象、只是大致指明方向的政策成为有着具体行为指示——可以做什么、应当做什么、不应当做什么——的规则。所以，一项政策往往需要由一系列配套的法规范予以体现和落实，如计划生育政策是由《人口与计划生育法》和各地人口与计划生育地方性法规给予支撑的，政府信息公开政策的对应法规范转化是《政府信息公开条例》。另一方面，政策也可以存在于法规范体系以外，政府虽然竭力推行和维系之，但其本身因为不是正式法律渊源，不能具有法律上的约束力。当然，如果法院在判决中将其作为支持判决的独立理由，这就如前述公共政策研究者所指出的那样，政策在司法判决中得到了具有法律意义的表达。法院适用政策的前提应该是对政策进行了比较严格的审查，尤其是在制定法模棱两可的情况下，对政策是否符合宪法、是否符合基本正义标准进行审查。

在我国，法律和政策的关系议题更为复杂，因为政策往往与中国共产党的执政地位、与党的领导紧密地联系在一起。在这个意义上，曾经发生过两次比较大范围的争论。一次是在1957年反右派斗争过程中，那时，"有法可依、有法必依的法制思想，法律面前人人平等的原则，人民法院依照法律独立审判原则，等等，都被作为'反对党的领导''以法抗党'的东西，受到了批判和否定。在法律和政策的关系问题上，争论结果形成了进入社会主义建设时期后一个重政策、轻法律，用党的政策取代法律的'左'的模式"。② 另一次争论是在党的十一届三中全会后1980年代开始期间。1978年12月22日通过的《中国共产党第十一届中央委员会第三次全体会议公报》上明确指出："为了保障人民民主，必须加强社会主义法

---

① 参见〔美〕E. 博登海默：《法理学：法律哲学与法律方法》，邓正来译，中国政法大学出版社1998年版，第465页。
② 张志铭：《中国社会主义法律和政策关系问题新探》，载《河北法学》1988年第4期。

制,使民主制度化、法律化,使这种制度和法律具有稳定性、连续性和极大的权威,做到有法可依,有法必依,执法必严,违法必究。"1979 年 9 月 9 日,《中共中央关于坚决保证刑法、刑事诉讼法切实实施的指示》(中发〔1979〕64 号)发布,提及一个普遍存在的问题,即"认为法律可有可无,法律束手束脚,政策就是法律,有了政策可以不要法律等思想,在党员干部中相当流行"。在此形势之下,法律和政策关系问题再次引发争论,在讨论过程中出现了两种偏向:一是仍然坚持法律从属于政策,法律只是政策的条文化、具体化和定型化,政策和法律是统率和被统率的关系;二是片面强调法律的意义,将法律和政策对立,忽视政策作为社会控制重要手段的价值。有论者指出,这两种偏向都需要反思,但主要应该纠正的是第一种偏向。[1]

这个认识在当时成为主流意见。"从历史和现实的角度看,在政策与法律的相互关系上,必须反对片面强调政策的作用,一切事情只讲按政策办事,不讲依法办事和夸大法律的作用,只讲依法办事,忽视政策在国家社会生活中的重要作用的两种倾向。"[2]"我们既不能以强调严格依法办事而否定党的政策的指导作用,从而影响法律的正确实施,又不能以强调党的政策的指导而否定严格依法办事,从而破坏宪法与法律的权威和尊严。"法律必须以政策为指导,但政策不能取代法律;法律形成后,在适用范围和时间上比政策更广泛、更稳定,并具有相对的独立性。[3]

随着法治和法学理论的进一步发展,依法治国、建设法治国家已经明确为基本的执政原则,并于 1999 年写入宪法。政策与法律关系的讨论,不再如前两次那样隐含着中国共产党领导与法治之间关系的政治意义,而是深入到在法律实施或适用过程中,如何更好地关照公共政策的实现[4],但又不能完全听任公共政策大行其道而摧毁基本权利或自由[5]。

---

[1] 张志铭:《中国社会主义法律和政策关系问题新探》,载《河北法学》1988 年第 4 期。
[2] 刘升平:《法律与政策关系之我见》,载《现代法学》1986 年第 3 期。
[3] 参见李步云:《政策与法律关系的几个问题》,载《现代法学》1984 年第 3 期。
[4] 参见苏力:《司法解释、公共政策和最高人民法院——从最高人民法院有关"奸淫幼女"的司法解释切入》,载《法学》2003 年第 8 期。
[5] 参见劳东燕:《公共政策与风险社会的刑法》,载《中国社会科学》2007 年第 3 期。

3. 软法、政策各自表述的价值

以上有关法与政策的区别和联系的讨论，仍然是围绕着传统意义上的"法"概念展开的，特别与"法"的强制属性紧密联系在一起。惟此，才能表明，原本在"法"以外的政策，"入法"以后可以获得权威性、执行性，可以获得更好的、更强有力的实施。而"政策入法"既可以是通过民主立法程序或准民主立法程序，将政策转化为具有正式法律渊源地位的法规范，也可以是在行政、司法过程中将其作为支持行政决策或司法判决的独立理由。后一种形式的"入法"，因为欠缺民主程序的正当化过程，就会牵扯比较复杂的诸如是什么政策、为什么可以成为独立理由等棘手难题。

然而，并非所有的公共政策都需要公共机构直接或间接地强力推行。政策有长期和短期之分，有抽象和具体之分，有方向性和执行性之分，也有非强制性和强制性之分。一项宏大的政策还由众多的、繁复的子政策、子子政策构成。[①] 在多样化的政策之中，有些政策并不具有强制推行的性质，而更多是鼓励性质的。例如，《汽车产业发展政策》（2004年5月21日发布）之中，有多达16处提及"鼓励"。

鼓励性政策也是存在差别的。所有的鼓励性政策，对于政策对象而言，是有吸引力的，是会推动政策对象选择从事政策所希望的行为；只是，对于政策对象并无"非如此不可"的拘束力。不过，有的鼓励性政策较为具体，代表着政府的承诺，若政策对象满足该项政策实施的条件，政府就有义务向政策对象兑现其承诺，这样的鼓励性政策对于政府而言是有约束力的，其约束力来源是政府诚信原则、信赖保护原则或正当合理期待原则。"冯锡汉诉邳州市自然资源与规划局案"中，一审法院的判决说理具有相当的典型意义[②]：

[①] 此类政策不计其数，可以例见国务院的《汽车工业产业政策》（1994年3月12日发布，2004年4月24日废止）、国家发展和改革委员会的《汽车产业发展政策》（2004年5月21日发布）。

[②] 邳州市自然资源和规划局与冯锡汉土地行政处罚纠纷上诉案，江苏省徐州市中级人民法院（2020）苏03行终119号。至于鼓励性政策若违反上位法的规定，政府是否仍然受约束，如果受约束，又是受多大程度的约束，是一个更为复杂的问题，因与此处的讨论没有直接关联，故不予展开论述。

关于涉案行政处罚是否适当的问题。行政行为除不能与法律规定冲突外,还应具有合理性、适当性,应综合考虑违法行为的历史环境和政策背景,做到处罚内容兼顾信赖保护原则和比例原则。第一,行政处罚应当综合考虑违法行为人的主观恶性、违法目的、危害后果等因素,依法确定其应当承受的行政处罚,保证责罚一致。本案中,涉案苏北超市作为当年邳州市130项重点民营工业项目之一,是当年邳州市、港上镇的重点招商引资项目,冯锡汉系在当地市、镇两级政府招商引资的政策背景及镇政府承诺无偿使用土地并办理用地手续的情况下进行建设苏北超市,从实际情况看,邳州市、镇政府领导均参加了苏北超市的开工仪式,还曾因项目建设对冯锡汉予以表彰奖励,故邳州市、镇两级政府对涉案项目的用地及建设情况是知情的,对冯锡汉的用地建设行为也是支持、肯定的。故,虽然冯锡汉用地建设未经审批,但该行为与当时的政府行为和政策环境具有直接关系,冯锡汉的用地行为不具有违法的主观恶意,亦未造成客观的社会危害后果,邳州市自然资源和规划局在土地行政管理过程中本应对该种情况与一般情况下的违法占地行为有所区分,但(对)冯锡汉作出行政处罚时简单地同等对待,导致量罚差距过大,应属明显不当。第二,信赖保护原则是指政府对其做出的行为或承诺应守信用,不得随意变更或反复无常,行政管理相对人对行政权力的正当合理信赖应当予以保护。行政行为应体现信赖保护原则是政府诚信和行政公信建设的基本要求。中共中央、国务院《关于完善产权保护制度依法保护产权的意见》第七条规定,"大力推进法治政府和政务诚信建设,地方各级政府及有关部门要严格兑现向社会及行政相对人依法作出的政策承诺,认真履行在招商引资、政府与社会资本合作等活动中与投资主体依法签订的各类合同,不得以政府换届、领导人员更替等理由违约毁约,因违约毁约侵犯合法权益的,要承担法律和经济责任。"本案中,冯锡汉作为普通公民,其投资苏北超市建设完全是基于对政府招商引资政策的信任,在苏北超市建设后的十余年期间,邳州市自然资源和规划局和当地政府从未认定其建设行为违法或进行其他查处,现因个别群众举报即以违法占地为由责令冯锡汉退还土地,没收相关建筑物及设施,让其承担一切不利后果,对当事人的信赖利益不予考虑,显然有失政府诚信,有悖行政行为的信赖保护原则。第三,比例原则是指行政机关实施行政行为应兼顾行政目标的实现和适当性手段的选择,保障公共利益和相对人权益的均衡,如为实现行政目标可能对相对人权益造成某种不利影响时,应将这种不利影响限制在最小范围和限度内,尽可能使相对人的合法权益遭受最小损失。《中华人民共和国行政处罚法》第四条第二款规定,设定和实施行政处罚必须以事实为依据,与违法行为的事实、性质、情节以及社会危害程度相当。本案中,虽然冯锡汉在苏北超市项目建设前未办理用地审批手续,但系基于邳州市当时招商引资、政府兜底的政策环境,其未批先建行为当时实际已得到当地政府许可和支持,涉案项目建设亦未违反土地利用总体规划,且作为当地及周边地区规模较大的超市,冯锡汉在投入运营的十余年期间付出了一定的人力和财力,为当地提供了一定数量的就业岗位,对推动邳州市及港上镇经济社会发展,服务周边群众生活作出了实际贡献。邳州市自然资源和规划局作为土地行政管理部门,应综合考量行为人当时所处的历史环境,对该类历史遗留问题作出妥善合理处理,但忽略相关历史和政策因素,简单适用《中华人民共和国土地管理法》第七十六条第一款的规定作出责令冯锡汉退还土地及没收相关建筑物、设施的处罚,导致冯锡汉遭受不能预见的损害,给冯锡汉造成过度的不利影响,有悖行政行为的适当性和均衡性,属于明显不当。

相较之下,有的鼓励性政策较为抽象,基本属于一种远景目标的宣示,对政策对象、对政府都没有法律上应予执行的约束力。例如,《汽车产业发展政策》第13条第1款规定:"国家鼓励汽车企业集团化发展,形成新的竞争格局。在市场竞争和宏观调控相结合的基础上,通过企业间的战略重组,实现汽车产业结构优化和升级。"第25条规定:"汽车、摩托车、发动机和零部件生产企业均应依据《商标法》注册本企业自有的商品商标和服务商标。国家鼓励企业制定品牌发展和保护规划,努力实施品牌经营战略。"这种鼓励性政策对企业无法律上约束力,自不待言,而国家或者代表国家的政府也仅有道义上的义务,至于何时、采取何种措施、以何种方式合法合理且不违背公平竞争地进行鼓励,则完全由国家或政府裁决。

这些对于任何行动者而言都不存在法律上约束力的政策,对行动者的行为又具有一定的引导、规范意义,政策制定者或许会倾向于考虑如何将此类政策进一步落实,从而保证政策的可执行性、可持续性,而政策对象的行为动机或许会受到进一步前景——如国家或政府出台配套的具体鼓励措施——的影响,选择政策所希望出现的行动。就此而言,将此类政策称为"软法",是恰如其分的。

回到此前提及的《依法行政纲要》。的确,该纲要在整体上正如国务院所明确的是"重要政策文件",其提出了一系列持续推动依法行政的政策,这些政策内容繁简不一、抽象具体程度不一,对行政机关的行为指示意义也有较大不同。有的政策是有着非常明确、具体的行为规范性要求的,如依法行政基本要求中合法行政、合理行政、程序正当、诚实守信等要求的表述,在此为论述简便起见,姑且称之为"具体规范性政策"。有的政策则是原则性的、方向性的,并不可以轻易转化为一种行为规范,如"合理划分和依法规范各级行政机关的职能和权限""健全行政决策机制。科学、合理界定各级政府、政府各部门的行政决策权,完善政府内部决策规则。建立健全公众参与、专家论证和政府决定相结合的行政决策机制。实行科学决策、民主决策、依法决策",等等。同样为论述简洁,姑且称之为"抽象引导性政策"。由于《依法行政纲要》并不是以行政法规、国务院决定或命令的形式发布的,不具有法律上的约束力,故两类政策皆可归入"软法"范畴。然而,作为一种政策,制定者当然希望其得到相应的落实,以体现其权威性、可信性。相较之下,具体规范性政策因其明确性、具体性程度更高,更易直接被认为是行政机关应当予以遵循的行为准则。具体规范性政策更容易被法院在司法判决中加以引用,就是一个体现。[①]当然,目前的司法援引还更多是将其作为加强法院说理的依据,而没有像前文提及的作为独立的裁判依据,因此,此类政策若还没有在形式上进入具有法约束力的法规范之中,则其还是停留在软法的定位上。

综合以上内容,可以发现,软法和政策这两个概念之间绝不应该出现"等号",尤其是,绝不应该将公共政策自然而然、无障碍地归入软法范畴。

---

① 参见定安城东建筑装修工程公司诉海南省定安县人民政府收回国有土地使用权及撤销土地证案,载《最高人民法院公报》2015年第2期。

归根结底,二者的核心所指意义差别甚大。只是,二者在有些情况下存在重叠。有些具有鼓励性的行为指示内容但对政策制定者和政策对象都无法律上约束力的政策,可以同时理解为软法。除此以外,公共政策制定者以外的主体可以制定大量的软法规范,只是皆不宜列入"公共政策"范畴。

二、软法与习惯法

软法的主流学说是将软法与习惯法严格区分的。在软法最早兴起的国际法领域,习惯法被公认为是具有法律上约束力的硬法。"在传统国际法的领域中,通常来说国际法的渊源主要有两个:习惯法和条约。习惯法通过不断的实践随着时间的发展逐渐获得公认""在国际法领域中,无论是条约和习惯法等所谓硬法还是软法,其与国内法的法律环境都存在着相当大的差别。"①在国内法领域,习惯法也在传统上被认为是有着法效力的规范。"习惯经过一定共同体认可后可以使之具有法的效力,谓之'习惯法'。"②

只是,也有个别观点指出,在商品交易中当事人普遍知悉并且愿意遵守的交易习惯,作为一种非正式制度,已经得到民商、经济法律的肯定,如《合同法》《物权法》中的"交易习惯"、③《消费者权益保护法》中的"商业惯例"、《海商法》《民用航空法》《票据法》中的"国际惯例"。这些"交易习惯本身不一定都够得上软法。但经当事人确认或法院、仲裁机构采信,则交易习惯亦可归入软法之列"。④ 这个观点还是混淆了典型意义的软法与被认定具有传统硬法效力的习惯法。为进一步加以澄清,在此略加展开讨论。

1. 习惯和习惯法

在法理学传统上,习惯法乃法律渊源之一,已经成为基本的多数共识。只是,有的学者将其与制定法、判例法、学说和法理并列为法的主要

---

① 罗豪才、毕洪海:《通过软法的治理》,载《法学家》2006 年第 1 期。
② 姜明安:《软法的兴起与软法之治》,载《中国法学》2006 年第 2 期。
③ 当前,"交易习惯"已经规定在《民法典》之中。
④ 参见程信和:《硬法、软法与经济法》,载《甘肃社会科学》2007 年第 4 期。

渊源形式,而没有明确其是为正式渊源还是非正式渊源;①有的学者将其归入法律的非正式渊源;②有的学者则认为,习惯是非正式渊源,而习惯法是正式渊源。③ 相对少见的观点是站在法的国家主义立场上,认为习惯法可以作为一个分析性概念进行使用,但其本质只是群体意义上的习惯做法,而不是"法"。④更有甚者,则是彻底否认习惯法可以作为与制定法、判例法并列的、相独立的法律类型。⑤

之所以出现如此众多的不同观点,应该是与对"法""习惯法""法律渊源"的定义和认识有关。假如把"法"泛泛地定义为一种对人的行为有拘束力的规范以及由一系列规范构成的秩序,违反这样的规范或秩序会受到制裁,无论是严酷到处以死刑,还是仅限于声名扫地,那么,将具备这些功能的社会习惯称为"习惯法",也是可以接受的。无论是原始社会,还是当今社会,都可以找到如此定义的习惯法。而且,在极其广义的"法"范畴之下,习惯因其实质上规制人们行为的功能而成为法,其无须其他任何介质。习惯法这个称谓无非表明此类规范源自习惯、性属习惯。

假如认为这样的"法"观念过于泛化,不能把"法"与"道德""习惯"等规范区分开,就会对"法"作出更加严格的定义,并且往往以经过一种权威过程来划分"法"与其他规范之间的界线。作为界碑的权威过程,可以是原始社会时期亲族或氏族的家长权威,也可以是之后的特权阶级或贵族阶级权威,到现代也就主要是约翰·奥斯丁(John Austin)所表述的主权者了。⑥ 由此,习惯并不只是因为普遍规制人们的行为而成为习惯法,其还必须经过权威过程的确认才能变身为习惯法。而在当今,这个权威过程基本上就是立法机关的立法过程和法院的司法过程。⑦ 前者是制定法

---

① 参见孙国华、朱景文主编:《法理学》(第5版),中国人民大学出版社2021年版,第111—112页。
② 参见〔美〕E. 博登海默:《法理学:法律哲学与法律方法》,邓正来译,中国政法大学出版社1999年版,第468—474页。
③ 参见高其才:《法理学》(第4版),清华大学出版社2021年版,第80—83页;高其才:《民法典中的习惯法:界定、内容和意义》,载《甘肃政法大学学报》2020年第5期。
④ 参见田成有:《"习惯法"是法吗?》,载《云南法学》2000年第3期。
⑤ 参见陈景辉:《"习惯法"是法律吗?》,载《法学》2018年第1期。
⑥ 参见〔美〕E. 博登海默:《法理学:法律哲学与法律方法》,邓正来译,中国政法大学出版社1999年版,第382、469页。
⑦ 同上书,第469—474页。

明确把具体的习惯内容写入其中,或者是确认习惯的地位,而习惯的具体内容仍交由其自身的产生发展机制;后者是在制定法阙如的情况下,法院在判例法中承认习惯为支持其裁判的独立理由。

就此而言,认为习惯法并不成为与制定法、判例法并列的独立法律渊源的观点,虽然有现时的意义,也有时代的局限性。放在历史的时间长流里,在法与其他社会规范的区分还没有更多地诉诸主权者命令标准的时候,习惯法与制定法、判例法甚至封建法、庄园法、宗教法等并存是不争的史实。只是,"由于习惯在很大程度上已被纳入了立法性法律和司法性法律之中,所以习惯在当今文明社会中作为法律渊源的作用也已日益减小。然而,这并不意味着习惯所具有的那种产生法律的力量已经耗尽枯竭了。"①因此,习惯法作为一个概念,既有丰富的历史意蕴,也有当下的"习惯产生法律"的意义。

至于习惯是非正式渊源,习惯法是正式渊源的观点,可以从两个方面看待。一方面,如果承认当今时代,习惯唯有经过权威的立法过程或司法过程,才能成为习惯法,那么,习惯法实际上的表现形式不是立法文本、司法先例,就是条约和其他协议。按照博登海默的观点,正式法律渊源指向在权威性法律文件的明确文本形式中得到的渊源,非正式法律渊源指向具有法律意义的资料和值得考虑的材料,但它们尚未在正式法律文件中得到权威性的或至少是明文的阐述与体现。② 由此,习惯法的确可以被理解为正式法律渊源,只是不宜再与制定法、判例法等并列了;③而习惯则也当然可以视为非正式法律渊源,可以产生法律。另一方面,在有些法理学论著中,被作为法律渊源对待的是"习惯"而不是"习惯法"④,但也有将这两个概念混用的,即没有特别严格区分习惯与习惯法。例如,博登海默虽然将"习惯法"表述为法律的非正式渊源,只是,在其指出"尽管从事实上看,习惯法作为一种直接的法律渊源的意义在今天已不是很大,但是习惯仍常常以间接的方式渗入进法律领域"时,可以看到"习惯法"似乎

---

① 参见〔美〕E. 博登海默:《法理学:法律哲学与法律方法》,邓正来译,中国政法大学出版社 1999 年版,第 472 页。
② 同上书,第 414—415 页。
③ 参见高其才:《法理学》(第 4 版),清华大学出版社 2021 年版,第 80—86 页。
④ 参见〔美〕约翰·奇普曼·格雷:《法律的性质与渊源》,马驰译,商务印书馆 2022 年版,第 264—281 页。

停留在历史意义上，而作为当今法律非正式渊源的应该是习惯。类似地，戴维·L. 查尔斯（David L. Charles）和伊恩·韦斯理-史密斯（Ian Wesley-Smith）指出，"习惯——习惯法——是一群独立的、可识别的人们在特定的一块土地上长期的惯习或正当应用，且在当地法院或裁判机构那里因某些特定目的而得到认可。"在美国和国际上，有两种习惯法：一是英国普通法上承认的；二是美国土著居民的"本土习惯"（native customs）。[①] 从中也可以看到二者的混用，以及"习惯法"这个概念深处隐藏的历史影子。

"习惯法"的历史影子在法律移植语境下还有着另外的、极其特殊的意义。在有着殖民主义历史的国度，"习惯法"是与殖民宗主国从其本国带到殖民地的法律相对而言的，故又被称为"本土法"（native law）、"固有法"（indigenous law）、"地方法"（local law）。它不是奥斯丁所描述的政治至上者为了决定和规制政治从属者的行为而制定的规则，而是特定群体形成的社会、文化、宗教的协定（compact），是萨维尼所称的民族精神。殖民者在离开殖民地后留下了欧洲法律和实施欧洲法律的机构，欧洲法律文化的引入使得这些外国法体系得以更加的持久。而经过多年的殖民统治，这样的法律文化及其所有附属产物阉割了殖民主义到来之前的习惯法。于是，在殖民者确定的法律框架之中运行习惯法或固有法，就成了法律多元主义的一部分，而法律多元主义又是殖民主义对第三世界发展中国家影响的一部分。[②]

我国在近代历史上是一个半殖民地半封建社会，国土除香港、澳门、个别城市部分租界以外，绝大部分并未接受所谓殖民宗主国法律的强加，但是，清末民初，西风东渐，西方的法律观念、法学理论、法律制度也都被国内变法之士纷纷嫁接过来。1949年共和国成立之后，则是以苏联为楷模。改革开放以来的学习、借鉴目光再次更多地转向欧美。与殖民地被强制接受外来法不同，这种移植是在"变法图强"的氛围之下主动进行的

[①] See David L. Charles & Ian Wesley-Smith, "Beyond Blackstone: The Modern Emergence of Customary Law", *Property Rights Conference Journal*, Vol. 4, p. 151 (2015).

[②] See Lakshman Marasinghe, "Customary Law as an Aspect of Legal Pluralism: With Particular Reference to British Colonial Africa", *Journal of Malaysian and Comparative Law*, Vol. 25, pp. 7-10 (1988).

法律改革。然而,二者相通之处就是,本土经过长年沉淀下来的习惯或习惯法,如何与外来法进行融合。① 同样在法律多元主义理论视野下,习惯法概念承担了外来法的主动移植如何才能成功为本国国民——本土法律文化传统塑造了其精神的重要部分——所接受的研究使命。这不只是中国独有的问题,在世界范围内也是普遍存在的。②

2. 软法与习惯法

如此回顾习惯法概念的意义——显在的和深藏的,以及不同的认识和主张,相较习惯法研究一脉来说,这无疑是非常之简缩了,"挂一漏万"自是难免,但是,就此处的主题而言,已经略带铺陈和冗长了,需要就此打住。从以上简述可知,"软法"与"习惯法"这两个概念的所指或许会有重合之处,二者间的区别则是更大、更显著的,具体如下。

第一,所指现象性质不同。习惯法所指或是在国家法观念尚未盛行时(以下简称"前国家法时代")基于长期社会习惯形成的、约束人们行为的法规范,或是在国家法观念盛行以后(以下简称"国家法时代")吸收或承认社会习惯的制定法或判例法。③ 在前一种情况下,由于国家并未被认为垄断暴力,习惯法无需国家为后盾也可以具备强制力。因此,习惯法在本质上是被认为有强制约束力的。而软法则不同,其典型所指是并不具有被强制推行和实施的效力,而是在事实上获得认同和遵守的规范。至于促进这种认同和遵守的因素,是非常复杂的,既有来自软法自身的说服力,④也有来自软法以外的非强制实施机制。

第二,形成和实施机制不同。在前国家法时代,习惯法由社会自行形

---

① 我国学者在这方面显示出来的问题意识,可例见苏力:《变法,法治及本土资源》,载苏力:《法治及其本土资源》,中国政法大学出版社1996年版,第3—22页;梁治平:《乡土社会中的法律与秩序》,载王铭铭、王斯福主编:《乡土社会的秩序、公正与权威》,中国政法大学出版社1997年版,第415—480页;李启成:《外来规则与固有习惯——祭田法制的近代转型》,北京大学出版社2014年版,第1—3页。

② 例见〔日〕千叶正士:《法律多元——从日本法律文化迈向一般理论》,强世功等译,中国政法大学出版社1997年版。

③ 此处所谓的"国家法观念"指向对两个关联教义的主张和坚持:一是法律乃具有强制约束力的规范;二是法律乃主权国家制定或认可并保障实施的规范。然而,包含这两个教义的"国家法观念"是历史性的,而不是自古以来就占据人类意识主导地位的。对应地,此处所谓的"国家法时代",就是指国家法观念开始起支配作用的时代。

④ 参见本书第四讲。

成并有强制执行力,但并不一定需要国家权威作为后盾;在国家法时代,习惯法源于社会习惯,然通常需经制定法或判例法过程而形成具有强制约束力的规范。未经国家权威过程的社会习惯,即便事实上有约束作用,也不成其为习惯法,因为违反者并不会被国家强制接受不利后果。软法是在国家法时代兴起的一个概念,其指向不具有国家强制推行效力的柔性规范,这些规范的制定主体既可以是国家/政府、国际组织,也可以是企业(尤其是全球企业)、社会组织等,制定过程也没有严格如立法或司法程序,其实施更多是依靠非强制的机制。①

第三,问题意识不同。习惯法概念深处至少有两种问题意识。一是在现代国家法观念之下国家法如何对待社会习惯的问题;二是在法律移植——无论是殖民附随还是变法接受——背景下外来法与固有习惯法如何融合的问题。两个问题意识相互独立,可以说是在两个平行维度上展开,只是,当外来法更多通过国家法吸收以适应现代国家新的发展任务时,二者也会有所汇集。软法概念的基本问题意识在于,在国际的和国内的公共治理体系之中,因缺乏现代国家法观念主导下的"硬法"构成条件而并无强制约束力,但在事实上又为人们普遍认同和遵守的规范,是如何与"硬法"发生互动,从而促进公共治理实效的。

第四,意义面向不同。习惯法是社会习惯长期演变而来的逐渐制度化的规则,具有自发性和丰富的地方或行业色彩,在前国家法时代和国家法时代各有不同的效力产生机制。习惯法的意义面向由此是过去的、传统的。从软法概念在国际法语境中最初的源起而论,其是为了合作的目的而被有意制定出来的,其意义面向主要是当前的、未来的。转换至国内法语境中,软法概念也更多是为了促进现在和未来的公共治理而被用来研究正在发生和所欲发生的柔性规范的形成、实施,及其与具有强制执行力的硬法规范如何对当前和未来秩序共同作用。

那么,当下国家法时代的软法与习惯法在什么情况下、什么意义下是存在重合的呢?应当承认,即便人类社会在总体上已经进入更加快速发展的阶段,许多事物都日新月异,但在一些地方、在一些组织、在一些行业那里,仍然有长年积累下来的习惯,并事实上为该地方、组织或行业所普

---

① 参见本书第五讲。

遍遵循,发挥着"事实上的法"的作用。在这些习惯是否应当遵守并未引起巨大争议,并未提交给法院进行裁判、法院也未明确给予其有着法效力的"习惯法"地位的情况下,将这些习惯称为"软法"是合适的。对其在相关事务公共治理体系中的作用进行研究,也与软法致力于促进混合法公共治理的使命和目的一致。

三、软法与民间法

与习惯法类似,民间法也同软法存在交集,而且可能交集的成分会更多些。这与民间法概念的所指有紧要的关联。当然,对软法的一种定义就是把民间法、国家法以外的事实上发挥秩序形成作用的规范系统一律视作属于软法疆域,如乡规民约、社会组织章程等。本书第一讲已经从自治与国家强制之间的关系角度进入,指出该定义忽视了这些自治规范之中得到国家认可并由国家强制力保障实施的部分。此处就软法与民间法的相异及相交,再作进一步的阐发。

1. 民间法与习惯法

仅从中文的语词构成而言,民间法与习惯法的意涵应该有侧重之不同。在中国古代,"民"常与"官"相对,"民间"也就与"官府"相对;现代话语体系之中,"民间"更是同相对抽象的、由各种形式的官府所代表的"国家",成为对应物。由此,字面意义上,民间法就与国家法相对而言,"是指在一切国家法之外,对人们的交往行为及权利义务分配具有现实调整作用的社会规范""是国家法的对称,是国家法之外,用来进行社会控制和社会秩序构造的规范系统。"[1] 如前所述,习惯法也是指向国家法以外的规范和规范系统,是在社会中形成的。在这一点上,与民间法存在意义的会合。只是,习惯法,顾名思义,指向的是长年沉淀下来的、约束人们行为的社会习惯,在前国家法时代成为多元法律之一种,在国家法时代经立法或司法之认可而为国家法渊源以外的补充渊源。而民间法的意义和范围显然超过习惯法。因为它不仅包括被认为以"非正式形式"存在的习惯法,

---

[1] 参见谢晖:《论民间法研究的学术范型》,载《政法论坛》2011年第4期。

也包括以"正式形式"表现的且越来越集中体现民间法形成自觉性的乡规民约、社会组织章程。①

当然,由于民间法与习惯法有较大程度的交集,使用这两个概念进行的相关研究在两个维度上呈现出相似和接近。

一则,民间法与习惯法经常会被互换使用,而不加严格区分。这在国内外皆非罕见。例如,加拿大的雷内·葛岱兹(Rene R. Gadacz)在 1987 年的文章中就将民间法(folk law)与习惯法的研究合为一谈。② 1994 年,美国的艾丽森·邓德斯·伦特恩和阿伦·邓德斯共同编辑的 2 卷本《民间法:不成文法的理论和实践论文集》中,也有相当多的论文是将民间法转化为习惯法主题。③ 我国的梁治平在 1997 年讨论中国古代的民间法时也指出:"以上讨论的各种法律源流,如民族的、宗教的、宗族的、行会的等等,广义上都可以说是习惯法,因为在由日常生活中的习俗、惯行、常规逐渐向明白制定的规则过渡的连续体中,它们都更多地偏向于惯习一端。"④谢晖认为习惯法不能涵盖民间法的范围,习惯法与民间法是种属关系⑤,而徐爱国则揭示出为什么民间法的讨论会与习惯法发生融合:"外国法文献中,习惯法研究成果多于民间法,因此民间法学者借鉴了不少习惯法的研究成果。"⑥

二则,民间法与习惯法共享了主要的问题意识和研究旨趣。前文已述,习惯法有两个深层次的问题意识:第一,在以国家法为中心的时代,国家法如何对待社会习惯;第二,在法律移植的背景下,外来法与习惯法之间冲突如何解决。而在民间法语境中,这两个问题意识也是同样显著存在。谢晖将出于这两个问题意识的民间法研究分别概括为"社会—国家"

---

① 参见谢晖:《论民间法研究的学术范型》,载《政法论坛》2011 年第 4 期。
② See Rene R. Gadacz, "Folk Law and Legal Pluralism: Issues and Directions in the Anthropology of Law in Modernizing Societies", Legal Studies Forum, Vol. 11, no. 2, p. 125 (1987).
③ 参见徐爱国:《现代社会中的民间法——folklaw 的域外法学考察》,载《法学评论》2023 年第 6 期。
④ 梁治平:《中国法律史上的民间法——兼论中国古代法律的多元格局》,载《中国文化》1997 年第 15、16 期。
⑤ 参见谢晖:《论民间法研究的学术范型》,载《政法论坛》2011 年第 4 期。
⑥ 参见徐爱国:《现代社会中的民间法——folklaw 的域外法学考察》,载《法学评论》2023 年第 6 期。

范型和"移植—本土"范型。① 相较而言,前一问题意识虽然关注当下,也会经常在更早的历史上寻找问题的答案,因为民间法与官方法的对立在前民族国家时代就已经是事实;后一问题意识则更多地引导学者发现与研究近当代发生的冲突现象,因为对于中国而言,域外法律大规模植入还是在清末以后延续至今的事情。

即便有如此的相似和接近,民间法的涵摄范围毕竟大于习惯法。国家以外的主体有意识地制定规则以形成一定的秩序,并非完全出于对习惯的认可和将习惯成文规则化。在普遍追求快速发展的当今,社会团体、行业组织、网络平台等制定自治规则,以适应最新的需要,而不是固守成规,是民间法的另外一道风景。在国家法可能因为较多追求统一性、较少顾及个别性,可能因为立法过程的拖沓、迟滞,可能因为刚性有余、柔性不足等,而不能为自治共同体提供所需秩序的场合,这些并非出于习惯的自治规则,扮演着重要的秩序形塑或再形塑之作用。在习惯法研究语境中,无论是国家—社会维度、还是移植—本土维度,都会把如何解决冲突作为重要的问题;习惯法以外的其他民间法研究,则可能会把注意力更多放在民间法与国家法的互动、互补之上。当然,这些对比都是相较而言的,并非绝对。

2. 软法与民间法

既然民间法可以涵盖习惯法和习惯法以外的其他民间法,那么,前文提及的软法与习惯法的不同和联系,就不在软法与民间法的对立之中重述了。就习惯法以外的其他民间法而言,软法与之比较,同样可以显见二者的区别以及部分重合。

首先,软法与民间法的性质和效力不同。虽然软法的制定主体不排除国家,虽然民间法的制定主体一定是排除国家的,但软法范畴指向的始终是没有强制约束力的规则,而民间法(如乡规民约、协会自治章程、平台自治规则等)则可能会得到国家的认可而具有强制执行的效力。软法的效力在于说服的有效性,更多依靠自愿遵守,即便导致自愿遵守的动因不完全是纯粹的认同,也可能有舆论压力、奖励刺激等。而民间法之中,除

---

① 参见谢晖:《论民间法研究的学术范型》,载《政法论坛》2011年第4期。

了确实只是倡议性的、劝导性的、激励性的以外,有相当一部分是共同体成员必须遵守的,否则,会承担共同体对其的制裁,而这种制裁若引起纠纷,也可能会得到国家(司法或行政)支持。

其次,软法范畴的提出,意在与硬法相对,从而在事实意义上揭示现实秩序的形成,并不完全依赖具有强制约束力的硬法规则,而且还有软法的参与。在规范意义上,软法的告诫在于,深受法律实证主义影响的现代法律人应该放弃对硬法规则有意无意地寄托全部或绝大部分的希望,有意无意地将"坏秩序"完全归咎于硬法的不够完善。而民间法范畴的意义,则是突显国家作为规则生产者和提供者的局限,强调国家以外的主体同样可以也有必要在其合适的空间内制定规则,并为秩序的形成和维系贡献其作用。软法与硬法的互动互补,同民间法与国家法的互动互补,存在交叉,但出发点不同。

最后,软法与民间法的形成过程有着显著差异。民间法之中有强制约束力的规则,除长年积淀的习惯法以外,往往需要借助比较严格的民意呈现、协调和表决程序来形成,使其获得合法性/正当性(legitimacy),从而可以在必要时由国家认可、支持而得到强制执行。在我国,较为典型的就是,《村民委员会组织法》认可村民会议可以制定村民自治章程、村规民约,但村民会议的构成、召集、召开、决定事项、决定程序、备案、违法或侵权禁止原则等,该法也都给出了比较细致的规定。[①] 换言之,与历史上的法律多元主义时代不同,现在的"乡规民约"若要得到强制实施的效力,就需要国家的支持,而国家的支持不是无条件地任由制定者随意而为或随"古法"而为。相较之下,软法因其不具有强制约束性,故而无须遵循如此严格的程序。尽管为了增强其说服的有效性,充分听取软法所欲规范对象的各方意见,在道理上也是应当的,但这并非软法制定者必须遵守的程序性义务。有的时候,为了引领目标人群的行为,软法倡议者会选择径直发布其认为适宜的软法规范,如人工智能伦理规范。[②]

软法与民间法虽有以上不同,但也存在交叉重叠之处。在民间法之中,无论是习惯法还是非习惯法,都还存在一些仅具有软约束效力的规

---

① 详见《村民委员会组织法》第 21—24、27 条。
② 关于人工智能伦理规范的形成和实施,参见本书第五讲。

则。如我国民间在办理喜丧事时需要给礼金就是一种不具有强制约束力的、国家也不会强制执行的习惯法;而许多企业、非营利组织、科研机构等发布的人工智能伦理规范,迄今更多还是停留在倡议、鼓励人工智能利害相关者遵循层面。

四、结语:一种廓清的努力

本讲仍然是为廓清软法与相关联的法现象之间的界限进行努力。任何一个概念的内涵外延,都很难形成完全一致的界定和认识。关于软法与公共政策、软法与习惯法、软法与民间法,不同论者有不同认知,乃一正常学术现象。2015年,在一次研讨会上,有学者问:法学领域以往有民间法概念,软法究竟与其有什么区别?为什么一定要用软法概念,而不是继续沿用民间法概念?凡此疑惑,可以继续延伸,扩展至公共政策、习惯法等,引动对软法范畴独特意义和价值的思考,恐怕非一个或少数学者所有,有必要予以回应。

回应不可避免会触及对公共政策、习惯法、民间法的认识和理解,而后者无疑属于政治学、行政学、法理学、法人类学等学科的知识疆域。每个范畴之下都蕴藏着无限丰富的宝藏。深挖且穷尽之,显然力有不逮,也实无必要。在此以挂一漏万的方式,呈现软法意义所指与这些范畴意义所指的不同和牵连,或可有助于进一步了解软法的独特魅力所在。

第四讲 软法的有效性与说服力

一、问题:软法是否有效力

对于"软法是否有效力"的问题,不同的论者或许会给出肯定或否定的不同答案。而在此现象背后,隐藏着论者对"效力"(英文对应词为validity)的不同认识与理解。

按照域外传统的、主流的、实证主义的法律效力观,"法律上有效的"(legally valid)同"法律上有约束作用"(legally binding)是交互使用的。[1] 在国内,法律效力的意涵也通常被解释为法律具有的约束力(或称拘束力,意义完全相同)与强制力。[2] 循此观念,一个自然的逻辑结论就是软法没有法律效力,因为软法概念的支持者与阐发者多数都认为软法是没有法律上约束力的。最初对国内软法研究产生较为直接影响的弗朗西斯·施耐德(Francis Snyder)教授,在其对"软法"的定义中,明确指出软法"原则上没有法律约束力"。[3] 这种认识在域外软法理论中一直占据主导地位。2021年出版的由25位来自欧洲不同国家的学者撰写的论文集——《在成员国中的欧盟软法:理论发现与经验证据》——展示的关于

---

[1] See Joseph Raz,"Legal Validity", *Archives for Philosophy of Law and Social Philosophy*,Vol. 63,p. 342 (1977).

[2] 参见王叔文:《论宪法的最高法律效力》,载《法学研究》1981年第1期;潘晓娣:《法律效力的再认识》,载《河北法学》1993年第1期;刘小文:《法律效力构成简析》,载《法律科学》1994年第2期;文正邦:《法律效力的法哲学反思》,载《云南法学》2000年第2期。

[3] Francis Snyder," The Effectiveness of European Community Law: Institutions, Processes,Tools and Techniques", *The Modern Law Review*,Vol. 56,p. 32 (1993).

软法概念的共识也是,软法缺少法律约束力。①

然而,在主流认识的身旁,总会存在分支。与绝大多数支持"软法"概念的论者不同,罗豪才教授并不认为软法完全没有效力、完全没有约束力。其从法与国家强制力的关系入手指出,法律规范既有依靠国家强制力保障实施的,也有运用非强制性方式实施的,"依靠国家强制力保障实施不再成为法律实施的一个必备要件"。由此,"法既有硬拘束力,也有软拘束力""国家立法显然并不全是硬规则,还有软规则,即很多是不依赖国家强制力保障实施的但具有实际效力的规则"。② 荷兰马斯特里赫特大学的贾普·哈格(Jaap Hage)教授似乎也有类似暗示,即软法是缺乏法律上约束力的,或者其约束力要弱于传统的法律约束力。③ 只是,如果约束力有"硬"与"软"或"强"与"弱"之分,那么,约束力究竟意味着什么? 软约束力或弱约束力又意味着什么? 创造并贡献这些词汇的论者似乎并未进一步阐述清楚。

这些争议和困惑并不止于理论探索。与此直接相关的法律实践问题是,约束力、硬/强约束力、软/弱约束力对处于纠纷中的当事人意味着什么? 对负有处理纠纷案件职责的法院意味着什么? 法院是否有权力,或者是否有义务或职责适用或引用软法规则于具体案件情境、具体争点中? 反言之,若法院在裁判文书中适用或引用一项规则,或者承认当事人一方遵守一项规则的合法性,以解决案件纠纷,厘定当事人之间的权利义务关系,该项规则是否就可以直接被认定为硬法? 例如,最高人民法院审理的"定安城东建筑装修工程公司诉海南省定安县人民政府收回国有土地使用权及撤销土地证案"(以下简称"定安城东案")判决书,引用《依法行政纲要》,指出定安县政府"未听取当事人意见,违反正当程序原则"④,是否

---

① See Mariolina Eliantonio, Emilia Korkea-aho & Oana Stefan eds., *EU Soft Law in the Member States: Theoretical Findings and Empirical Evidence*, Hart Publishing, 2021, p. 16.

② 参见罗豪才:《公共治理的崛起呼唤软法之治》,载《行政法论丛》第 11 卷,法律出版社 2008 年版,第 3—4 页。

③ See Jaap Hage, "What is Legal Validity: Lessons from Soft Law", in Pauline Westerman, Jaap Hage, Stephan Kirste & Anne Ruth Mackor eds., *Legal Validity and Soft Law*, Springer International Publishing, 2018, p. 20.

④ 定安城东建筑装修工程公司诉海南省定安县人民政府收回国有土地使用权及撤销土地证案,载《最高人民法院公报》2015 年第 2 期。

意味着《依法行政纲要》是硬法,而不是通常所认为的软法?① 在"孙乔诉湖北省中医院医疗服务合同纠纷案"(以下简称"孙乔案")中,原告控诉被告强制要求其进行与病因无关的检查、加重原告的负担,被告则辩称其进行检查依据的是鄂防指医发〔2020〕16号文《关于印发湖北省新冠肺炎定点医疗机构恢复日常诊疗服务工作指南的通知》,湖北省武汉市洪山区人民法院认可了被告的主张,指出被告必须遵守"行政主管机关的相关规定"。② 这是否也意味着案涉的指南属于硬法范畴呢?③

可见,"软法的效力"是一个在理论上会产生歧见和争论、在实践中会引发困惑的议题,应当予以认真对待和探索。而且,关于该议题的研究,势必需要重新踏入一个更为久远的关于"法律效力"论题的学说史之中。笔者无意、无力也无必要完整回溯由凯尔森(Kelsen)、罗斯(Ross)、哈特(Hart)、德沃金(Dworkin)、拉兹(Raz)、阿列克西(Alexy)、芒泽(Munzer)、格拉博夫斯基(Grabowski)等20世纪著名法学家在此论题上的繁复著述。④ 本讲的目的是论证,在一个混合硬法和软法的法律体系中,软法符合一定条件,也是具备"有效性"的,但是这并不意味着其就具有强制性的约束力,有效的软法规范产生的是一种说服性的作用力(笔者称之为"说服力");说服力也是产生法律效果、促成法律秩序的重要原因之一,只是其确定性、可预期性较弱,因为软法具有说服力意味着软法不能作为法律场域厘定各方权利义务关系的唯一、直接的依据;说服力因为软法制定主体的权威性、内容的合理性程度、制定程序的正规性不同而有强弱之分。为达此目的,本讲拟首先尝试挖掘传统法律效力观的问题意识,即传统法理学为什么探究法律效力,希冀从中发现将效力或有效性⑤

---

① 参见罗豪才、宋功德:《认真对待软法——公域软法的一般理论及其中国实践》,载《中国法学》2006年第2期。

② 孙乔与湖北省中医院、湖北省中医院光谷院区医疗服务合同纠纷案,湖北省武汉市洪山区人民法院民事裁定书(2020)鄂0111民初4336号。

③ 在一次学术讲座交流中,中国政法大学法学院张力教授提出问题:一项规则被法院适用或引用,就一定是硬法吗?感谢其有意义的质疑,本讲写作的动力部分来自于此。

④ 关于此名录,See Jaap Hage, "What is Legal Validity: Lessons from Soft Law", in Pauline Westerman, Jaap Hage, Stephan Kirste & Anne Ruth Mackor eds., *Legal Validity and Soft Law*, Springer International Publishing, 2018, p.20.

⑤ 英文validity一词在中文文献中有译为效力、有效、有效性等,译者往往视语境不同而采不同译法。在本书中,效力、有效、有效性是同义通用。

与拘束力、强制力挂钩或捆绑的内在逻辑及其不足。在此基础上,本讲关于软法说服效力的论述才进一步得以展开。

二、法律为何应当遵守:法律效力观的问题意识

其实,"法律效力"是一个观念,而不是一个客观事实,并不是与作为事实存在的法律"同体共存"的。与数千年以前人类就已存在的法律相比,其仅有100多年的观念史。"效力概念是19世纪哲学和法学理论的产物,尤其是新康德主义价值哲学的产物。"这个概念在希腊语或拉丁语中没有对应物,在罗马法中也没有对应物。在17、18世纪的自然法学中,如格老秀斯、普芬道夫、霍布斯和洛克那里,此概念都未出现。康德虽然阐发了法律的标准,但没有提及法律的效力。在黑格尔与费希特的法哲学里,效力也未扮演任何角色。[1]

19世纪新康德主义哲学家赫尔曼·洛采(Hermann Lotze)在康德的客观有效性或普遍有效观念的基础上,发展出了"存在"(being)和"有效"两个世界理论,即在一个综合实在(comprehensive reality)中,既有"存在"领域,亦有"有效"领域,后者并不是前者的一部分。洛采把真理、有效和价值假定为一个独立领域予以理论实体化(hypostatization)的方法,为其弟子继承。例如,哲学家威廉·文德尔班(Wilhelm Windelband)就用不同的术语来区分这两个领域:有效和存在、应当和存在、价值和实在——他有时用的"实在"相当于"存在",比洛采的"实在"意义要小。在法学界,凯尔森通过纯粹法理论将效力概念的理论实体化推向了最高点。[2] 因此,对传统法律效力观的问题意识之探明,必不能绕过凯尔森。

凯尔森的法律效力理论与其对"规范"的定义有关。他使用"规范"一词,指向"应当(ought)如此或应当发生,尤其是一个人的行为应当按一定方式作出"。"应当"又比通常用法的含义要广。凯尔森指出,在常规用语中,"应当"对应的是命令(command),"可以"(may)对应的是允许

---

[1] See Dietmar von der Pfordten, "Validity in Positive Law: A Mere Summary Concept", in Pauline Westerman, Jaap Hage, Stephan Kirste & Anne Ruth Mackor eds., *Legal Validity and Soft Law*, Springer International Publishing, 2018, p. 8.

[2] Ibid., pp. 9-10.

(permission),"能够"(can)对应的是授权(authorization)。他则将"应当"延伸意义,涵盖了"可以"和"能够"。由此,规范就是一个意志行为关于命令、允许或授权特定行为的意义。①

凯尔森特别指出,规范必须与创设规范意义的意志行为区分开:规范是一个"应当",而意志行为是一个"是"(is)。以一项陈述为例,"一个人希望另一个人应当按此方式行为"。这句话的前半部分指向的是"是",是第一个人的意志行为的存在事实,后半部分指向的是"应当",是表示意志行为之意义的规范。进而,凯尔森又区分了意志行为的主观意义和客观意义。"应当"是每个意志行为都具备的主观意义,但并不是每个意志行为都具备"应当"的客观意义。只有当意志行为同时具备"应当"的客观意义时,这个"应当"才可以被称为"规范"。

什么是"应当"的客观意义呢?那就是,不仅从实施意志行为的个人的角度看,而且从该意志行为所指向的、应当作出特定行为的个人的角度看,以及从没有卷入二者关系的第三方角度看,该意志行为所指向的行为都被认为是"应当"的。作为意志行为客观意义的"应当",就是一个约束意志行为所指对象(addressee,即被要求作或不作特定行为的人)的有效规范。而意志行为的主观意义同时具备客观意义的条件是,其被一个更高规范授权并赋予了这一客观意义。② 由此,一个宣布法律的行为仅仅是主观意志,但它可以也应该由一个更高的实在法规范将其转化为"客观的""应当",亦即转化为一个可以约束所指对象的有效规范。所有更高规范——直至凯尔森创造和预设的、作为效力最终渊源的"基础规范"(basic norm),都意在创造次级规范的"客观有效性"("客观效力")。③

于是,在凯尔森那里,"效力"("有效性")指向的是一个规范的具体存在,"如果我们把一个具体存在的规范描述为'有效',我们借此表达的是

---

① See Hans Kelsen, *Pure Theory of Law*, translated by Max Knight, The Law Exchange Ltd., 2005, pp.4-5. 本文关于汉斯·凯尔森的论述主要参考此英文版本。德文的中文译本,请参见〔奥〕汉斯·凯尔森:《纯粹法学说》(第二版),雷磊译,法律出版社2021年版。

② See Hans Kelsen, *Pure Theory of Law*, translated by Max Knight, The Law Exchange Ltd., 2005, pp.5, 7-8.

③ See Dietmar von der Pfordten, "Validity in Positive Law: A Mere Summary Concept", in Pauline Westerman, Jaap Hage, Stephan Kirste & Anne Ruth Mackor eds., *Legal Validity and Soft Law*, Springer International Publishing, 2018, p.10.

与自然事实不同的、以特殊方式存在的规范。"①"指向人的行为的规范是'有效的'就意味着它是约束的,即个人应当按照规范确定的方式行为。"②易言之,规范的存在不是一个纯粹的事实存在,而是一个有效性的存在。

凯尔森的以上逻辑可以通过图 4.1 给予更简明的展示。

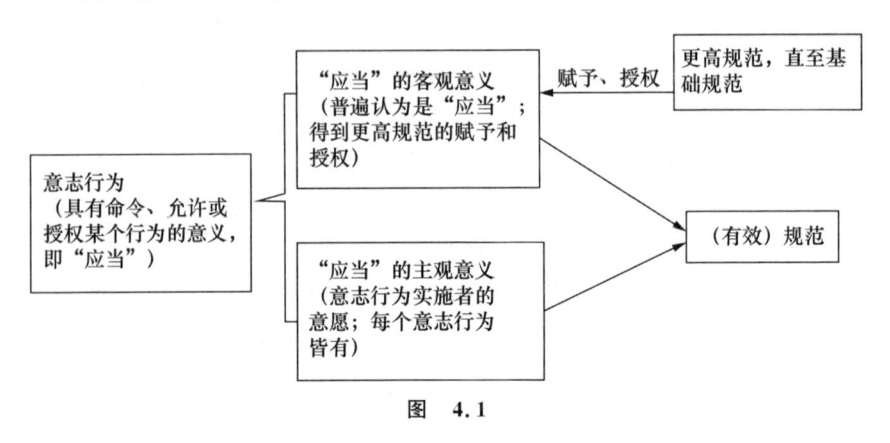

图 4.1

凯尔森的法律效力观显然受到洛采的存在与有效两个世界理论,以及相类似的存在与价值、事实与规范、实然与应然等二分法的影响。那么,其对法律效力的如此定义是出于什么样的问题意识呢?易言之,他的法律效力概念是为了实现什么样的目的呢?

凯尔森将暴徒和收税官进行了比较:他们都向所指对象发出了交钱的命令,就此而言,他们的命令有着相同的主观意义;但是,收税官的命令是创设规范的行为,因为他的行为得到了税法的授权,而暴徒的行为是没有此类授权规范为依据的。③ 不难从中窥知,凯尔森试图通过他的效力概念解决作为一种意志行为的法律为何与暴徒的意志行为不同的问题,二者虽然都属于事实领域,但后者可以产生规范的、约束的、得到普遍认可的("客观的")力量,这个力量是属于价值领域的;凯尔森的效力概念也试图解决法律为何应当得到遵守的问题,换个角度,就是行为人可能提出

---

① Hans Kelsen, *Pure Theory of Law*, translated by Max Knight, The Law Exchange Ltd., 2005, p. 10.
② Ibid., p. 193.
③ Ibid., p. 8.

的"为何我应当按此方式行为"①的问题。

可见,凯尔森想要回答的是一个经久不绝的问题,它不是关于法律在实然上是否得到遵守和实施,或者如何得到遵守和实施,而是关于法律在应然上为什么应当得到遵守和实施。而与这个问题有着密切关联的、同样经久不绝的问题有:什么是法律?即什么规则可以称得上法律,从而具有要求人民遵守和实施的性质?以及,遵守和实施法律的义务从何而来?同属分析法学派、被视为该学派开山鼻祖的约翰·奥斯丁(John Austin)对此曾经给出的答案是,法律乃主权者"命令",是强制某个人或某些人必须为某类行为或不为某类行为的一般性命令。② 但是,奥斯丁提出的在"以威胁为后盾的命令"这一简单概念中发现理解法律之关键的方法,被认为是无法区分强盗的命令与运用权威发布的命令的。③ 而凯尔森的贡献就是在理论上用"有效的规范"代替意志④,从而找到法律服从义务的正当性基础。

三、强制约束力:在有效性与实效之间

法律不能因为在"事实"上有强制力量作为后盾,不能因为在"事实"上由此产生让行为人不得不服从的畏惧,而在"规范"上就具备了行为人应当服从的有效性。这就是凯尔森"效力(有效性)"观念的出发点。"没有人能够否认,关于'某事是什么'的陈述是一个描述事实存在的陈述,它在根本上不同于关于'某事应当是什么'的陈述,后者是一个描述规范的陈述。没有人能够主张,从关于'某事是什么'的陈述中,可以推出关于

---

① 凯尔森在阐释其所用"应当"的宽泛意义时提到,"如果一个人被命令、允许或授权按一定方式行为,他问及被命令、允许或授权如此行为的理由时,可以只提问:为何我'应当'按此方式行为?" Hans Kelsen, *Pure Theory of Law*, translated by Max Knight, The Law Exchange Ltd., 2005, p.5. 可见,凯尔森在进行相关论述时是有此问题意识的。
② 参见〔美〕E. 博登海默:《法理学:法律哲学与法律方法》,邓正来译,中国政法大学出版社1999年版,第119页。
③ 参见〔英〕H. L. A. 哈特:《法律的概念》,张文显等译,中国大百科全书出版社1996年版,第18—21、84—85页;〔奥〕汉斯·凯尔森《法与国家的一般理论》,沈宗灵译,中国大百科全书出版社1996年版,第33页;〔美〕罗纳德·德沃金:《认真对待权利》,信春鹰、吴玉章译,中国大百科全书出版社1998年版,第36页。
④ 参见刘星:《西方法学初步》,广东人民出版社1998年版,第154—158页。

'某事应当是什么'的陈述;反之亦然。"①

这种实然与应然、事实与规范二分的方法,也体现在凯尔森对"有效性"与"实效"(effectiveness②)两个概念的区分上。"由于规范的有效性是'应当',而非'是',因此,有必要区分规范的有效性和规范的实效。实效是'关于是什么的事实'(is-fact),是规范实际得到适用和遵守的事实,是人民实际照此规范行为的事实。而说规范是'有效的',并不是指它实际被适用和遵守,而是指它应当被适用和遵守。"③凯尔森关于"有效性"与"实效"对立的主张,在法理学主流学说之中常有回响。例如,博登海默指出,"一项法律规定的有效性必须同其在社会秩序中的实效区别开来。……实效问题所涉及的乃是法律规范适用于的那些人是否真正遵守这些规范的问题。而另一方面,对法律有效性的探求,则是试图确定一项法律规范是否应当被遵守,亦即私人或政府官员是否应当遵守它。"④

然而,这绝不意味着应然世界的"有效性"与实然世界的"实效"之间没有任何联系。凯尔森主张,在实在法秩序中,规范具备有效性的原因是,关于规范创设的基本规则("基础规范")是被预设为有效的;然而,只有在整个法秩序发挥实效的情况下这些规范才具有效性。一旦宪法没有了实效,也就是依据宪法建立的整个法秩序失去了实效,法秩序和每一个规范就失去了有效性。当然,整个法秩序不会因为单个规范没有实效而失去有效性。如果法秩序中的规范在"总体上"是实际得到适用或遵守的,那么,该法秩序就可以视为是有效的。单个规范也不会因为在单个案件中没有实效就失去其有效性。不过,如果一个规范从未被遵守或适用,

---

① Hans Kelsen, *Pure Theory of Law*, translated by Max Knight, The Law Exchange Ltd., 2005, pp. 5-6.

② 英文中也有将其译为 efficacy 的。See Stephen Munzer, *Legal Validity*, Martinus Nijhoff, 1972, p. 19. 亦见〔奥〕凯尔森:《法与国家的一般理论》,沈宗灵译,中国大百科全书出版社 1996 年版,第 31 页;〔美〕E. 博登海默:《法理学:法律哲学与法律方法》,邓正来译,中国政法大学出版社 1999 年版,第 332 页。

③ Hans Kelsen, *Pure Theory of Law*, translated by Max Knight, The Law Exchange Ltd., 2005, pp. 10-11.

④ 〔美〕E. 博登海默:《法理学:法律哲学与法律方法》,邓正来译,中国政法大学出版社 1999 年版,第 332—333 页。也有一种观点声称,"应然法律效力和实然法律效力的综合才是完整的法律效力,只强调一种法律效力而忽视另一种法律效力都是不完整的法律效力"。张根大:《论法律效力》,载《法学研究》1998 年第 2 期。

它就不能被视为是有效的。① 尽管凯尔森对有效性与实效之间关系的观点存在可争辩之处,②但是,显然,凯尔森并不愿意把有效性与实效二分法走向极端,完全否认它们之间的关联。问题在于,若凯尔森的主张成立的话,那么,怎么才能让应然的此岸——"有效性",与实然的彼岸——"实效",发生勾连,从而让实在法秩序中的规范总体上"被遵守或适用",否则,规范总体上会完全彻底地失去"实效",从而反噬"有效性"。凯尔森只是给出了法秩序总体上有实效是法规范具有效力的条件之一的主张,似乎并未回答法秩序如何总体上有实效或如何避免完全失去"实效"。

不过,凯尔森在论述法秩序与其他社会秩序(如宗教秩序、道德秩序)的不同时,强调了法秩序作为强制秩序的属性和意义。前文已经提及,凯尔森认为,意志行为的主观意义可以经由更高规范赋予客观意义而将其转化为"客观的""应当",亦即转化为可以约束所指对象的有效规范。规范是"有效的",就意味着它是约束的。而在许多场合,凯尔森在语词的运用上明确将"约束"与"力量"(force)、"制裁"(sanction)、"强制"(coercive)结合起来。他指出,"说一个规范是有效的,就是说……我们假定它对那些其行为由它所调整的人具有'约束力'。法律规则,如果有效,就是规范。更确切地说,它们是规定制裁的规范。"③而法就是一种"强制秩序",就是以强制行为来对付因为损害社会而不受欢迎的特定事件,尤其是对付此类损害社会的人的行为;也就是说,让负有责任的人承受一种恶——如剥夺生命、健康、自由或经济价值;必要时,通过运用暴力,违逆其意志地实施这种恶。法是一种强制秩序就意味着,法律规范规定了由法律共同体决定施加的强制行为。④

凯尔森并不是为了让法秩序总体上有实效,才论述法秩序作为强制秩序的特性,其显在目的是区分作为社会秩序之一的法秩序与其他社会

---

① See Hans Kelsen, *Pure Theory of Law*, translated by Max Knight, The Law Exchange Ltd., 2005, pp. 212-213.

② 例如,斯蒂芬·芒泽就认为凯尔森关于有效性与实效关系的观点存在六个缺陷需要克服,虽然芒泽不见得完全正确解读和理解了凯尔森。See Stephen Munzer, *Legal Validity*, Martinus Nijhoff, 1972, pp. 20-25.

③ Hans Kelsen, *General Theory of Law and State*, Transaction Publishers, 2006, p. 30.

④ See Hans Kelsen, *Pure Theory of Law*, translated by Max Knight, The Law Exchange Ltd., 2005, pp. 33-34.

秩序。然而,必须承认,在理论上,凯尔森通过赋予"有效性"以"强制约束力"的意义,这就为规范所指对象——包括规范授权的实施强制行为的法院和行政机构——履行规范确定的强制义务提供了基础。间接地,凯尔森理论在"有效性"与"实效"之间架起了一座桥梁。换言之,应然世界的"有效性",借助"强制约束力",可以与实然世界的"实效"发生关联。而"强制约束力"之所以能够完成这样一项使命,似乎也得益于其本身更大程度上属于实然世界,是通过各种方式的法律规范的强制遵守或适用而得以展示的。凯尔森将强制约束力与法律效力联结在一起的观点,并非毫无争议,但其付诸实践,的确会对实然世界的法规范之实效有更多的保障和促进。博登海默就指出:"如果人们说一条法律规范是有效的,这就意味着这条法律规范对于它所指向的那些人具有约束力。一般而言,法律规定具有强制力乃是法律作为社会和平与正义的捍卫者的实质之所在,因此法律规范的有效性问题乃是一个植根于法律过程之中的问题。如果一项有效的法律设定了义务或禁令,那么它就只能要求此义务达及的那些人服从与依从它。如果它授予私人以权利或权力,那么这些权利和权力就必须得到其他私人的尊重,而且在它们遭到侵损时应当得到司法机关的保护。再者,一项有效的法律还必须由那些受托执法的机构付诸实施。"[①]

在中文语境中,同一英文单词 validity 又被译为"效力",且比"有效性"的使用更加广泛,放在将"有效性"与"强制约束力"实现联姻的凯尔森理论背景下,也就不难理解了,在与凯尔森理论一致的前提下也是妥当的。

四、软法有效性(效力):多余的概念吗?

至此,回到本讲开篇提出的"软法是否有效力"的问题,以凯尔森式的法律效力观或传统的法律效力观度之,很容易得出一个当然的结论:软法并没有法律效力,亦即没有法律上的约束力。如上所述,软法概念的支持

[①] 〔美〕E. 博登海默:《法理学:法律哲学与法律方法》,邓正来译,中国政法大学出版社 1999 年版,第 332 页。

者也好,反对者也罢,绝大多数都会如此认为。至于软法具有"事实上的效力"或"实际效力"的表述,基本是论者在论述时或翻译时混淆了效力和实效。例如,姜明安教授认为非正式规划具有"较高的事实上的效力",实际上是指"发挥着事实上的规制效果"。①徐崇利教授论及国际软法的"事实上的效力",其实是指"非官方规范照样能够得到切实有效的实施"。②而关于施耐德教授将软法定义为"虽不具备法律约束力(legally binding)但具有实际效力甚至法律效力(legal effects)的措施"③的陈述,则完全是翻译的问题。

那么,这是不是就意味着"软法的效力/有效性"就是一个多余的概念,是无须进一步讨论下去的?凯尔森式的回答——传统法学理论的回答——应该是"是的"。然而,如果我们尝试从凯尔森的"有效性"与"强制约束力"捆绑的思维定式中跳脱出来,回到"有效性"观念产生的问题意识之中去,似乎可以发现一个更为复杂的答案有待去探索。

首先,必须重申的是,软法的普遍存在需要法学——不是纯粹法学④——认真对待。无论是在国际交往情境中,还是在国内治理场合中,有大量的政府(government⑤)或非政府制作的规则,它们的内容有许多是有"应当作为或不作为"之意义的。但是,它们有的并不满足(传统意义上⑥)在实在法秩序(包括国际法秩序)中成为"有效规范"的条件,也就不具备该实在法秩序中法律的资格;有的虽然在形式上具备法律的资格,并因此而"有效",但其没有对不服从者、违反者设定制裁。所以,这些规则并不具有对特定行为人的强制约束力,不能为行政、司法或其他执法机构强制实施。

---

① 姜明安:《完善软法机制,推进社会公共治理创新》,载《中国法学》2010 年第 5 期。
② 徐崇利:《全球治理与跨国法律体系:硬法与软法的"中心—外围"之构造》,载《国外理论动态》2013 年第 8 期。
③ 〔英〕弗朗西斯·施耐德:《软法与治理——欧盟组织结构和工作流程的经验》,徐维译,载罗豪才主编:《软法的理论与实践》,北京大学出版社 2010 年版,第 393 页。
④ 凯尔森指出,纯粹法学"只是描述法律,而且把并不严格属于法律的一切都排除在这种描述的对象范围之外"。See Hans Kelsen, *Pure Theory of Law*, translated by Max Knight, The Law Exchange Ltd., 2005, p.1. 所以,"软法"肯定不在纯粹法学研究范围之内。
⑤ 此处的"政府"概念取其广泛的含义,包括一个主权国家内属于政府体系的立法、行政、司法等分支。
⑥ 下文除非特别指明,法律、实在法、法秩序等都指向传统意义上的、具备强制约束力的规范或规范体系。

然而，规则制定者希望其得到遵守或适用的意愿是明显的，而在事实上也收获了遵守或适用的实效。这些规则的事实存在及其实际作用——独立的作用以及同法律的交互作用——逐渐受到关注和研究，并在20世纪80年代以来获得了一个新的概念，即"软法"。对应地，在这一新概念出现的语境中，经常会有"硬法"一词来指向具有强制约束力的规范或规范体系。随着软法的实际作用、优势得到越来越多的认可，也随着公共治理对软法的需求渐趋增多，以及信息技术的发达、社会自治能力的增强等[1]，软法的创设与实施受到重视和推广。对此，"以解读法现象为己任"的法学，需要"不带成见地将现实中所有法现象纳入研究视野，对其加以描述、解释、评价，而不应厚此薄彼，更不能顾此失彼"。[2]

其次，软法普遍而广泛的实效，是思考和探索其是否具有"有效性"的事实基础。软法不具强制约束力性质，不服从者、违反者不会由执法机构施加法律上不利后果，这的确会使传统法律效力观所应对的问题——"法律为何应当遵守"——显得对软法而言无关紧要、毫无意义；进而，凯尔森式的"有效性"概念似乎对其也没有什么价值可言。可是，软法的普遍存在及获得实效，不仅会引发软法为什么事实上产生预期效果、"我们为什么遵守软法"的社会学意义上的问题，[3]也同样会带出"我们为什么'应当'遵守软法"的规范性问题。尽管如凯尔森所言，"是"（事实）并不能推演出"应当"（规范），尽管拉斯洛·布鲁特曼（László Blutman）也指出，"自愿地、普遍地遵守非义务性规范是一个社会学意义上的事实，它本身并不赋予该规范以（法律上的）规范力（normative force）"[4]，但是，这并不能令人信服地解除如下困惑：如果没有对软法内含"应当"的广泛认可——按凯尔森语即意志行为获得客观意义，人们怎么会较为普遍地去遵守一个不具有强制执行力的规范呢？

---

[1] 参见罗豪才、宋功德：《软法亦法：公共治理呼唤软法之治》，法律出版社2009年版，第321页。

[2] 同上书，第317—318页。

[3] See Alexandre Flückiger, "Why Do We Obey Soft Law?", in Stéphan Nahrath & Frédéric Varone éds., *Rediscovering Public Law and Public Administration in Comparative Policy Analysis: A Tribute to Perter Knoepfel*, Presses polytechniques romandes/Haupt, Lausanne et Berne, 2009, pp. 45-62.

[4] László Blutman, "In the Trap of a Legal Metaphor: International Soft Law", *International and Comparative Law Quarterly*, Vol. 59, p. 615 (2010).

再次,即便是传统法理的"有效性"概念——尤其是"有效性"来源或依据问题,也是开放的、尚未终结的议题,并不能以此为据就断然否定软法具备"有效性"。在凯尔森的因更高规范(最高至"基础规范")而有效的理论背后,隐藏着一个如何认定规范"有效性/效力"的问题,亦即"有效性/效力依据"的问题——"因何而有效"或"有效性是如何确定的"。① 对此,凯尔森以先验有效的基础规范为根底的"有效性链条"(chain-of-validity②)理论只是众多学说之一。同属实证主义法学流派的哈特也持有效性传递的主张,但与凯尔森不同,其提出评价法律制度中其他规则有效性的是承认规则(rule of recognition)。③ 而在一个特定社会中的承认规则有哪些,就必须观察立法机关、法院、政府机构的活动,观察"他们接受什么样的最终理由以证明一条特定规则的有效性,以及他们运用什么样的最终理由去批评其他的官员或机构。"④哈特似乎让提供有效性的最终渊源落在了经验而不是先验。

自称现实主义法学的阿尔夫·罗斯(Alf Ross),批评自然法学是实质理想主义,批评实证主义法学是形式理想主义,它们都试图拯救"应当",试图论证关于单个法律规则有效性的所有单个理论陈述都最终来源于可靠的、不容置疑的基础——以某种基础性规范的形式呈现。只是,自然法学的有效性来源于我们作为理性生物都可以获得和赞成的基本直觉或正义观念;实证主义的有效性来源于恰好作为一个历史事实在某地发生实效的规范,而不论该规范是否道德上可谴责。⑤ 与自然法学、实证主义法学都不同,现实主义的罗斯则主张,科学的有效性概念包括两个要素:一个是实际发生效果的规则,这可以通过外部观察加以确定;另一个是该规则被体验为具有社会约束力(socially binding)。⑥

---

① See Stephen Munzer, *Legal Validity*, Martinus Nijhoff, 1972, p.19.
② Ibid., p.46.
③ 关于承认规则与法的效力,参见〔英〕H. L. A. 哈特:《法律的概念》,张文显等译,中国大百科全书出版社 1996 年版,第 101—111 页。
④ 〔美〕罗纳德·德沃金:《认真对待权利》,信春鹰、吴玉章译,中国大百科全书出版社 1998 年版,第 39 页。
⑤ See Jakob v. H. Holtermann, "Introduction", in Alf Ross, *On Law and Justice*, translated by Uta Bindreiter, Oxford University Press, 2019, pp. xxv-xxvi.
⑥ See Alf Ross, *On Law and Justice*, translated by Uta Bindreiter, Oxford University Press, 2019, p.23.

更多学说不必一一列举即可窥知,正如芒泽所言,有效性主题绝对没有盖棺定论。① 或许,此处所列学者观点只是在争论"有效性"的来源或依据,而对"有效性"必然意味着强制约束力,从而可以实现在众多规范之中识别"法规范"的功能,看上去没有争议。其实不然,芒泽就曾经指出,凯尔森赋予"有效的""有效性"以"约束力"的意义,还是太过狭窄了。② 只是,当芒泽给出"有效性"意味着具有法律上的力量或适当性(legal strength or adequacy)的主张时,这里的"法律上"仍然更多是硬法意义上的。③

最后,软法内含的"应当遵守或适用"之"有效性",不是一个同"强制力量"联结的规范性、约束性,而是一个与"社会认同"④结盟的规范性、约束性。一方面,人们遵守一个硬法上的"应当作为或不作为"的规范,并不都是因为附着在该规范上的违反者会被强制承担的不利后果以及对这种不利后果的畏惧,也有因为对该规范的内容予以充分认同的。这种认同很可能不是单个或少量个体的认同,而是较为普遍存在于社会之中的。对于他们而言,这些基本无须诉诸外部强制力量的规范,同样具备"有效性"。

另一方面,从包括法规范在内的一切社会规范的"应当"要求,对人类行为产生规范性、约束性的现实看,有的是以威胁为后盾的,有的则是以认同为支撑的。所不同的是,传统意义法规范即硬法规范,虽然也希望受约束对象予以认同,但不单单依赖或者最终意义上不依赖他们的合作、服从;而硬法规范以外的其他社会规范,则既希望受约束对象的认同,又只能依赖他们在认同基础上的合作、服从,而不能施以强迫。然而,正是"因自己认同而自发约束自我"和"因社会认同而自发约束自我"的力量是现实存在的,所以,软法的"有效性"概念并不是多余的。如果硬法"有效性"对应的是源于使用或威胁使用强制措施的约束力量(binding force that derives from using or threatening to use coercive measures),那么,软法

---

① See Stephen Munzer, *Legal Validity*, Martinus Nijhoff, 1972, p.2.
② Ibid., p.23.
③ Ibid., p.38.
④ 此处所用的"社会",包括国内社会和国际社会,是指规模大小不等、组织松紧程度不等的以某种或某些纽带联系起来的共同体(community)。

"有效性"对应的是源于说服和认同的约束力量（binding power that derives from persuasion and recognition）。前文提及罗豪才教授所言"法既有硬拘束力，也有软拘束力"，应该从此意义上予以理解。而在这一点上，软法规范与道德、习俗等有相通之处，它们之间的不同是在别的方面。

五、软法有效性的条件

传统法理学对"有效性"的探求还有一个旨趣就是"确定某一特定行为规则是否具备一条应得到遵守与实施的法律规则的资格条件"。[①] 换言之，称一个行为规则是法律上有效的，就是指该规则获得了属于一个法律体系中法律规则的资格，也就具备了应当得到遵守与实施的强制约束力。至于具备哪些条件才能获得这个资格的问题，就取决于一个法律体系在该规则以外的其他地方所确立的标准。无论是凯尔森的"有效性链条＋基础规范"，哈特的"承认规则"，还是罗斯的"被体验为具有社会约束力的规则"，或者芒泽的"更小范围的规则"（rules of smaller scope[②]），都是试图努力给出法律规范或规则有效性的出处及最终出处。

软法与硬法不同。称一个软法性质的行为规则为有效，是指其产生了应当得到遵守与实施的说服约束力。由于其不会通过强制来实施，所以，在理论上和实践中，都不像对待硬法那样，要求软法规则具有严格的有效性条件。但是，这绝不意味着任何一个软法规则不用具备任何条件就可以被认为是"有效的"，是有说服约束力的。这又涉及对"软法"如何定义的问题。

在传统法理学，法的定义与法的有效性经常是缠绕在一起的，尽管二者并非一回事。法的概念只决定什么是法律，为理解一个规范是法律划出标准。法的有效性则是将法律规范整合进一个意义体系（a system of meaning）之中。法的概念和法的有效性虽然彼此独立，各有独特意义，但它们都是法具备约束力的条件。一个规范在法律上有约束力，第一，它必

---

① 〔美〕E. 博登海默：《法理学：法律哲学与法律方法》，邓正来译，中国政法大学出版社1999年版，第341页。

② See Stephen Munzer, *Legal Validity*, Martinus Nijhoff, 1972, pp.3-4. 芒泽认为凯尔森的基础规范和哈特的承认规则都是不存在的。

须是法;第二,它必须在法律上是有效的。① 同样,软法的概念也与软法的有效性密切关联。

第一,软法与硬法一样,也是一种意志行为,表达的意义也是其所指对象"应当②作为或不作为"。第二,软法与硬法一样,也是具有普遍适用性,而不是针对特定、具体对象的单个行为指导。第三,与硬法不同,软法的"应当"并不辅助以制裁装置——违反规则的不利后果的设定以及实施。③ 第四,软法是在一定范围内发生实效的,即软法常规定义所指的具有事实上的效果。硬法可以不发生实效就存在,但没有强制约束力的行为规则若连普遍实效也没有,就很难够得上"软法"的称谓。当然,新的软法颁布之初,往往因为一时很难获得普遍认同,或者因为尚未得到间接实施机制的有效辅助④,没有发生广泛的实效也在情理之中。但若此种无实效的状态持续很长时间的话,那么,就不会有人称其为"软法"了。第五,软法的创设主体和程序并没有严格限制,政府和非政府的具有联合自治性质的政治、经济、社会组织等皆可创设软法,甚至个人、单个公司或组织也可为涉及其利益或完全与其没有利益关联的一类经济或社会行为创设软法,软法之"体现公共意志"⑤并不在于形式上的制定主体,而在于其实质上已经普遍发生实效。第六,与道德、习俗等规范不同,软法是诉诸文字的、成文的,主要内容是不直接有关道德的,也不是经历较长历史沉淀的。第七,软法不仅不与硬法或硬法原则、精神相抵触,而且,其提供的行为模式很有可能是符合一定范围内社会对值得的、更好的"公共善"(public good)的认知与期待的。软法与硬法一样,也会出现制定不善的

---

① See Stephan Kirste, "Concept and Validity of Law", in Pauline Westerman, Jaap Hage, Stephan Kirste & Anne Ruth Mackor eds., *Legal Validity and Soft Law*, Springer International Publishing, 2018, p.48.

② 为论述简便起见,借鉴凯尔森,此处的"应当"含狭义的"应当"以及"可以""能够"。

③ 在此意义上,政府和政府以外的其他组织制定的不属于"正式法律渊源"的行为规则,并不都是软法。这些行为规则若确实对违反规则设定不利后果,且有相应的组织机制和程序机制强制实施该不利后果,而该实施引起的"是否可以强制"的争议,又能在执法机构尤其是法院那里获得肯定的答案——肯定的依据通常是该行为规则的"有效性"得到国家法认可,那么,这样的行为规则就不是软法,是属于广义的硬法体系中的一部分。必须再次明确和澄清的是,软法不是与国家法对立的,并非国家法以外的行为规则都是软法。参见本书第一讲、第三讲。

④ 关于软法实施机制,参见本书第五讲。

⑤ 罗豪才教授、宋功德认为,无论硬法还是软法都以"体现公共意志"为构成元素。参见罗豪才、宋功德:《软法亦法:公共治理呼唤软法之治》,法律出版社2009年版,第202页。

问题,但是,通常情况下,其给出的行为模式是值得的、符合更好的"公共善"的。这是其唤起社会认同的基础,也是其之所以收获实效的主要原因所在。只是,因为试验的需要、调适的需要、灵活更新的需要或者硬法制定程序繁琐拖沓等,行为模式并未转变为硬法上的强制要求。

如果对应传统法理学关于法的有效性条件或标准的观点,那么,在以上这些要素和属性之中,唯有最后一点可以作为软法有效性条件或标准。硬法有效性条件主要是满足一个法律体系关于法的制定主体、权限、程序等的标准或条件,实证主义法学和自然法学这两大学派的主要分歧是这些标准或条件——尤其是最终意义上的——是在实在法秩序之中,还是在超越实在法秩序的理性或正义观之中。

由于软法的制定主体、权限、程序等无须也没有严格的标准或条件,所以,软法有效性的条件就是两个。第一,不与硬法或硬法原则、精神相抵触。在软硬法混合治理体系中,软法在总体上仍然是从属的、辅助的,不能与硬法发生直接而激烈的冲突,避免造成法秩序的混乱。第二,符合一定范围内社会对值得的、更好的"公共善"的认知与期待。很显然,相比较在实证主义法学视野中——尤其是凯尔森的——法的有效性条件而言,软法有效性的第二个条件是进行实质评判的,是将软法的规范性落在对可能的、更好的"公共善"的认同,也是在品性上类似自然法的条件,是更多模糊性的、不确定性的。然而,唯有如此,软法的有效性才不至于沦为无根之木、无源之水,软法的说服约束力才会产生。当然,这种有效性条件满足与否的判断是棘手的,更多不确定的,也更容易产生分歧的。不过,凯尔森的法律有效性理论其实是提供了一种法律论理的技术,可以吊诡地"帮助一个大的共同体通过避开(bypassing)关心正义和其他与正义相伴事项的方法来促进正义",从而"在法律框架内编织人与人之间的正义关系"。[1] 既然如此,考虑到"软法不像硬法那样容易在法律辩论中得到使用"[2],那么,软法有效性条件的模糊性、不确定性以及软法的说服约束力本身的不确定性,也就是可以接受的了。只是,需要满足这两个条

---

[1] Maris Köpcke, *Legal Validity: The Fabric of Justice*, Hart Publishing, 2019, p. 3.
[2] Jaap Hage, "What is Legal Validity: Lessons from Soft Law", in Pauline Westerman, Jaap Hage, Stephan Kirste & Anne Ruth Mackor eds., *Legal Validity and Soft Law*, Springer International Publishing, 2018, p. 39.

件,才是软法在应然世界具有"有效性"、具有通过说服产生自我约束力的前提。

六、软法说服力及其强弱

如上所述,软法若不抵触硬法或硬法原则、精神,又大致上符合一定范围内社会对更好的"公共善"的认知和期待,其就具有了"有效性",就会对应地产生说服的约束力。实践中,达成说服的方式和途径就是商谈沟通[1],而达成说服所调动的情感则是多种多样的,认可、服从权威、担心、羞耻、快乐、意外、同情等[2],都可以导致软法的所指对象被说服去遵守和适用软法。在这一点上,软法的说服约束力与硬法的强制约束力有着本质的不同。

正因为如此,软法是不应该成为行政人员或法官处理事件、裁断纠纷的直接而唯一的依据;反之,如果一个规则成为这样的依据,其就不属于软法系列,而应归于硬法范畴,因为它已经被视为在法律上有效,即在法律上有强制约束力。例如,《老年人权益保障法》第18条第2款规定,"与老年人分开居住的家庭成员,应当经常看望或者问候老年人";但是,由于在该法中并没有为其配套强制实施的法律后果,也由于其较多反映道德伦理内容,故曾经被视为典型软法。[3] 但是,当一些老人将子女告上法庭,以此条款为据要求子女担负"常回家看看"的义务时,许多法院已经认可该诉求,并以该条款为依据在裁判中确定具体的探望老人义务。[4]《老年人权益保障法》总体上是一部硬法,这也是法官能较为容易地在具体案

---

[1] 参见本书第二讲。
[2] See Alexandre Flückiger, "Why Do We Obey Soft Law?", in Stéphan Nahrath & Frédéric Varone éds., *Rediscovering Public Law and Public Administration in Comparative Policy Analysis: A Tribute to Perter Knoepfel*, Presses polytechniques romandes/Haupt, Lausanne et Berne, 2009, pp.49-57. 对亚历山大·弗吕克格尔观点的简要介绍,参见本书第二讲。
[3] 参见沈岿:《分散和团结:软法参与社会治理的效用向度》,载《现代法治研究》2016年第1期。
[4] 例如,参见郭某1与郭某2赡养费纠纷案,北京市第一中级人民法院民事判决书(2020)京01民终5749号;罗某、魏某赡养费纠纷案,广州市中级人民法院民事判决书(2020)粤01民终15436号;张某1、乔某某等与张某3探望权纠纷案,上海市第二中级人民法院民事判决书(2019)沪02民终3269号。

件中让该条款在立法上缺位的制裁后果通过法官之手得以确立。至于为什么法院/法官较为普遍地引用一个规则作为裁判案件直接而唯一的依据就可以使该规则在法律上有效、在法律上有约束力、成为硬法,这就涉及上文提及且学说众多的"有效性"最终根源的问题。若以哈特的承认规则或罗斯的被体验为具有社会约束力的规则观之,都是可以获得解释的。这也就是为什么针对本讲第一部分提及的"孙乔案",笔者认为,法院将一个名称含有"指南"字样的行政文件直接作为裁判民事纠纷、厘定双方当事人权利义务的依据,就是简单地将其作为硬法对待了,就形成一种名义软法、实质硬法的现象。①

当然,这并不意味着一条规则一旦在行政决定或裁判文书中出现,就一定是硬法。由于软法具有说服的约束力,当行政决定或裁判文书引用软法,但并不以它为作出决定或裁判的直接而唯一的依据,而是在论理中,以它对一个既有的硬法规则进行支持性或"补强"说明时,该规则仍然属于软法性质,而并不因此转变为硬法。在第一部分提及的"定安城东案"中,最高人民法院的完整论理是:

> 根据《中华人民共和国土地管理法》第五十八条第一款规定,县政府有偿收回涉案土地使用权,具有法定职权。但县政府在作出被诉112号通知之前,未听取当事人的陈述和申辩意见,事后通知城东公司和定安支行举行听证,违反"先听取意见后作决定"的基本程序规则。国务院国发〔2004〕10号《全面推进依法行政实施纲要》明确要求,行政机关实施行政管理要"程序正当""除涉及国家秘密和依法受到保护的商业秘密、个人隐私的外,应当公开,注意听取公民、法人和其他组织的意见;要严格遵循法定程序,依法保障行政管理相对人、利害关系人的知情权、参与权和救济权。"县政府作出112号通知前,未听取当事人意见,违反正当程序原则,本应依法撤销,但考虑到县政府办公楼已经建成并投入使用,撤销112号通知中有偿收回涉案土地使用权决定已无实际意义,且可能会损害公共利益。依据《最高人民法院关于执行〈中华人民共和国行政诉讼法〉若干问题的解

---

① 参见本书第七讲。

释》第五十八条规定,应当依法判决确认该行政行为违法。

笔者并不能妄自揣测最高人民法院在此是不是有意这么安排论述,但在效果上看,最高人民法院首先明确的是"先听取意见后作决定"的基本程序规则,而后"祭出"被视为软法的《依法行政纲要》作补充性论证。如此论理自然可以有两种解释:一种是"先听取意见后作决定"的基本程序规则,直接来自《依法行政纲要》;一种是"先听取意见后作决定"是一个普遍认可的基本程序规则,属于正当程序的要求[1],《依法行政纲要》也体现了这一点,可以更有力地支持该程序规则。由于《依法行政纲要》不是国务院制定的行政法规,不属于硬法范畴,直接以此为据推演出基本程序规则,容易引起有效性、合法性质疑,有违法律解释中的"合法性解释"要求[2],故相较而言,第二种解释更可取。[3]

软法通过商谈沟通,寄望于说服所指对象,使其产生自我约束性。由于不能通过强制,因此,软法的说服力不仅存在"有"和"无"之分,也存在"强"和"弱"之分。"强说服力"在实效中的体现就是软法能得到较大范围的更多受众之认同,从而获得较为广泛的、持续且前后一致的遵守或适用;"弱说服力"在实效中则是指软法得到的认同有限,受众遵守或适用的也少,或者遵守或适用不能形成持续性、前后一致性。决定软法说服力强弱的因素可能很多,但主要是软法制定者的权威性、软法提出的更好"公共善"的认可程度以及软法制定过程的协商性、沟通性。

首先,软法制定者的权威性。如前所述,软法因不产生强制约束力,故对其制定主体并无严格的资格限制。甚至是个人,都可以制定某个领域、某个行业或职业或某个事项上的规则,只要该规则有说服力,即有可能在实效中获得广泛的遵守或适用,而成为一定范围内的软法。只是,说

---

[1] 在《依法行政纲要》颁布之前,"先听取意见后作决定"就已经被法院认为是正当程序原则的要求。参见田永诉北京科技大学拒绝颁发毕业证、学位证案,北京市第一中级人民法院行政判决书(1999)行终字第73号。可见,该程序规则并不直接来自《依法行政纲要》。

[2] 关于合法性解释原则,参见陈金钊:《法律解释规则及其运用研究(中)——法律解释规则及其分类》,载《政法论丛》2013年第4期。

[3] 饶有趣味的是,笔者在"北大法宝·司法案例"数据库中,以全文含有"先听取意见后作决定"表述的方式进行检索,在检索出的含有完全一致表述的且判决认定行政机关因此存在程序违法的裁判,皆在最高人民法院的"定安城东案"之后。检索日期为:2021年10月10日。

服要发挥其力量,说服者的权威性是相当重要的一个影响因子。① 尽管权威(authority)本身的行使并不需要通过说服和理性论辩,也不需要通过压力或强制力,因为权威的本义就内含"在道义上应当服从"的意义②,但是,一个有权威或有更高权威的人或实体,较之一个没有权威或权威较低的人或实体,显然在说服过程中对被说服对象有着不同的影响力。国务院制定的软法与地方政府防疫指挥部制定的软法,阿里巴巴倡议的电商领域通行软法与一个名不见经传的平台倡议的电商领域通行软法,相比其权威性和说服力的强弱,大致是高下立判的。至于权威的来源,按马克斯·韦伯(Max Webber)对统治权威的分类,可以理解包括传统、魅力和法理等③,因与此处主题没有直接相关性,不予展开讨论。

其次,更好"公共善"的认可程度。软法与硬法一样,都是试图给出行为规范,尤其是新的行为规范,以调整人与人、人与环境的关系,从而实现个人、企业、其他组织与公共更优良的生活、生产或服务。因此,软法说服力的强弱也与其所欲实现的"公共善"在多大程度上为相当范围内的所指对象认可相关。这也符合说服的一般原理。因为,当我们说"甲说服了乙"的时候,我们可能会问是"怎么"说服的。而这个问题期待的是揭开被说服者是被什么事实、理由或论据说服的。称一项说服是理性的,主要有两个条件:第一是说服的动力在于事实、理由或论辩;第二是这些事实、理由或论辩是切中肯綮的(to the point)。④ 因此,软法的"公共善"目标基于何种事实、理由或论据,具有何种可欲性和可得性,是决定其说服力强弱的重要因素之一。

最后,软法制定过程的协商性、沟通性。软法的创设既然是为新的"公共善"、提供新的行为规范,其就必须考虑对所指对象的利益的可能影响,就必须通过更多的协商、沟通最大程度地确保各方利益在新的规范中得到体现或平衡。也唯有如此,软法提出的更好"公共善"的目标和实现

---

① See Kevin Dutton, "The Power to Persuade", *Scientific American Mind*, Vol. 21, p. 31 (2010).
② See Andrew Heywood, *Political Theory: An Introduction*, 3rd ed., Palgrave MacMillan, 2004, pp. 130-131.
③ Ibid., pp. 133-136.
④ See J. N. Garver, "On the Rationality of Persuading", *Mind*, Vol. 69, pp. 168, 170 (1960).

目标的路径、方案、手段等,才会有更大概率地获得共识。即便程序上的充分协商、沟通,并不必然带来实体上的共识,但前者本身就具有独立的价值和号召意义。对于正在慎议中的问题,只要有一个良好的程序适用其上,就可以称这项说服活动是理性的。① 因此,软法制定过程的协商性、沟通性愈充分,其说服力即愈强。

七、结语:在反思中前行

关于软法的有效性/效力问题,国内以往研究既有开创性价值②,也仍然遗留不少难题有待深入探索,其中一些已发表观点易引发争议。在学术上,这实属正常之现象。在域外,这一主题上的研究显然比国内更加丰富。③ 就如同传统法理学关于法效力/有效性的理论和争论,从未停止过前行的步伐,软法研究者自然也不应该因为自身意见分歧或来自传统法学观念反对意见甚重,就陷入思考和写作的怠惰。本讲尝试回应来自学界同仁如高家伟教授的敦促和张力教授的询疑——笔者认定他们是具有普遍代表性的,也是对自己以往模糊认识的反思、矫正和提升。然而,本讲也只是在罗豪才教授、宋功德隐含的观念基础上提出略有不同但更鲜明的主张和论证,在该主题上试着又往前迈了一小步。这一小步是否存在错谬,其价值和意义有多大,留待学界评判。只是希望,该主题及软法其他主题的智识,在众同仁的共同努力之下,得到更多的积累与扩增。

---

① See J. N. Garver, "On the Rationality of Persuading", *Mind*, Vol. 69, p. 171 (1960).
② 具有开创研究意义的著述,参见罗豪才、宋功德:《软法亦法:公共治理呼唤软法之治》,法律出版社 2009 年版,第 172—201、309—313 页;江必新:《论软法效力——兼论法律效力之本源》,载《中外法学》2011 年第 6 期。
③ 较为集中的体现,See Pauline Westerman, Jaap Hage, Stephan Kirste & Anne Ruth Mackor eds. , *Legal Validity and Soft Law*, Springer International Publishing, 2018。

第五讲 软法的实施机制

一、问题：软法何以产生实效

上一讲已经阐明，软法效力或有效性——其"应当"得到遵守和实施的性质——在于说服约束力，而不在于强制约束力。只要软法不与硬法或硬法原则、精神相抵触，又大致上符合一定范围内社会对更好的"公共善"的认知和期待，其就具备了独有的效力。由于软法制定者的权威性、"公共善"的认可程度、软法制定过程的协商性和沟通性等存在差异，软法的说服约束力有强弱之分，但共同之处是，软法的"应当"并不辅助以强制实施的制裁装置。由此而言，软法的应当有效与软法的实际有效，并非一回事。前者是规范意义上的存在，后者是事实意义上的存在。然而，软法的常规定义本身又意味着其是在一定范围内发生实效的；很难想象，没有实效又没有硬法属性的行为规则，可以当得上"软法"称谓。

于是，一个需要处理的问题是，软法又是如何产生或者获得普遍实效的呢？软法自提出和公布之后，至其事实上产生效果，必定会有时间间隔，无论该间隔之长短如何。有着软法性质的行为规则，在其问世伊始，通常并不会立刻收获效果，除非其只是对已经被普遍遵守和实施的惯常做法赋予规则的形式。这种例外的情形较为少见，毕竟，绝大多数软法是未来导向的，是期待人们为了更好的"公共善"而遵循新的行为规则或改变原先的行为规则。尽管软法的"生命力"源于其自身内在的说服力，但是，仅仅凭借这个内在属性或内在理由，就期待一个被提议的软法可以演变为真正意义上的软法，应该是过于理想化的奢望。因为，指向更好"公共善"的软法通常需要让行为人负担更多的遵循或适用成本，如果没有合适有效的机制可以减少或抵消这样的成本,那么,趋利避害的行为选择倾向或者良币避免被劣币驱逐的动机,往往会压倒软法内在理由的吸引力,从而使其无法获取普遍效果。这就是在软法具备内在理由使其获得应然效力之外,探讨软法何以产生实效的意义所在。

罗豪才、宋功德曾经在国内软法学的扛鼎之作《软法亦法:公共治理呼唤软法之治》中指出,"法依靠国家强制力保障实施"的表达并不准确。对于法的实施——将法的效力转化为法的实效——而言,国家强制力保障是不可或缺的,但二者之间又不是必然的关系。法的实施可以是行为人:(1)因为从众而习惯性服从;(2)出于认可而自愿服从;(3)受到激励而遵从;(4)迫于社会舆论等分散的社会压力而遵守;(5)迫于组织的压力而服从;(6)慑于国家强制力的使用或威胁使用而服从。由此,法的实效产生方式是多样化的,法的实施机制主要有自愿服从、习惯性服从、社会强制服从、国家强制服从四种方式。这些讨论是作者在反思和修正"法"的定义过程中展开的,其最终指向一个包容硬法和软法在内的全新的"法"概念,在这个概念的构成中,法的实施机制被概括为"公共强制"和"自律"。[①] 毫无疑问,在以上所列五项之中,除国家强制服从仅适用于硬法以外,其余诸项皆可在软法的实施过程中呈现。

然而,就此处关心的问题而言,以上诸项,或许只有激励、社会压力、组织压力是值得关注的、使软法产生实效的方式。因为,从众性的服从显然不是软法从倡议到普遍遵守的机制,"从众"本身就意味着已经存在普遍实效。自愿性的服从是出于对软法内在理由的认可,是软法实施的一种动力。只是,在硬法条件下的自愿性服从,除了在价值认同上有无形收益外,至少还有避免国家强制制裁的收益。而前文已经提及,软法条件下的自愿性服从,不仅不会有避免制裁的好处,甚至可能会导致服从者付出更多的成本或代价,其也就很难成为软法产生实效的强有力机制。

当然,罗豪才、宋功德在议论"法的实施"时,并未突出对软法实施的特别关注,其提及的激励、社会压力、组织压力,更多是在理论层面上针对所有法规范(包括硬法和软法)实施的逻辑展开,欠缺软法实践的丰富例

[①] 参见罗豪才、宋功德:《软法亦法:公共治理呼唤软法之治》,法律出版社 2009 年版,第 187—202 页。

证。更为重要的是，由于没有将软法何以产生实效问题提到显著的、专门的位置，没有列入有意识要解决的议题之中，所以，激励、社会压力、组织压力是否就能概括所有的或绝大部分的软法实施机制，也就自然不会有较为明确的论述。

而从比较法的视野观察，域外软法研究者对软法实效问题有着更多的、更直接的关注。例如，德国自由柏林大学教授米莉亚姆·哈特莱普（Miriam Hartlapp）于 2019 年发表其对欧盟软法在欧盟成员国的实际效果进行的研究，指出软法的合法性或正当性（legitimacy）并不是推动软法实施的关键，真正起作用的是行为人是否能在实施中获益。而软法的可能硬法化（hardening out）是与软法实施并行的。[1] 德国波茨坦大学教授安德里亚斯·齐默尔曼（Andreas Zimmermann）则于 2021 年探讨了不具有法律约束力的文件——以谅解备忘录为例——是如何在国际法之下产生法律效果的，指出主要是因为此类文件与具有法律约束力的文件发生互动所致，而这种互动是由许多法律机制提供的。[2] 美国亚利桑那州立大学教授盖瑞·马秦特（Gary E. Marchant）和研究员卡洛斯·伊格纳西奥·古铁雷斯（Carlos Ignacio Gutierrez）于 2020 年合作完成关于人工智能软法间接实施的文章，他们认为，软法成功与否是高度依赖特定情境的，取决于遵守软法的成本与可行性、对遵守软法的激励以及拒绝遵守或没有遵守软法的后果；他们描述了九个有助于人工智能软法更加有效、更加可信的机制和过程，并暗示可以有更多其他的。[3] 相关研究不可尽数，但以上数例已经表明，一方面，如本讲之前所述，论者们都倾向于一个基本前提，软法的实效更多取决于遵守软法给行为人带来的好处——包括

---

[1] See Miriam Hartlapp, "Soft Law Implementation in the EU Multilevel System: Legitimacy and Governance Efficiency Revisited", in Nathalie Behnke, Jörg Broschek & Jared Sonnicksen eds., *Configurations, Dynamics and Mechanisms of Multilevel Governance*, Palgrave Macmillan, 2019, pp. 193-210.

[2] See Andreas Zimmermann, "Possible Indirect Legal Effects of Non-legally Binding Instruments", *KFG Working Paper Series*, No. 48, May, 2021, Berlin Potsdam Research Group, The International Rule of Law-Rise or Decline?, https://ssrn.com/abstract=3840767, last visited on Aug. 6, 2024.

[3] See Gary E. Marchant & Carlos Ignacio Gutierrez, "Indirect Enforcement of Artificial Intelligence 'Soft Law'", TPRC48: The 48th Research Conference on Communication, Information and Internet Policy, https://ssrn.com/abstract=3749776, last visited on Aug. 6, 2024.

利益之增加和不利之减少;另一方面,使行为人获得好处从而可以促进软法收取普遍效果的机制远不止于激励、社会压力、组织压力。

然而,对于软法的倡议者、推动者、研究者而言,或许需要一种软法实施机制类型学,可以对林林总总、形形色色的实施机制进行归类,从而形成相对固定又具有开放性、包容性的思维工具,以促进为软法实施进行有意识的配套机制建构。"相对固定"意味着形成一些明确的分类概念,每个概念因其抽象性而可收留"家族相似"的具体形式化的软法实施机制;"开放性、包容性"意味着本讲没有或不能述及的、实践中已有或者未来可能有的更多形式的实施机制,也可以为这些类型概念所容纳。本讲的旨趣就在于探索软法有哪些类型的实施机制,可以增大其产生实效的可能性。

鉴于软法在各个公共治理领域普遍存在,为使研究更加聚焦,本讲选择人工智能的软法实施作为主要研究对象。人工智能为不计其数的研究者、开发者、应用者带来同样不计其数的大大小小利益,在强大的利益驱动下,人工智能快速发展,而各国政府即公共监管者的立场更多的是容许而不是抑制其发展,尤其是在人工智能最初方兴未艾的阶段,这个立场伴随的就是基于软法的规制。[①] 即便随着人工智能风险的清晰化,对不同风险进行分类管理和控制的硬法规范日渐增多[②],但也不能完全取代这个领域软法的重要地位。[③] 需要特别指出的是,人工智能治理的软法形式主要是伦理规范(ethics)。笔者无意就科技伦理与软法之间的关系展

[①] "人工智能的出现并没有引起立法者的自发反应。相反,欧盟委员会和各国政府最初发布的是不具有法律约束力的各种'计划'。"德国 2018 年的"联邦政府人工智能战略"重点在于促进人工智能发展;迄今为止,美国仍然青睐这种规制方式。参见〔德〕沃尔夫冈·多伊普勒:《〈欧美人工智能法案〉的背景、主要内容与评价——兼论该法案对劳动法的影响》,王倩译,载《环球法律评论》2024 年第 3 期。

[②] 例如,我国于 2022 年 3 月 1 日起施行的《互联网信息服务算法推荐管理规定》,于 2023 年 8 月 15 日起施行的《生成式人工智能服务管理暂行规定》。欧盟于 2024 年 8 月 1 日起分阶段实施、于 2026 年中期全面适用于人工智能开发者的《欧盟人工智能法案》。

[③] 例如,《欧盟人工智能法案》在长达数十页的序言中指出,欧盟委员会独立人工智能高级别专家组 2019 年制定的《值得信赖的人工智能的伦理准则》具有重要意义,"在不影响本条例和任何其他适用的联盟法律的法律约束力要求的前提下,这些指南有助于设计一个符合《宪章》和作为联盟基础的价值观的连贯、可信和以人为本的人工智能","鼓励所有利益相关者,包括产业界、学术界、公民社会和标准化组织,在制定自愿性的最佳实践和标准时酌情考虑这些伦理原则"。参见《欧盟〈人工智能法〉议会通过版本:全文中译本》,朱悦译,第 9 页。https://aisg.tongji.edu.cn/info/1005/1201.htm,最后访问时间:2024 年 8 月 6 日。

开讨论,尽管这也是具有重要价值的、属于软法本体论——软法是什么——的议题。美国盖瑞·马秦特教授和瑞士苏黎世联邦理工学院艾菲·瓦耶纳(Effy Vayena)教授等人将人工智能伦理规范视为软法一种形式的进路[①],也是笔者所采取的。

本讲以下将从三个方面展开主题探讨。首先,第二部分会根据既有研究,对人工智能软法治理的现状进行事实描述,指出人工智能伦理规范的"风起云涌"无法掩盖其存在的巨大的"实效赤字";其次,第三部分会分析软法"实效赤字"的原因所在,以及即便如此,人工智能治理为什么需要并且仍然需要软法;再次,第四部分则会揭示有助于软法实施并产生实效的机制,并对其进行分类,以期建立具有指导意义的理论工具;最后结语是对本讲主要观点的总结,并且强调,软法的落地实施、获得普遍遵守,需要价值共识与经济逻辑的结合、内在理由与外在推动的结合。

二、人工智能软法及其"实效赤字"

瑞士艾菲·瓦耶纳教授、马塞洛·林卡(Marcello lenca)教授和安娜·乔宾博士(Anna Jobin)等于2019年发文,题为《全球人工智能伦理指南图景》。在文中,作者们指出,过去五年之间,私营公司、研究机构和公共领域组织发布了大量的人工智能伦理原则和指南,以应对人工智能引起的担忧。这些伦理指南并不具有法律上的约束力,而是说服性质的,其可以被称为非立法性政策文件或软法。为了研究不同团体在合乎伦理的人工智能应该是什么、未来决定人工智能发展的伦理原则是什么等问题上是否达成共识,以及如果有分歧,差异之处在哪里以及是否可以和解,她们在全球范围内收集了84个含有人工智能伦理规范的文件。

对这些文件的研究表明:第一,公共领域组织(包括政府组织和政府间组织)与私领域(包括公司及其联盟)发布的伦理规范在数量上大致相

[①] See Gary E. Marchant, "'Soft Law' Governance of Artificial Intelligence", https://escholarship.org/content/qt0jq252ks/qt0jq252ks_noSplash_1ff6445b4d4efd438fd6e06cc2df4775.pdf?t=po1uh8, last visited on Aug. 6, 2024; Anna Jobin, Marcello lenca & Effy Vayena, "The global landscape of AI ethics guidelines", *Nature Machine Intelligence*, Vol. 1, pp. 389-399 (2019).

当,意味着两个领域都对此高度重视;第二,非洲、南美洲、中美洲、中亚等地区缺少代表,意味着人工智能伦理规范国际话语中的权力不平衡;第三,经济更加发达的地区正在塑造人工智能伦理规范的讨论,这可能会引起对地方性知识、文化多元主义和全球公平的关切;第四,人工智能伦理原则主要有:(1) 透明,(2) 正义、公平和平等,(3) 不伤害(Non-maleficence),(4) 责任和归责,(5) 隐私,(6) 造福人类;(7) 自由和自治,(8) 信任,(9) 可持续发展,(10) 尊严,(11) 社会团结;第五,虽然有超过一半的指南比较集中地涉及透明、正义和公平、不伤害、责任以及隐私原则,但没有一个原则是所有文件共同提及的;第六,所有11项原则都存在实质内容的分歧,决定分歧的主要因素有:(1) 如何解释伦理原则,(2) 为什么它们是重要的,(3) 它们与什么问题、什么领域、什么行动者相关,(4) 它们应该如何得到执行。

  基于这些发现,该文作者认为,在政策层面,需要各方利益相关者更多的合作,以在伦理原则内容本身和它们的执行上形成一致和趋同;对于全球而言,将原则付诸实践、寻求人工智能伦理规范(软法)和立法(硬法)的协同是下一步需要做的重要工作;目前,这些非立法规范是否会在政策层面产生影响,或者它们是否会影响个体实践者和决策者,还拭目以待。①

  艾菲·瓦耶纳教授等提出的执行问题、实效有待观察问题,在其研究成果发布前后,已经有研究者进行了相应的探索并给出了回答:"基本无效"。"算法观察"(Algorithm Watch)是一个位于德国柏林和瑞士苏黎世的非政府、非营利组织,其宗旨在于为一个算法和人工智能在其中是加强而不是削弱正义、人权、民主和可持续发展的世界而奋斗。② 该组织于2019年发布了"全球人工智能伦理指南清单",将全球范围内旨在为以合乎伦理的方式开发和实施自动决策系统确立原则的框架和指南进行汇编。该清单于2020年4月28日更新后,有超过160个指南在其中,涉及中国的有:北京智源人工智能研究院联合北京大学、清华大学、中国科学院自动化研究所、中国科学院计算技术研究所、新一代人工智能产业技术

---

① See Anna Jobin, Marcello Ienca & Effy Vayena, "The Global Landscape of AI Ethics Guidelines", *Nature Machine Intelligence*, Vol. 1, pp. 389-397 (2019).

② See https://algorithmwatch.org/en/, last visited on Aug. 6, 2024.

创新战略联盟等高校、科研院所和产业联盟共同发布的《人工智能北京共识》(2019年5月25日);中国人工智能产业联盟发布的《人工智能行业自律公约(征求意见稿)》(2019年5月31日);①国家新一代人工智能治理专业委员会发布的《新一代人工智能治理原则——发展负责任的人工智能》(2019年6月17日)。②

　　显然,"算法观察"编撰的清单,没法囊括世界范围内所有以指南、原则、准则、倡议、自律公约等形式呈现的人工智能伦理规范。一是此类软法在数量上难以计数,某个时间节点上的收集不见得完整;二是此类软法在生成上不受主体、程序等的严格限制,非常快捷、便利,故收集的时间节点以后很快又会有新的软法出现。以中国为例,2017年7月8日国务院发布《新一代人工智能发展规划》,其中就多处提及人工智能伦理规范建设的意义、重点和时间线,尽管其本身并未直接提出具体的伦理规范。而2018年1月18日,中国电子技术标准化研究院发布的《人工智能标准化白皮书(2018年版)》已经明确,人工智能的发展应当遵循人类利益原则、透明度原则和权责一致原则等伦理要求③,虽然其相对粗糙、简略。这是在"算法观察"收集或更新的时间节点之前的情况。而在该时间节点以后,我国的国家新一代人工智能治理专业委员会又于2021年9月25日发布了《新一代人工智能伦理规范》,比较系统地提出了"增进人类福祉""促进公平公正""保护隐私安全""确保可控可信""强化责任担当""提升伦理素养"等六项基本伦理规范,又系列地提供了管理、研发、供应和使用规范。

　　然而,没法囊括并不是问题的关键所在,因为"算法观察"于2019年

---

① "算法观察"列入清单的是《人工智能行业自律公约(征求意见稿)》,但中国人工智能产业联盟很快公开正式成稿的公约,并发出签署倡议。参见中国人工智能产业联盟:《关于签署〈人工智能行业自律公约〉的倡议》,载微信公众号"人工智能产业发展联盟 AIIA",2019年8月8日。
② See https://inventory.algorithmwatch.org/?sfid=172&_sfm_i_region=Eastern%20Asia, last visited on Aug. 6, 2024.
③ 参见中国电子技术标准化研究院:《人工智能标准化白皮书(2018年版)》,第33—34页。

发布此项研究初步结论时就已经指出会有更多的指南[1],而该组织的观察结论则是更加重要、更引人瞩目的。2019年,"算法观察"发文,题为《"人工智能伦理指南":有约束力的承诺还是装点门面?》。该文指出,彼时收集的83个指南之中,绝大多数都是行业主导的,因为自愿的自我监管是非常受欢迎的、避免政府监管的手段。德国的思爱普(SAP)、美国的赛捷(Sage)、脸书(Facebook)、谷歌(Google)等公司既规定了内部原则,也公布了一般指南。其中一部分是公司作为产业联盟——如"人工智能伙伴关系"(Partnership on AI)[2]——成员发布的,一部分是行业协会领导发布的。最为重要的是很少有指南附带治理或者监督机制,可以确保这些自愿承诺得到遵守和实施。[3] 2020年,"算法观察"数据库中指南数量超过160个,或者是自愿承诺的,或者是建议性的,其中只有10个是有实施机制的。即使是世界上最大的工程师专业协会"电气与电子工程师协会"(Institute of Electrical and Electronic Engineers,以下简称IEEE[4])制定的伦理指南,在很大程度上也是没有实效的,因为脸书(Facebook)、谷歌(Google)和推特(Twitter)等大型科技公司都没有执行这些指南,尽管它们的许多工程师和开发人员都是IEEE的成员。[5]

"算法观察"的两份报告结论对人工智能伦理指南的实效基本持否定态度。而且,这并不是其一家之言。此前,来自美国北卡罗来纳州立大学的研究人员进行了一项研究,他们找了63名软件工程专业学生和105名

---

[1] See AlgorithmWatch, "'Ethical AI Guidelines': Binding Commitment or Simply Window Dressing?", https://algorithmwatch.org/en/ethcal-ai-guidelines-binding-commitment-or-simply-window-dressing/, last visited on Aug. 6, 2024. 艾菲·瓦耶纳教授等也提及,鉴于人工智能指南发布速度很快,在其研究完成之后又有可能出现新的文件。See Anna Jobin, Marcello Ienca & Effy Vayena, "The Global Landscape of AI Ethics Guidelines", *Nature Machine Intelligence*, Vol. 1, p. 397(2019).

[2] 关于"人工智能伙伴关系"联盟,可以参见其官方网站。See https://partnershiponai.org/, last visited on Aug. 6, 2024.

[3] See AlgorithmWatch, "'Ethical AI Guidelines': Binding Commitment or Simply Window Dressing?", https://algorithmwatch.org/en/ethical-ai-guidelines-binding-commitment-or-simply-window-dressing/, last visited on Aug. 6, 2024.

[4] 关于IEEE,可以参见其官方网站。See https://www.ieee.org/, last visited on Aug. 6, 2024.

[5] See AlgorithmWatch, "In the Realm of Paper Tigers-exploring the Failings of AI Ethical Guidelines", https://algorithmwatch.org/en/ai-ethics-guidelines-inventory-upgrade-2020/, last visited on Aug. 6, 2024.

软件开发专业人员，并将其分成两组。一组是明确指示其使用美国计算机协会（Association of Computing Machinery，以下简称 ACM）制定的伦理规范，另一组是对照组（control group），即没有看到 ACM 伦理规范的。研究人员让被测试者回答十一个有着简单情境介绍的选择题，每个题都涉及伦理决策。研究结论是：无论是学生还是专业开发人员，看过和没有看过伦理规范的被测试人员对问题的回答，没有统计学意义上的显著差异。[1] 这表明伦理规范并不会对软件开发产生实质性影响。人工智能伦理规范基本都是由技术专家（为主）、法律专家（为辅）研究和制定的，其希望通过技术的、设计的专业知识来应对人工智能/机器学习的伦理问题，并将设计作为伦理审查的中心。[2] 因此，上述针对软件工程专业学生和软件开发专业人员的测试结果验证了伦理规范的"实效赤字"问题。人工智能伦理规范的大量产出，背后潜藏着较为可观的投入和支出，但其收入即实效远远少于成本。这是可以称其为"实效赤字"的理由。

那么，人工智能伦理规范是否真的如上述测试所表现的那样"实效性几近于零"呢？[3] 笔者并不以为然。首先，人工智能伦理规范并不纯粹是被束之高阁的。科技巨头发布的此类软法，或多或少地对其自身产生拘束作用。例如，谷歌公司自 2018 年发布《人工智能原则》（AI Principles）以来[4]，每一年都会发布更新报告，而在报告中，其会向公众说明自己在践行原则方面的努力、取得的进步、获得的教训。2023 年报告就提到：

> 这是我们每年发布的《人工智能原则》进展报告的第五版，通过年度报告，我们始终如一对我们如何将原则付诸实践保持透明。我

---

[1] See Andrew McNamara, Justin Smith & Emerson Murphy-Hill, "Does ACM's Code of Ethics Change Ethical Decision Making in Software Development?", in *Proceedings of the 26th ACM Joint European Software Engineering Conference and Symposium on the Foundations of Software Engineering*, pp. 729-733（2018），https://doi.org/10.1145/3236024.3264833, last visited on Aug. 6, 2024.

[2] See Daniel Greene, Anna Lauren Hoffman & Luke Stark, "Better, Nicer, Clearer, Fairer: A Critical Assessment of the Movement for Ethical Artificial Intelligence and Machine Learning", in *Proceedings of the 52nd Hawaii International Conference on System Sciences*, pp. 2122-2131（2019），https://hdl.handle.net/10125/59651, last visited on Aug. 6, 2024.

[3] See Thilo Hagendorff, "The Ethics of AI Ethics: An Evaluation of Guidelines", *Minds & Machines*, Vol. 30, p. 108（2020）.

[4] See https://ai.google/responsibility/principles/, last visited on Aug. 6, 2024.

们于2018年首次发布《人工智能原则》，旨在分享公司的技术伦理章程，并使我们对如何负责任地研究和开发人工智能的方式保持责任心。生成式人工智能也不例外。在本报告中，我们将详细分享在研究和开发包括Gemini家族模型在内的新型生成式人工智能模型过程中所采用的合乎原则的方法。原则只有在付诸实践后才能发挥实效。这就是我们发布这份年度报告——包括学到的艰难教训——的原因，目的是让人工智能生态系统中其他人能够借鉴我们的经验。[1]

谷歌公司的年度报告本身的真实性，其在报告中反映的践行原则之努力在多大程度上执行了其原则，还缺乏中立的、客观的、完整的评价。谷歌公司在2019年宣布不再与美国国防部续约，停止向其提供人工智能的帮助以分析海外军事无人机监控录像[2]，也被认为是在其员工抗议此项目引发伦理争议和忧虑的情况下作出的决定，而不是自愿履行其人工智能伦理规范的结果。[3] 尽管如此，年度报告及其公开至少意味着该公司愿意向公众汇报其在人工智能伦理规范执行方面的进步，也愿意将自身置于广泛的监督和随时可能出现的批评之下。

其次，尽管人工智能系统的应用实践在合乎伦理规范方面表现较差，但在一些原则——如隐私、公平、可解释性——的应用上还是有着较为明显的进步。例如，世界范围内已经开发了许多保护隐私的数据集使用和学习型算法使用技术，这些技术通过使用密码、隐私区分或随机隐私等方

---

[1] See Google, "AI Principles Update 2023", p. 6, https://ai.google/static/documents/ai-principles-2023-progress-update.pdf, last visited on Aug. 6, 2024.

[2] See Kate Conger, "Google Is Helping the Pentagon Build AI for Drones", https://gizmodo.com/google-is-helping-the-pentagon-build-ai-for-drones-1823464533, last visited on Aug. 6, 2024; Nick Statt, "Google Reportedly Leaving Project Maven Military AI Program after 2019", https://www.theverge.com/2018/6/1/17418406/google-maven-drone-imagery-ai-contract-expire, last visited on Aug. 6, 2024.

[3] See Thilo Hagendorff, "The Ethics of AI Ethics: An Evaluation of Guidelines", *Minds & Machines*, Vol. 30, p. 109 (2020). 需要注意的是，谷歌公司即便退出该项目，也在为其参与此项目辩护，称其开发的技术只是"标记图像供人类审查"，并且"仅用于非攻击性用途"。See Nick Statt, "Google Reportedly Leaving Project Maven Military AI Program After 2019", https://www.theverge.com/2018/6/1/17418406/google-maven-drone-imagery-ai-contract-expire, last visited on Aug. 6, 2024. 言外之意，其并没有违反谷歌《人工智能原则》中"我们不会设计和应用人工智能于……主要目的或实施是造成或直接促进对人伤害的武器或其他技术"的要求。

法,使人工智能系统的"视域""变暗"。不过,吊诡的是,人工智能花了数年时间取得的巨大进步,恰恰是因为有大量的数据(包括个人数据)可用。而这些数据都是具有隐私侵犯性的社交媒体平台、智能手机应用程序以及有着无数传感器的物联网设备收集的。[1]

再者,人工智能伦理规范还会在"微观伦理"层面上得到体现。虽然在宏观层面上,由抽象、含糊词句形成的人工智能伦理规范的实施乏善可陈,但是,在人工智能伦理问题引起广泛重视的情况下,从伦理到"微观伦理"(如技术伦理、机器伦理、计算机伦理、信息伦理、数据伦理)的转变也在发生,并且有很好的实效。例如,缇姆尼特·吉布鲁(Timnit Gebru)的研究团队提出了标准化的数据表,列出不同训练数据集的属性,以便机器学习训练者可以检查特定数据集在多大程度上最适合他们的目的,数据集创建时的初衷是什么,数据集由什么数据组成,数据是如何收集和预处理的,等等。由此,机器学习训练者可以在选择训练数据集时作出更明智的决定,从而使机器学习变得更公平、更透明并避免算法歧视。[2] 这一在"微观伦理"上的工作成果,受到了微软、谷歌和国际商用机器公司(IBM)的青睐,开始在内部试用数据集的数据表。"数据营养项目"(Data Nutrition Project[3])采纳了部分成果,"人工智能伙伴关系"也在建立类似的数据表。[4]

最后,在原理上,软法的"执行实效"通常是需要一段时间才能显现出来的。软法的显著特点在于说服,而不是在于强制,说服的时间成本自然是不可避免的。然而,从2016年还很少有人工智能伦理规范[5],到现在全球范围内如此多的政府、非政府组织、大型企业等主体发布或更新此类

---

[1] See Thilo Hagendorff,"The Ethics of AI Ethics: An Evaluation of Guidelines", *Minds & Machines*, Vol. 30, pp. 109-110 (2020).

[2] Ibid., p. 111.

[3] 关于该组织,可以参见其官方网站:https://datanutrition.org/, last visited on Aug. 6, 2024。

[4] See Timnit Gebru et al.,"Datasheets for Datasets", pp. 10-11, https://arxiv.org/abs/1803.09010, last visited on Aug. 6, 2024.

[5] See Meredith Whittaker et al., *AI Now Report 2018*, p. 32, https://ainowinstitute.org/publication/ai-now-2018-report-2, last visited on Aug. 6, 2024. 2017年成立的"人工智能现在研究所"(AI Now Institute),作为一个独立组织,旨在就人工智能进行诊断和政策研究。关于该研究所,可以参见其官方网站。See https://ainowinstitute.org/about, last visited on Aug. 6, 2024.

规范,已经表明正在形成一种道德共识,即人工智能的开发、利用应当承担起伦理责任。而这个道德共识,美国哲学家卡尔·波普尔(Karl Popper)认为科学界早在核武器和生化武器问题上就已经有了:承认存在一系列特定的威胁,必须准备一批特定的人、一套特定的工具和一组特定的观念以应对威胁。① 从这个角度看,人工智能伦理规范至少已经获得了"推介实效",或许,其会像企业社会责任(Corporate Social Responsibility)一样,后者花了几十年的时间,才部分地摆脱了"漂绿"或"漂白"(green-or whitewashing)的粉饰名声,制定了许多公司必须遵循的全球标准。② 当然,这最后一点并不希望以偷换概念的方式,把本讲关注的"执行(实施)实效"主题延伸到"推介实效",只是希望在观察研究"执行(实施)实效"时增添一个"时间—过程"维度。

三、"实效赤字"原因及为什么仍然需要软法

迄今为止,人工智能伦理规范在实效上即便不能简单地归结于零,也在总体上没有达到解除或极大缓解人们对人工智能伦理的顾虑、担忧的目标。究其原因,主要有以下七个方面。

第一,人工智能伦理规范的非强制执行性。

"人工智能现在研究所"2017年的报告指出,伦理规范构成了柔性治理(soft governance)的一种形式,是对硬性的传统政府监管和法律监督的替代,且在人工智能领域逐渐得到积极发展,但其有着现实局限性。关键局限在于其假定企业、行业会自愿采用和遵守。③ 2018年的报告继续指出:"尽管我们已经看到制定此类规范的热潮……但是我们没有看到强

---

① See Daniel Greene, Anna Lauren Hoffman & Luke Stark, "Better, Nicer, Clearer, Fairer: A Critical Assessment of the Movement for Ethical Artificial Intelligence and Machine Learning", in *Proceedings of the 52nd Hawaii International Conference on System Sciences*, p. 2179, https://hdl.handle.net/10125/59651, last visited on Aug. 6, 2024.

② See AlgorithmWatch, "'Ethical AI Guidelines': Binding Commitment or Simply Window Dressing?", https://algorithmwatch.org/en/ethical-ai-guidelines-binding-commitment-or-simply-window-dressing/, last visited on Aug. 6, 2024.

③ See Alex Campolo et al., *AI Now Report 2017*, p. 32, https://ainowinstitute.org/publication/ai-now-2017-report-2, last visited on Aug. 6, 2024.

有力的监督和问责,来保证这些伦理承诺的兑现。"①软法这一与生俱来的、阿琉克斯之踵般的致命缺陷,成了公认的人工智能伦理规范实效不足的根本原因。②

第二,人工智能伦理规范的抽象性、模糊性。

人工智能伦理规范并不是针对人工智能的,而是针对研究、开发与应用人工智能的人类的,其目标是要求研究者、开发者与应用者应当遵循一定的规范,以使人工智能带来的伦理风险可以降到最低。因此,该规范越是具体、明确,就越容易得到遵守;否则,就很难落实,或者会存在各种有争议的落实。然而,现今的人工智能伦理规范基本是抽象的、模糊的,绝大多数指南除了用"人工智能"一词外,从不用或很少用更为具体的术语。而人工智能只是一个集合术语,指向范围极广的一系列技术或一个规模巨大的抽象现象。没有一个伦理指南令人瞩目地深入到技术细节,这表明在研究、开发和应用的具体情境与一般的伦理思维之间存在很深的鸿沟。③尽管抽象性、模糊性可能被认为是不可避免和必要的,因为人工智能的应用极其广泛、发展又快且未来的发展轨迹并不确定④,但是,前述在"微观伦理"层面上的成功例子表明相对具体化、精细化的可能。

第三,人工智能伦理规范的分散、混乱与叠床架屋。

如同其他软法一样,人工智能伦理规范的制定主体包括政府、企业、企业联盟、行业团体、非政府公益组织、研究机构等,就形成了众多形式的伦理规范。而前文提及的艾菲·瓦耶纳教授等研究结果表明,各种文件使用的人工智能伦理原则术语或许是相同的,但实质内容存在诸多分歧。

---

① See Meredith Whittaker et al., *AI Now Report 2018*, p. 29, https://ainowinstitute.org/publication/ai-now-2018-report-2, last visited on Aug. 6, 2024.

② See Gary E. Marchant, "'Soft Law' Governance of Artificial Intelligence", p. 12, https://escholarship.org/content/qt0jq252ks/qt0jq252ks_noSplash_1ff6445b4d4efd438fd6e06cc2df4775.pdf?t=po1uh8, last visited on Aug. 6, 2024; Wendell Wallach & Gary E. Marchant, "Toward the Agile and Comprehensive International Governance of AI and Robotics", *Proceedings of the IEEE*, Vol. 107, p. 506 (2019), https://ieeexplore.ieee.org/document/8662741.

③ See Thilo Hagendorff, "The Ethics of AI Ethics: An Evaluation of Guidelines", *Minds & Machines*, Vol. 30, p. 111 (2020).

④ See Gary E. Marchant, "'Soft Law' Governance of Artificial Intelligence", p. 12, https://escholarship.org/content/qt0jq252ks/qt0jq252ks_noSplash_1ff6445b4d4efd438fd6e06cc2df4775.pdf?t=po1uh8, last visited on Aug. 6, 2024.

即便是最普遍的透明原则,在涉及解释(沟通、披露)、为什么透明、透明适用的领域以及实现透明的方式等方面,都有着重大差异。①"不同的人工智能软法项目和提案出现了令人困惑的激增,造成人工智能治理的混乱和叠床架屋。人工智能领域的行动者很难评估和遵守所有这些不同的软法要求。"②

第四,人工智能伦理规范自愿遵守的动力不足。

人工智能伦理规范的非强制执行性,意味着其寄希望于人工智能研究者、开发者和应用者可以自愿遵守。人工智能伦理规范是人类长期以来的伦理关切在人工智能领域里的投射,新兴人工智能技术之所以引起广泛的伦理担忧和焦虑③,表明伦理共识的普遍存在。尽管如此,无论是财富增长还是成本减少,人工智能给许多领域主体带来的经济利益是如此巨大,基于价值或原则的伦理关切难以胜过经济逻辑。在商业领域,速度就是一切,跳过伦理关切就相当于走上一条最少阻力的道路。④ 在这个意义上,伦理良币有可能转变为竞争劣币而被市场淘汰。

第五,人工智能伦理规范的合规悖论。

人工智能伦理规范的遵守往往需要在技术上有所体现,尤其是在设计环节。所以,"合乎伦理的人工智能系统"(ethically aligned AI system)⑤或"合乎伦理的设计"(ethically aligned design)⑥等概念应运而

---

① See Anna Jobin, Marcello Ienca & Effy Vayena, "The Global Landscape of AI Ethics Guidelines", *Nature Machine Intelligence*, Vol. 1, p. 391 (2019).

② See Gary E. Marchant, "'Soft Law' Governance of Artificial Intelligence", p. 14, https://escholarship.org/content/qt0jq252ks/qt0jq252ks_noSplash_1ff6445b4d4efd438fd6e06cc2df4775.pdf?t=po1uh8, last visited on Aug. 6, 2024.

③ 最近在中国引起普遍讨论的就是百度旗下的"萝卜快跑"无人驾驶出租车可能对出租车就业市场的冲击。尽管这个冲击还远未到来,但"科技的初衷是让人类生活得更好,现实是让底层人吃不饱"的舆论恐慌和焦虑已经掀起。参见敖阳利:《"萝卜快跑"跑出科技恐慌?》,载《中国财经报》2024 年 7 月 16 日,第 3 版。

④ See Thilo Hagendorff, "The Ethics of AI Ethics: An Evaluation of Guidelines", *Minds & Machines*, Vol. 30, p. 108 (2020).

⑤ See Ville Vakkuri et al., "ECCOLA-A Method for Implementing Ethically Aligned AI Systems", *The Journal of Systems & Software*, Vol. 182, pp. 1-16 (2021).

⑥ See Yueh-Hsuan Weng & Yasuhisa Hirata, "Ethically Aligned Design for Assistive Robotics", in *Proceedings of the 2018 IEEE International Conference on Intelligence and Safety for Robotics*, pp. 286-290, https://ieeexplore.ieee.org/document/8535889, last visited on Aug. 6, 2024.

生。然而，正如前文所揭，在有些情况下，合乎伦理的设计（如保护隐私的技术）所需要的大量数据，正是在涉嫌违反伦理原则（如侵害隐私）的情况下收集起来的。这个悖论是否广泛存在，笔者尚未获得充分的实证研究数据，但人工智能先违反伦理原则进行充分发展而后再考虑如何合乎伦理的情况大概率是存在的。

第六，人工智能伦理规范影响力的社会系统论困境。

德国斯图加特大学教授蒂洛·哈根道夫（Thilo Hagendorff）除了揭示人工智能伦理规范在实施中受到冷落的经济逻辑以外，还引用三位著名社会学家的理论，从宏观社会学角度进行了分析。其指出，德国社会学家、风险社会理论的开拓者之一乌尔里希·贝克（Ulrich Beck）曾经有过一个非常形象的比喻，当今社会的伦理"发挥的作用就如同在洲际航行的飞机上配置了自行车刹车"。这在人工智能情境中尤其适用。而根据另一德国社会学家尼克拉斯·卢曼（Niklas Luhmann）的系统论，现代社会由众多不同的社会系统构成，每个系统都有自己的工作代码和沟通媒介。结构耦合可以让一个系统的决策影响另一个系统，但其影响是有限的，难以改变社会系统的整体自治。法国社会学家皮埃尔·布尔迪厄（Pierre Bourdieu）也表示过，所有这些系统都有自己的代码、自己的目标价值以及自己的经济资本或象征性资本，社会系统通过这些资本得以构建起来，并基于这些资本作出决策。这种自治在人工智能的工业、商业和科学里也显著存在。对这些系统的伦理干预只会在非常有限的范围内发挥作用。[1]

第七，人工智能发展压倒约束的宿命论。

导致人工智能伦理规范出现"实效赤字"的更为根本的原因在于，人类社会对待人工智能的基本立场是决定论或宿命论的（determinism）。人工智能伦理指南文件绝大多数都将人工智能叙述为推动世界发生历史性改变的力量，这个改变是不可避免的、影响深远的、会给人类带来巨大利益的，人类社会只能去回应、适应并为其风险

---

[1] See Thilo Hagendorff, "The Ethics of AI Ethics: An Evaluation of Guidelines", *Minds & Machines*, Vol. 30, p. 109 (2020).

和后果承担起责任。[1] 例如,2018年的《蒙特利尔宣言》提到"人工智能形成了科学和技术的一个重大进步,它可以改善生活条件和健康、促进正义、创造财富、加强公共安全以及减轻人类活动对环境和气候的影响,从而产生可观的社会效益"。[2] 我国国家互联网信息办公室于2023年10月发布的《全球人工智能治理倡议》也是类似的立场。"人工智能是人类发展新领域。当前,全球人工智能技术快速发展,对经济社会发展和人类文明进步产生深远影响,给世界带来巨大机遇。"在此决定论/宿命论的背景之下,不仅科技巨头如谷歌、脸书、百度、阿里巴巴等竞相推出新的人工智能应用程序,而且,各国都宣布参加到人工智能竞赛之中,把人工智能视为在人类社会各领域解决问题的动力。[3] 鉴于此,相当程度上对人工智能发展起约束作用的伦理规范,自然是如同飞机上的自行车刹车一样。

以上种种,皆直接或间接地阻碍人工智能伦理规范实施、得到遵守,有些似乎是根本性的、无法扭转的。这是否意味着人工智能治理就不应该走软法之路? 答案是否定的,因为人工智能发展本身的特点,注定不能单纯依靠硬法去防范其风险、减少其危害。以下是人工智能为什么仍然需要作为软法的伦理规范"参与治理"的五个主要理由,每个理由都会涉及硬法或硬性监管的不足、软法或柔性治理的优势。

第一,软法的灵活快捷性。

几乎所有涉足人工智能领域的研究者,都承认一个事实,即人工智能的发展速度惊人,并以同样惊人的速度对人类生活各个方面进行渗透,人类社会因此正在迅捷发生难以预测未来确定图景的转型和变化,危害已经初露端倪,风险也悄然潜伏。更多由于前述公私领域普遍存在的经济逻辑的推动,这一动向似乎是决定性的、宿命的,如何控制和防范危害、风

---

[1] See Daniel Greene, Anna Lauren Hoffman & Luke Stark, "Better, Nicer, Clearer, Fairer: A Critical Assessment of the Movement for Ethical Artificial Intelligence and Machine Learning", in *Proceedings of the 52nd Hawaii International Conference on System Sciences*, p. 2127, https://hdl.handle.net/10125/59651, last visited on Aug. 6, 2024.

[2] 该宣言全称是《为了人工智能负责任发展的蒙特利尔宣言》(*Montreal Declaration for a Responsible Development of Artificial Intelligence 2018*),关于《蒙特利尔宣言》的背景介绍,可以参见 https://montrealdeclaration-responsibleai.com/about/, last visited on Aug. 6, 2024。

[3] See Jascha Baries & Christian Katzenbach, "Global AI Race: Nations Aiming for the Top", https://www.researchgate.net/publication/360861628_Global_AI_race_Nations_aiming_for_the_top, last visited on Aug. 6, 2024.

险也就因此转化为一个法律体系的"配速"问题(pacing problem)。早在1986年,美国技术评估办公室(US Office of Technology Assessment)就曾经提及:"技术变革曾经是一个相对缓慢而沉闷的过程,但现在其速度超过了管理该系统的法律结构的变化速度,这给国会带来了调整法律以适应技术变革的压力。"法律系统面临的配速问题体现在两个方面。其一,许多既有法律框架建立在社会和技术的静态观而不是动态观基础上;其二,法律机构(立法、监管和司法机关)调整适应技术变革的能力正在减速。① 配速问题的存在,会使得对人工智能危害和风险的担忧更为加剧。

相比正式立法程序的官僚性、正式性、繁琐性,软法的制定与更新就灵活、快捷许多。如前所述,人工智能伦理规范制定主体多样,没有严格的程序限制,比较容易将人们的伦理关切及时转化为引导人工智能研究、开发和应用的原则。尽管这些原则抽象、含糊、多义又缺乏强制约束力,但公开宣布的伦理规范的事实约束力并不是完全归零的。

第二,软法的多样适配性。

"人工智能"只是一个抽象用词,其所指向的是范围极广、种类繁多、层出不穷、不计其数的技术,每个技术都有可能会带来比较特定的伦理关切,也需要在技术上找到各自特定的应对方案。例如,美国阿肯色州一次医疗保健系统算法执行对糖尿病患者或脑瘫患者产生负面影响,致使他们能够获得的医疗保健大幅削减;YouTube使用的推荐算法由谷歌开发,其依靠反馈循环,旨在优化用户的观看时间,但在预测人们喜欢看什么内容的同时,也决定了人们看的内容,以至于助长了耸人听闻的虚假视频以及阴谋论;谷歌曾经出现一种偏见,凡是搜索的名字是历史上有过的黑人名字,就会在搜索结果上暗示有犯罪记录,而搜索的是历史上的白人名字,搜索结果就会相对中性;②而人工智能/机器学习的人脸识别技术曾经被指责对有色人种(尤其是黑人)识别不够,微软公司就开始宣传其在"包容性"方面的努力,以改善不同肤色的面部识别功能,但也有评论者

---

① See Gary E. Marchant, "The Growing Gap between Emerging Technologies and the Law", in Gary E. Marchant, Braden Allenby & Joseph Herkert ed., *The Growing Gap between Emerging Technologies and Legal-Ethical Oversight: The Pacing Problem*, Springer, 2011, pp. 22-23.

② See Jeremy Howard & Sylvain Gugger, *Deep Learning for Coders with Fastai & PyTorch*, O'Reilly Media, Inc., 2020, pp. 95-96.

认为这样的技术改进会对黑人社区更为不利,因为黑人社区在历史上就是监控技术的靶子。①

诸如此类涉及人工智能伦理引起关切的例子,足以表明全面的、以硬法为基础的统一监管,很有可能会陷入无法适应多样化技术、多样化伦理要求的困境。甚至,监管有时是反市场的、对小企业不利的,其形成的障碍只有大企业才能克服。② 相比之下,软法主要不是由政府制定的,企业、行业组织、企业联盟、非政府组织等都可以针对更加具体特定的技术伦理问题制定相应的、更加适配的指南。

第三,软法的合作试验性。

尽管软法确有分散、混乱、叠床架屋的特性,但也由于存在多种软法方案,就给人工智能的研究、开发和利用带来了选择试验的空间,利益相关者之间——包括又不限于政府与企业之间——有时候会形成合作的关系,而不是对立的关系。③ 这同以往政府与企业的监管对立、企业与企业之间的竞争对立是不同的。在这种合作的关系之中,也有相互学习、相互受益的元素。例如,前文提及谷歌公司在发布《人工智能原则》2023年度报告时宣称其也意在分享研究开发新模型时应用原则的经验和教训。在人工智能伦理规范推进方面发挥巨大作用的机构之一,是全球电气与电子工程师的联合组织(IEEE)。其发起的全球自动与智能系统伦理倡议,旨在解决由自动系统、智能系统的开发和传播引起的伦理问题。它确定了120个关键问题,并提出了解决这些问题的建议供企业选择。④

---

① See Daniel Greene, Anna Lauren Hoffman & Luke Stark, "Better, Nicer, Clearer, Fairer: A Critical Assessment of the Movement for Ethical Artificial Intelligence and Machine Learning", in *Proceedings of the 52nd Hawaii International Conference on System Sciences*, p. 2123, https://hdl.handle.net/10125/59651, last visited on Aug. 6, 2024.

② See Gary E. Marchant & Carlos Ignacio Gutierrez, "Soft Law 2.0: An Agile and Effective Governance Approach for Artificial Intelligence", *Minnesota Journal of Law, Science & Technology*, Vol. 24, no. 2, p. 382 (2023).

③ See Gary E. Marchant, "'Soft Law' Governance of Artificial Intelligence", p. 4, https://escholarship.org/content/qt0jq252ks/qt0jq252ks_noSplash_1ff6445b4d4efd438fd6e06cc2df4775.pdf?t=po1uh8, last visited on Aug. 6, 2024.

④ See Raja Chatila & John Havens, "The IEEE Global Initiative on Ethics of Autonomous and Intelligent Systems", in Maria Isabel Aldinhas Ferreira et al. eds., *Robotics and Wellbeing*, Springer, 2019, pp. 11-16, https://doi.org/10.1007/978-3-030-12524-0, last visited on Aug. 6, 2024.

具体到特定场景的特定技术,人工智能的研究、开发、利用如何才能更好地符合伦理规范。反言之,什么样的具体、细致的伦理规范适合于特定场景的特定人工智能技术,并不是有着确定无疑答案的问题,也不是单凭某个专业团队就能够提出最佳方案的问题,这是需要技术专家、法律专家等合作探索的,也是需要不断地进行试验的。而这是硬法和硬性监管所无法达到或不易达到的。

第四,软法的事实压力性。

软法虽然没有法律上的约束力,但如果其内容在本质上有着广泛的共识,具有非常强的说服力,那么,个人和组织选择不遵守软法必定需要承受事实上存在的认同压力。当这种认同压力足以压倒不遵守可能带来的利益时,认同压力就会转化为事实上的约束力。因此,

> 对于伦理关切的研究表明,多种框架、观念、定义及其组合为组织创造了一系列供其选择的复杂方案。当问题的重要程度和组织能够得到的支持还不确定的时候,众多指南让组织必须承受针对其工作流程的批评。……选择一个工作流程伦理指南,为组织的内部和外部利益相关者评价该组织的应用程序产品提供了底线。[①]

第五,软法的跨国适用性。

人工智能的研究、开发、利用是世界性的、跨国界的,尤其是它在互联网上或者通过互联网的利用;人工智能所掀起的伦理关切和担忧也是世界性的、跨国界的。即便是某个平台、某家企业或某个应用程序被曝有特定的人工智能伦理失范的风险或丑闻,并不意味着它的影响只限于平台、企业所登记注册的国家,也并不意味着此类技术的伦理失范风险或丑闻不会在别的国家、别的平台、别的企业或别的应用程序出现。例如,微软支持的 OpenAI 公司开发的 ChatGPT 仅仅上市两个多月以后,类似应用程序带来的剽窃、欺诈和错误信息传播等风险就受到了关注,欧盟内部市场专员蒂埃里·布雷顿(Thierry Breton)在接受路透社专访时提到制定

---

① See Robert Hobbs,"Integrating Ethically Align Design into Agile and CRISP-DM",*SoutheastCon*, p. 2 (2021),https://ieeexplore.ieee.org/document/9401899,last visited on Aug. 6,2024.

全球标准的紧迫性。① 传统硬法、硬性监管主要限于主权国家或基于条约的区域性国际组织的领土管辖范围内,其之所以具备法律上的约束力,就是因为其得到主权国家基础规范或区域性国际组织基础条约的授权与认可。因此,若要在全球范围内应对人工智能伦理风险,跨越国界或者区域界限的软法/伦理规范在人工智能领域内进行普遍推广,应该是可选的方案。

当然,在互联网经济、全球经济的生态之中,大型科技公司欲将业务拓展至其注册国以外的市场,肯定会关注并遵守该市场所在法律辖区的法律(硬法)系统。由此,像欧盟这样的跨国法律辖区,其制定的硬法如《通用数据保护条例》(GDPR)和最新的《人工智能法案》实际上也有为全球制定标准的意义,产生了所谓的"布鲁塞尔效应"。② 但是,这个效应毕竟在两个意义上是间接的,其一,它只是会影响其他主权国家如中美的立法,通常不会被后者照抄;其二,它只是会对有意进入欧盟市场的科技公司产生约束力,对其他规模较小且无意进入国际市场的科技公司的人工智能研发利用没有直接约束力。而人工智能伦理规范应该预期会在全球范围内达成更多共识,会越过主权国家或欧盟等区域性组织法律(硬法)管辖的界限,以发挥其效用③,尽管现在还不能如愿展现实效。

四、人工智能软法的实施机制

一方面,人工智能伦理规范有其兴起、存在的原因和独特价值,已经开始有凝聚共识、普遍认可等的"推介实效";但是,另一方面,人工智能的研发、利用过程似乎还远没有受软法性质的伦理规范的切实影响,介入其

---

① See Foo Yun Chee & Supantha Mukherjee, "Exclusive: ChatGPT in Spotlight as EU's Breton bats for tougher AI rules", https://www.reuters.com/technology/eus-breton-warns-chatgpt-risks-ai-rules-seek-tackle-concerns-2023-02-03/, last visited on Aug. 6, 2024. 尽管这则报道提及的更加强硬的人工智能规则是前文所述欧洲《人工智能法案》,但人工智能研究、开发、利用及其风险的全球性是共通的。

② 参见钱童心:《欧盟最强 AI 法案即将生效 "布鲁塞尔效应"波及全球》,载《第一财经日报》2024 年 7 月 18 日,第 A01 版。

③ See Gary E. Marchant, "'Soft Law' Governance of Artificial Intelligence", p. 5, https://escholarship.org/content/qt0jq252ks/qt0jq252ks_noSplash_1ff6445b4d4efd438fd6e06cc2df4775.pdf?t=po1uh8, last visited on Aug. 6, 2024.

中的专业人员还没有将伦理规范与程序设计紧密地结合起来,以至于许多人工智能的新产品、新应用时不时会引起对其所带来的伦理风险的普遍关注。那么,究竟如何才能让人工智能伦理规范落到实处,从事实压力转变为事实约束力,与相应的硬法合作,共同完成应对人工智能伦理风险挑战的使命呢？软法如何有效实施的这一命题,可以从中获得哪些普遍的启示和结论呢？由于软法在原理上不具有强制执行力,不能通过强力去直接实施,故在此讨论的是间接地推进软法实施需要哪些类型的机制。

第一,软法促进的组织机制。

软法的实施是一个需要不断自我更新、不断获取共识、不断得到驱动的渐进过程,对未来不确定风险承担预防和治理功能的人工智能软法,尤其如此。在这个过程中,缺少强有力的、持续坚定从事软法推进事业的组织,是难以想象的。从类型上而言,这样的组织可以是属于政府系列的,也可以是属于企业系列的,更可以是行业组织、企业合作联盟、第三方机构、研究团队等。[①] 其中,大型科技巨头——如微软、谷歌等——也有专门的人工智能伦理规范部门或团队。从功能上而言,这样的组织可以是持续制定和更新人工智能伦理规范的,可以是倡议全球人工智能领域研发者、利用者加盟共同遵守人工智能伦理规范的,可以是观察和监督人工智能伦理规范执行落实情况的,也可以是研究如何将人工智能伦理规范同具体技术的设计与应用结合起来的。

政府组织可能会纠结于人工智能行业发展与恪守伦理规范之间如何平衡而在督促人工智能伦理规范落实方面有所懈怠。企业、行业组织或企业合作联盟可能会偏重装点门面、博得声誉而在人工智能伦理规范方

[①] 政府系列的例子如欧盟委员会(2018 年发布"人工智能协调行动计划")、英国上议院(2018 年发布建议人工智能伦理规范的报告);在企业系列,谷歌、微软、IBM 等都发布自己的人工智能原则;企业合作联盟如"人工智能伙伴关系";行业团体如 IEEE;第三方机构如"未来生命研究所"(Future of Life Institute)。See Gary E. Marchant, "'Soft Law' Governance of Artificial Intelligence", pp. 5-11, https://escholarship.org/content/qt0jq252ks/qt0jq252ks_noSplash_1ff6445b4d4efd438fd6e06cc2df4775.pdf?t=po1uh8, last visited on Aug. 6, 2024. 前文提及的"算法观察""人工智能现在研究所"也是第三方机构的例子。研究团队如前文提及的缇姆尼特·吉布鲁研究团队,只是人工智能伦理规范的研究团队往往与人工智能企业有着密切关联。2021 年被《财富》杂志誉为世界 50 位最伟大的领导者之一、2022 年被《时代》周刊评为最有影响力人物之一的缇姆尼特·吉布鲁,就是以博士后研究人员身份于 2017 年加入微软的人工智能公平、责任、透明和伦理实验室,2018 年至 2020 年,她又在谷歌领导人工智能伦理团队。See https://en.wikipedia.org/wiki/Timnit_Gebru, last visited on Aug. 6, 2024.

面轻诺寡信,即便企业设立专门的人工智能伦理规范部门或团队,以兑现自己的伦理承诺,该部门或团队的独立作用也不见得可以充分保障。例如,2020 年,谷歌解雇了缇姆尼特·吉布鲁,原因是她发表了一篇批评大语言模型的论文(该论文两年后大受欢迎)。由此引发的愤怒导致人工智能伦理部门又有几位高层领导人离职,并削弱了谷歌公司在负责任的人工智能问题上的可信度。①

相对而言,那些旨在密切观察人工智能风险、持续发布跟进研究报告、以监督和促进人工智能符合伦理规范为己任的组织,以及致力于将伦理规范融入人工智能研发、利用过程的研究团队(无论是否在企业内部),可信度和推动力会更高些。例如,有评论指出:

> 关于人工智能伦理的报告并不匮乏,但其中的大部分都无足轻重,充斥着"公私合作"以及"以人为本"之类的陈词滥调。他们不承认人工智能造成的社会困境有多么棘手,也不承认解决这些困境有多么困难。"人工智能现在研究所"的新报告却非如此。它毫不留情地审视了科技行业在没有任何可靠和公平结果保证的情况下,竞相沿着人工智能的方向重塑社会。②

缇姆尼特·吉布鲁的研究团队发布的"数据集的数据表",从 2018 年 3 月 23 日第一次发布到 2021 年 12 月 1 日最近一次发布,已经经历八个版本,被引用达 2263 次。③ 当然,软法促进的可靠、有力组织之存在,通常以此类组织生存和发展的制度——公共制度的或企业内部制度的——容许空间为前提。

第二,软法合规的压力机制。

软法是事实压力性的,因为其以广泛的共识和说服的效力为基础,它

---

① See Zoe Schiffer & Casey Newton, "Microsoft Lays off Team That Taught Employees How to Make AI Tools Responsibly", https://www.theverge.com/2023/3/13/23638823/microsoft-ethics-society-team-responsible-ai-layoffs, last visited on Aug. 6, 2024.
② See Scott Rosenberg, "Why AI Is Still Waiting For Its Ethics Transplant", https://www.wired.com/story/why-ai-is-still-waiting-for-its-ethics-transplant/, last visited on Aug. 6, 2024.
③ See Timnit Gebru et al., "Datasheets for Datasets", pp. 10-11, https://arxiv.org/abs/1803.09010, last visited on Aug. 6, 2024.

只是给了行动者自愿遵守的选择。当软法在共同体中获得越来越多成员的认可,合乎、遵守软法就会获得所属共同体比较高的赞许,相反,违悖软法即便不会给行动者带来强力制裁,也会使其承受非常大的压力,甚至是巨大的声誉损害及可能附随的经济损害。那么,有什么机制可以让这种压力足够强大呢? 至少,可以有三个方面的重要机制:

(1) 舆论机制

对于在市场中求生存的企业而言,舆论对其、对其产品的评价毫无疑问是至关重要的,消费者通常会选择舆论评价高的产品。因此,在一个开放的舆论环境中,新闻媒体可以将科技企业及其人工智能产品是否符合伦理规范,甚至可以将其他企业是否在使用符合人工智能伦理规范的人工智能应用程序,作为评价体系中的重要组成部分,从而形成足够强大的舆论压力,促使企业负责任地研发或利用人工智能。不过,舆论压力除了需要"开放的舆论场"以外,也还需要另外两个条件才能形成一定的效用:其一,消费者在乎符合人工智能伦理规范的企业及其产品;其二,消费者可以在竞争市场中选择到软法合规的企业及其产品。

(2) 对抗机制

对企业不在乎或疏忽人工智能伦理规范进行批评的舆论本身是一种形式的对抗。在此需要特别指出的是来自专业人员或利益相关者(stakeholder)的针对人工智能伦理风险而采取的对抗企业的行动,无论这些人员是在企业内部还是在企业外部。除了前文提及的谷歌公司在其员工抗议下停止与美国国防部军事人工智能项目例子外,2019 年,谷歌公司还曾经在数千名员工的抗议下,解散了刚成立一个多星期的人工智能伦理委员会(正式名称是"先进技术外部咨询委员会"),因为其中来自公司以外的成员或其所属组织被指对跨性别者有不公评论、对气候变化持怀疑态度或者与人工智能的军事利用有关。① 2018 年,在时任美国总统特朗普将非法移民的孩子与其家庭隔离的政策备受争议之际,微软与

---

① See Kelsey Piper, "Exclusive: Google Cancels AI Ethics Board in Response to Outcry", https://www.vox.com/future-perfect/2019/4/4/18295933/google-cancels-ai-ethics-board, last visited on Aug. 6, 2024.

美国移民局在人脸识别技术上的合作,也受到了微软员工的抗议。①2023年5月2日至同年9月27日,代表11,500名编剧的美国编剧协会与电影电视制片人联盟发生劳资纠纷而组织了为期148天的罢工。罢工的一项诉求就是像ChatGPT这样的人工智能只应被用作一种帮助研究或推动脚本想法的工具,而不应该取代编剧。② 最终,罢工取得了胜利,双方达成的协议被认为是树立了一个对于人工智能的使用进行集体谈判的重要先例。③

这些来自专业人员或利益相关者的抗议是出于他们对人工智能伦理规范的认知和坚持或者出于他们本身的利益受到人工智能发展的威胁,其主张不见得对,但确实是一种可以促进企业遵守软法的力量和机制。"越来越多富有意义的针对人工智能负责任发展的行动来自工人、共同体倡议者和组织者。"④而这种力量和机制的存在,当然也需要依托于更广阔的企业与员工、企业与外部之间关系的制度空间、文化背景。

(3) 监督机制

就广义的监督而言,舆论、对抗同样属于监督机制。然而,软法合规监督还有其他更多样化的表现形式。早在2015年,盖瑞·马秦特教授就曾经和温德尔·沃勒克(Wendell Wallach⑤)先生一起提议成立名为"治理协调委员会"的机构,目的不是重复或取代现有许多组织在人工智能治理方面的工作,而是如交响乐团指挥一样起到协调的作用。这个机构并未成立,但他们预设其应该承担的功能中有多项是与监督相关的,如:监

---

① See Colin Lecher, "The Employee Letter Denouncing Microsoft's ICE Contract Now Has over 300 Signatures", https://www.theverge.com/2018/6/21/17488328/microsoft-ice-employees-signatures-protest, last visited on Aug. 6, 2024.

② See https://en.wikipedia.org/wiki/2023_Writers_Guild_of_America_strike, last visited on Aug. 6, 2024.

③ See Molly Kinder, "Hollywood Writers Went on Strike to Protect Their Livelihoods from Generative AI. Their Remarkable Victory Matters for All Workers", https://www.brookings.edu/articles/hollywood-writers-went-on-strike-to-protect-their-livelihoods-from-generative-ai-their-remarkable-victory-matters-for-all-workers/, last visited on Aug. 6, 2024.

④ See Kate Crawford et al., *AI Now report 2019*, p.11, https://ainowinstitute.org/publication/ai-now-2019-report-2, last visited on Aug. 6, 2024.

⑤ 温德尔·沃勒克先生曾经在卡内基国际事务伦理委员会工作,与他人共同主持"人工智能和平等倡议"项目。他也是耶鲁大学跨学科生物学中心技术与伦理研究荣誉主席,林肯应用伦理学中心学者,伦理学与新兴技术研究所研究员,黑斯廷斯中心高级顾问。https://www.carnegiecouncil.org/people/wendell-wallach, last visited on Aug. 6, 2024.

控和分析(认定人工智能治理计划实施的差距、重叠和不一致之处)、早期预警(指出正在出现的新问题)、评估(为治理计划实现目标的情况评分)、召集解决问题(召集利益相关者就特定问题商议解决方案)。[1] 换言之,与之前所述的组织机制结合,若有相对独立的组织——无论是在企业内部设立类似伦理审查委员会的机构,还是在企业外部更为中立的社会组织——承担起监控、分析、预警、评估、共商方案等监督功能,就可以使人工智能伦理规范得到更好的落实。

第三,软法合规的激励机制。

如果说软法合规的压力机制属于"减分项",可能会让人工智能研发者、利用者受到声誉损失以及附随的经济损失[2],那么,软法合规的激励机制就是对应的"加分项",可以使其得到更好的声誉并随之产生更多的经济利益。这样的激励机制相比压力机制似乎可以有更多的形式展现出来。

(1) 认证机制

中立的第三方认证机构可以开设一个认证业务,对人工智能的研发和利用遵循一套特定伦理规范的企业或其他实体进行认证,并给予认证证书。

(2) 评价机制

中立的第三方组织,如高校科研机构或非政府社会组织,可以对人工智能研发者是否将人工智能伦理规范植入人工智能的研究和开发之中、人工智能利用者是否应用符合伦理规范的人工智能以及研发者、利用者的人工智能伦理规范合规程度等进行评价,评选出优秀的合规者。

(3) 购买机制

人工智能应用程序的研究、开发都会投入相当的成本,合乎伦理规范的,或许会投入更多。对于软法合规企业或其他实体而言,认证、评优虽

---

[1] See Gary E. Marchant, "'Soft Law' Governance of Artificial Intelligence", pp. 14-15, https://escholarship.org/content/qt0jq252ks/qt0jq252ks_noSplash_1ff6445b4d4efd438fd6e06cc2df4775.pdf?t=po1uh8, last visited on Aug. 6, 2024.

[2] "应当牢记在心的是,除了真正的伦理动机以外,与经济相关的声誉损失的重要性不可低估。因此,反对不合伦理的人工智能项目的抗议也可以从经济逻辑予以解释。"See Thilo Hagendorff, "The Ethics of AI Ethics: An Evaluation of Guidelines", *Minds & Machines*, Vol. 30, p. 109 (2020).

然可以带来良好声誉,但并没有转化为实际的经济利益。相较之下,购买和使用合乎伦理规范的人工智能产品,尤其是获得认证或评优的人工智能产品,是可以让合规者获得实际利益的最直接方法。购买者——特别是政府采购方——若能将合乎伦理规范作为购买的前提条件,势必会带动有利于人工智能软法实施的市场导向。

(4) 合作机制

人工智能利益相关者——研究者、开发者、利用者——在倡议和推进人工智能伦理规范方面形成联盟或合作伙伴关系,相互之间给予支持和帮助,也是更有利于建立公众信任,有助于人工智能软法得到诚信可靠的执行。

(5) 资助和发表机制

对于人工智能的研发或利用提供投资或资助的机构,对于人工智能研发成果提供发表平台的专业杂志,也同样可以将符合人工智能伦理规范作为一个条件或优先考虑的条件,以激励研发者、利用者遵守人工智能软法。

(6) 放松监管机制

政府负责人工智能发展监管的部门,对于在管理人工智能的研发或利用方面有一整套制度和配套机构,以致力于人工智能软法合规的企业或其他实体,对于真正研发出或利用合乎伦理规范的人工智能产品的企业或其他实体,可以适当地放松监管力度。减少政府监管的利益被认为是人工智能软法获得成功的重要激励之一。[①]

第四,软法的技术方法论机制。

人工智能软法是与科学技术紧密关联的,也因此被广泛认为是需要由人工智能专家研究制定的。"人工智能伙伴关系"作为一种联盟,将"公众"和"利益相关者"区分开,前者是需要教育和调查的,后者是科学家、工程师和企业家,是进行教育和调查的;其又将利益相关者区分为"专家"和

---

① 此处的梳理和分类参考了 Gary E. Marchant, "'Soft Law' Governance of Artificial Intelligence", p. 13, https://escholarship.org/content/qt0jq252ks/qt0jq252ks_noSplash_1ff6445b4d4efd438fd6e06cc2df4775.pdf?t=po1uh8, last visited on Aug. 6, 2024; Gary E. Marchant &. Carlos Ignacio Gutierrez, "Indirect Enforcement of Artificial Intelligence 'Soft Law'", p. 7, TPRC48: The 48th Research Conference on Communication, Information and Internet Policy, https://ssrn.com/abstract=3749776, last visited on Aug. 6, 2024.

"其他利益相关者",前者是创造或应对人工智能的科学界领先者,后者是在广大范围内存在的产品使用者、购买人工智能方案的大型企业或者其所在领域被人工智能彻底改变的大型企业。"专家促使人工智能发生,其他利益相关者让人工智能发生在身上。"[1]正因为此,将人工智能软法落到实处,最重要的是专业人员在技术开发过程中进行"合乎伦理的设计"、开发"合乎伦理的人工智能系统"。而专业人员如何能把伦理价值嵌入人工智能/自动化系统的开发,是需要技术方法论的支持的。

在这方面的例子,除了缇姆尼特·吉布鲁团队研究的"数据集的数据表"以外,还有芬兰瓦萨大学博士后研究员维莱·瓦库里(Ville Vakkuri)领衔研究的命名为 ECCOLA 的方法,该方法是一个"模块化的、逐段冲刺的过程,旨在促进人工智能和自动化系统开发对伦理的考量,并与既有的其他方法合并使用"。具体而言,ECCOLA 有三个目标:(1) 促进对人工智能伦理及其重要性的意识;(2) 创建一个适合各种系统工程场合的模块;(3) 使得该模块既适合敏捷开发(agile development),又能让伦理成为敏捷开发的组成部分。ECCOLA 经过多年的实践,经历了迭代的发展和改进。[2] 此类事例不胜枚举,此处仅以两例说明技术方法论机制对软法落实的推进意义。

第五,软法具体化的基准机制。

前文已揭,许多人工智能伦理指南或原则是抽象的、含糊的,这主要是因为指南或原则的制定者希望能够尽可能将其适用于广阔的人工智能领域。但是,究竟如何才能在特定人工智能研发或利用中执行和遵守这些宽泛规范问题,对于想要做到合规的行动者而言,也会成为一个棘手问题。因此,除了技术方法论——往往是普遍适用于多个情境的方法框架或模块——以外,还需要结合特定人工智能的使用所引发的特定伦理关切,制定出更具针对性的伦理基准。

日本东北大学的研究人员翁岳暄(Yueh-Hsuan Weng)与平田泰久

---

[1] See Daniel Greene, Anna Lauren Hoffman & Luke Stark, "Better, Nicer, Clearer, Fairer: A Critical Assessment of the Movement for Ethical Artificial Intelligence and Machine Learning", in *Proceedings of the 52nd Hawaii International Conference on System Sciences*, pp. 2126-2127, https://hdl.handle.net/10125/59651, last visited on Aug. 6, 2024.

[2] See Ville Vakkuri et al., "ECCOLA-A Method for Implementing Ethically Aligned AI Systems", *The Journal of Systems & Software*, Vol. 182, p. 2 (2021).

(Yasuhisa Hirata)曾经发文探讨对辅助机器人的合乎伦理设计,他们在文中指出,床位转移辅助、洗浴辅助、行走辅助、排泄辅助、监护和交流辅助以及护理辅助的机器人,各有比较突出的、不同的伦理关切,需要分别予以特殊的对待。[①] 他们的研究虽然并不有意指向或者有意拟定任何人工智能伦理规范的基准,但是,这种结合人机互动(human-robot interaction)的特点而指出每一种机器人需要应对的特殊伦理问题,其实就是具有基准意义的。这对于企业或其技术人员遵守人工智能伦理规范有着更具针对性的导引作用。

第六,软法与硬法的互动机制。

无论是在软法最初兴起的国际法领域,还是在人工智能软法领域,已经有经验研究表明,软法在未来可能硬法化的前景,或者软法被吸收进入硬法框架之中,都会给软法的实施增加动力或压力。例如,安德里亚斯·齐默尔曼教授在国际软法研究中发现,在早期阶段,不具有法律约束力的协定可能就已经规定了各国未来愿意接受的、作为未来有法律约束力条约组成部分的条件,这样的谅解备忘录是未来条约的先驱,有着"前法律功能"(pre-law-function)[②],可以得到更好的实施。就人工智能软法而言,最初阶段进行实地试验的软法,之后可能会被正式立法纳入传统的监管体系之中。如"未来生命研究所"曾经于2017年发布阿西洛马人工智能原则(Asilomar AI Principles)[③],如今,美国加利福尼亚州已经将这些原则写入州立法之中。[④]

除了这种未来法律化(硬法化)的前景以外,人工智能伦理规范若能在硬法的实施之中占有一席之地,也会带动企业及其他实体对其的遵守。

[①] See Yueh-Hsuan Weng & Yasuhisa Hirata, "Ethically Aligned Design for Assistive Robotics", in *Proceedings of the 2018 IEEE International Conference on Intelligence and Safety for Robotics*, pp. 287-288, https://ieeexplore.ieee.org/document/8535889, last visited on Aug. 6, 2024.

[②] See Andreas Zimmermann, "Possible Indirect Legal Effects of Non-legally Binding Instruments", *KFG Working Paper Series*, No. 48, May, 2021, Berlin Potsdam Research Group, The International Rule of Law-Rise or Decline?, p. 6, https://ssrn.com/abstract=3840767, last visited on Aug. 6, 2024.

[③] See https://futureoflife.org/open-letter/ai-principles/, last visited on Aug. 6, 2024.

[④] See Wendell Wallach & Gary E. Marchant, "Toward the Agile and Comprehensive International Governance of AI and Robotics", *Proceedings of the IEEE*, Vol. 107, p. 506 (2019).

例如,在美国,公司没有履行其对人工智能伦理规范的公开承诺的,联邦贸易委员会可以将其视为"不公平的或欺骗的"商业活动,而采取相应的措施。[1] 在国际法情境中,国际法院和裁判机构也会经常性地依赖不具有法律约束力的协定,将其作为解释指南,对有法律约束力的条约进行解释。[2] 当然,这种将软法吸收进入硬法解释适用的过程,也可视为另一种形式的硬法化;在一定意义上,此时的人工智能伦理规范已经不再是纯粹的软法。

五、结语:认真对待软法实施

软法的广泛存在,并不意味着其切实地得到了遵守和执行。人工智能领域的软法——各种各样的人工智能伦理规范——被许多研究者证明存在"实效赤字"的问题。规范的制定和倡议投入很多,收效却甚微。当然,人工智能伦理规范并不是完全的"零效用",其对许多科技巨头产生了一定的拘束,隐私、公平、可解释性等规范明显被重视,在特别问题的"微观伦理"上取得了些许进步,其"推介实效"也是在人工智能研发、利用共同体中有所显现。即便如此,人工智能伦理规范与现实之间的巨大鸿沟,仍然令人非常担忧。

之所以会有如此鸿沟,主要是因为:(1)人工智能伦理规范的非强制性;(2)人工智能伦理规范的抽象性、模糊性;(3)人工智能伦理规范的分散、混乱与叠床架屋;(4)人工智能伦理规范自愿遵守的动力不足;(5)人工智能伦理规范的合规悖论;(6)人工智能伦理规范影响力的社会系统论困境;(7)人工智能发展压倒约束的宿命论。可是,这些因素的存在,并不使"软法无意义"成为必然结论。由于人工智能伦理规范的灵活快捷性、多样适配性、合作试验性、事实压力性、跨国适用性,其仍然有独特的、

---

[1] See Wendell Wallach & Gary E. Marchant, "Toward the Agile and Comprehensive International Governance of AI and Robotics", *Proceedings of the IEEE*, Vol. 107, p. 506 (2019).

[2] See Andreas Zimmermann, "Possible Indirect Legal Effects of Non-legally Binding Instruments", *KFG Working Paper Series*, No. 48, May, 2021, Berlin Potsdam Research Group, The International Rule of Law-Rise or Decline?, p. 9, https://ssrn.com/abstract=3840767, last visited on Aug. 6, 2024.

硬性监管/硬法所无法比拟的、与硬性监管/硬法共同完成合乎伦理的人工智能之治理任务的价值。因此,如何使人工智能伦理规范应有的价值得到更加充分的实现,如何通过一系列机制促进其间接实施,就成为一个需要认真对待的问题。

根据现实的经验观察,有助于人工智能伦理规范获得实施的机制包括:(1)软法促进的组织机制;(2)软法合规的压力机制,含舆论、对抗、监督等;(3)软法合规的激励机制,含认证、评价、购买、合作、资助和发表、放松监管等;(4)软法的技术方法论机制;(5)软法具体化的基准机制;(6)软法与硬法的互动机制。这些人工智能伦理规范的间接实施机制,在逻辑上有延伸出软法实施机制的一般分类的可能。然而,这种分类学的研究还需要进一步探索,并非所有的机制都已经在这里进行了充分的讨论,在这里提出的机制也并非适用于所有软法实施的情境。例如,对于技术性、专业性并没有特别强烈的软法,技术方法论机制并不见得必需;对于本身已经足够特定、细致的软法,具体化基准机制也同样可以忽略。

软法的制定者、倡议者当然希冀软法可以发挥既具引导性又具灵活性的实际作用,但这种作用的获得不能仅依靠软法内在的说服力,不能仅依靠软法指向的行动者自觉认同与遵守。价值共识需要成本利益计算的经济逻辑的辅助,才可让更多的行动者愿意为软法的执行有所付出。内在理由和外在推动——柔性而非强制的推动——的有效结合,才可让软法不至于仅仅沦为宣示、倡议和粉饰。软法实施机制类型学的研究,对软法的制定者、倡议者或促进者有意识地进行相应的机制建设,具有重要的指引意义。

第六讲　软法助推：意义、局限与规范

一、问题：软法是助推吗？如何有用？

2017年诺贝尔经济学奖获得者、行为经济学创始人之一理查德·塞勒（Richard H. Thaler）与著名法学家、其著述被广泛引用的卡斯·桑斯坦（Cass R. Sunstein），于2008年合作出版了《助推：如何做出有关健康、财富与幸福的最佳决策》（以下简称《助推》）。[①] 自此，"助推"（nudge）观念或理论在过去的十几年里产生了巨大的影响，[②] 也波及了更早之前、于20世纪80年代兴起于国际法语境的软法研究。

在域内外新近的一些软法研究文献中，软法被视为"助推"的一种形式，旨在通过柔性的、轻微推进的方式实现软法制定者引导人们行为的意图。例如，布伦登·墨菲（Brendon Murphy）和杰伊·桑德森（Jay Sanderson）认为："法律的命令—控制模式是以国家为中心的，是依赖官僚制的，最终是依赖执行以确保和鼓励人们遵守法律的，而软法在本质上是无政府的，是依赖说理、美德和所谓的'规范的心理学'，来鼓励或'助推'行为人按特定方式行事的。"[③] 雅各布·格尔森（Jacob Gersen）和埃里克·波斯纳（Eric Posner）在研究美国国会软法时提及，最高法院曾经判

[①] Richard H. Thaler & Cass R. Sunstein, *Nudge: Improving Decisions About Health, Wealth, and Happiness*, Yale University Press, 2008. 中文译本参见〔美〕理查德·塞勒、卡斯·桑斯坦：《助推：如何做出有关健康、财富与幸福的最佳决策》，刘宁译，中信出版社2018年版。本讲在涉及对中译本内容有不同认识或翻译时，参考引用原文。

[②] See Brian Galle, "A Response: What's in a Nudge", *Administrative Law Review Accord*, Vol. 3, No. 1, p. 1 (2017).

[③] See Brendon Murphy & Jay Sanderson, "Soft Law, Responsibility and the Biopolitics of Front-of-pack Food Labels", *Griffith Law Review*, Vol. 26, p. 364 (2017).

决指出,国会有时候以暗示的方式立法,宣告政策、表明其偏好、要求采取一些措施,尽管这些并未将其目的付诸正式立法,但发挥了"助推"人们往其偏好方向行动的作用。① 在国内,有论者认为,"视被监管者为合作者的软法治理理念,不仅有利于缩减外部监管资源投入以改善资源过度损害问题,也助益改进执法机构的监管路径,促使其执法技术从单纯执法覆盖面的扩大,转向更轻灵且成本低廉的助推(Nudge)思维"。②

然而,软法是否一定是助推呢?是否必然会产生塞勒和桑斯坦笔下的助推效应呢?答案是:并不见得。巴里·弗里德曼(Barry Friedman)领衔的团队对作为软法工具的非强制性认证体系(certification system)的研究是具有启发意义的。此类认证体系旨在解决警察监控技术的硬法规制缺位所引发的问题。其研究报告指出,警务机关正在越来越多地使用新的技术产品,收集、存储、监控和传输与民众有关的数据。尽管这些产品声称有益于社会治安,但对隐私、言论自由、种族正义等带来侵害风险。面对发展迅速的技术,立法机关是缺乏信息和专业知识的,而警察工会和其他执法组织反对规制警察,技术行业又反对立法削弱行业在国内和国际的市场竞争力。这些因素使得立法机关并不愿意采用传统的"硬法"规制。于是,警控技术的供应商开发出愈来愈具有侵入性而缺乏安全保障的产品。对此,由政府或非营利机构设立的独立认证机构,通过具有软法性质的认证体系,非强制性地对供应商的产品进行效用审核(efficacy review)和伦理评价(ethical evaluation)。前者是关注产品的使用是否确能促进公共安全;后者是在隐私权、种族正义、数据保护等维度上进行评估。警控技术供应商为了把人工智能系统出售给执法机构,就会选择让其产品通过这样的体系进行认证。由此,硬法规制不足的问题可以在相当程度上得到解决。③

即便如此,作为软法的认证体系是否能如愿发挥作用,还取决于其如何设计。例如,假设认证机构对警察使用的车牌自动识别系统

---

① See Jacob E. Gersen & Eric A. Posner, "Soft Law: Lessons from Congressional Practice", *Stanford Law Review*, Vol. 61, p. 585 (2008).
② 王兰:《全球数字金融监管异化的软法治理归正》,载《现代法学》2021年第3期。
③ See Barry Friedman, Farhang Heydari, Max Issacs & Katie Kinsey, "Policing Police Tech: A Soft Law Solution", *Berkeley Technology Law Journal*, Vol. 37, pp. 701-731 (2022).

(automated license-plate reader)的评估包括该系统是否含有一个透明的门户,通过该门户,警务机关将车牌自动识别系统的使用情况向公众公开。但问题接踵而至:认证体系是应该强制行政机关使用该门户,还是该门户只是车牌自动识别系统的一个组成部分,是否使用该门户完全由行政机关自愿决定?如果是后一种情形,认证机构是否应该采纳"助推"方法,以鼓励行政机关使用透明门户?"助推使用设计架构来鼓励用户作出更好决策。如何向用户提供选项以及默认地启用或禁用哪些选项,可能对行政机关的最终决策产生深远影响。"[1]

此项研究足以表明,软法并不一定是助推,二者之间既不能画等号,也不能建立必然的链接。软法的有效实施,甚至还需要辅以精巧的"助推"方案。那么,软法与助推存在一种什么样的关联呢?前文所提部分论者视软法为有效的助推形式,难道是完全错误的吗?如果不是,那么,"软法助推"是一个有着何种意义的概念?其蕴含着什么样的预期?在什么条件下,它才能发挥预想的效果?它是否需要受到一定的规范?如果需要,应该受到怎样的规范?在软法和助推都被视为一种备选的规制或治理工具的当今时代[2],对于这些问题的探索,或可挖掘二者合成工具的可能效用,以及在法治国原则之下该工具的受约束性。

本讲的探讨分为五个部分。第一部分旨在引出问题,揭示研究的出发点、目标以及路径。第二部分是对助推意涵与形式的回顾。尽管助推理论的创建者和支持者对"助推"并没有形成完全一致的定义,对哪些属于、哪些不属于助推仍有不同认识,但是,基本上,助推是利用人们的认知和心理规律等,通过设置或改变选择环境或背景而又不构成显著阻碍或激励的方式,来影响人们的行为。第三部分是关于助推的正当性理论证成及其面临的质疑。助推的实际可行性基础是行为经济学及其背后的心理学的经验发现,而在政治哲学意义上的正当性基础是塞勒、桑斯坦创造

---

[1] See Barry Friedman, Farhang Heydari, Max Issacs & Katie Kinsey, "Policing Police Tech: A Soft Law Solution", *Berkeley Technology Law Journal*, Vol. 37, p. 743 (2022).

[2] 关于软法作为治理工具的讨论,可以参见 Gary E. Marchant, Lucille Tournas & Carlos Ignacio Gutierrez, "Governing Emerging Technologies through Soft Law: Lessons for Artificial Intelligence", *Jurimetrics*, Vol. 61, pp. 5-6 (2020). 关于各国日益重视作为治理工具的助推,参见 Cass R. Sunstein, "Do People Like Nudges?", *Administrative Law Review*, Vol. 68, pp. 179-180 (2016).

的"自由—家长主义"理论。反对助推理论的论者会从家长主义在伦理上的可接受性、助推在实践上的实际效用提出质疑,这些质疑可以让我们对"自由—家长主义"和助推的潜在危害有足够的意识和重视,但还不足以完全否弃助推的积极意义和事实上的广泛使用。接下来,第四部分指出,软法与助推并非一回事,其有相似也有相异之处。软法与助推的结合会形成三种情况:通过助推方式来促进软法实施(软法助推Ⅰ);软法本身发挥助推作用(软法助推Ⅱ);软法将助推策略规则化(软法助推Ⅲ)。三种软法助推的单独使用和混合使用,都可以作为现代规制和治理的工具,不过也应意识到其可能存在的局限。最后,第五部分提出,软法助推需要符合四个基本规范:应当有坚实的经验研究依据;应当服务于公共善;应当公开、透明;应当受到审视的、可争议的民主控制。

二、助推的意涵与形式

对于法学学者而言,软法虽然是一个仍然有争议的概念,但自从其兴起于20世纪80年代以后,已经渐成较为熟悉的知识工具,比助推理论的正式发表早了20余年。由此观之,欲探知软法与助推是何关系,二者之间可能发生怎样的结合,会产生什么意义上的软法助推,并予以相应的规范化,宜以了解助推的意涵与形式为起点。

1. 助推的最初定义及其形式

"助推"不是一个可以被轻松界定的概念。塞勒和桑斯坦在《助推》一书中论述到,他们使用的这个词指向的是"选择架构(choice architecture)的任何一个方面,它以可预测的方式改变人们的行为,而又不会禁止其任何选择或者不会显著改变对其的经济激励"[①]。桑斯坦在别的场合以更为通俗的、比喻的笔法指出,助推是"引导人们选择特定方向,但同时也允

---

① See Richard H. Thaler & Cass R. Sunstein, *Nudge*: *Improving Decisions About Health*, *Wealth*, *and Happiness*, Yale University Press, 2008, p. 6.

许他们走自己的路"①。

塞勒和桑斯坦并未系统地就如此定义的助推概念展开其构成元素，但是，从其相关著述中可以发现，助推有五个彼此勾连的基本属性：（1）它是一种有意识的对人们行为的干预，而不是听任自由。正是在这个意义上，它体现了家长主义（paternalism）的特点，通过影响人们的行为使他们——相比较纯粹由他们自己判断和选择的话——更长寿、更健康、生活得更好。②（2）它同时给人们充分的选择自由，即虽然它希望引导人们按它所希望的那样行事，但它仍然保留了人们的高度选择自由。人们可以选择"助推"所预设的方向，也可以无所顾忌地作出他们认为合适的抉择。这就是"助推"的"自由主义"（libertarian）面向，借用 20 世纪自由主义经济学家米尔顿·弗里德曼（Milton Friedman）的话语就是确保"自由选择"。③（3）作为一种干预，它既不是明显的激励，也不是明显的阻止。它不能向行为人"施以明显的物质激励"，也不能"施以明显的物质成本"。④ 这种干预必须是人们可以轻易地、低成本地绕开的⑤，否则可能会使得自由选择成为空头支票。（4）它提供的是有意设计的选择架构。选择架构是人们作出选择的背景，是无处不在、难以避免的，事实上对人们的选择会产生决定性影响。助推就是设计出有利于人们作出更好选择的架构。⑥（5）它是一种可预测其效果的干预，它采取的措施极有可能引导人们选择它所欲的方向。就此而言，它不是随意的或恣意的干预，而是以"行为经济学、认知和社会心理学以及其他相关领域"的研究发现为依据

---

① See Cass R. Sunstein, "Forward: The Ethics of Nudging", in Alberto Alemanno & Anne-Lise Sibony eds., *Nudge and the Law: A European Perspective*, Hart Publishing Ltd. 2015, p. Ⅵ.
② See Richard H. Thaler & Cass R. Sunstein, *Nudge: Improving Decisions About Health, Wealth, and Happiness*, Yale University Press, 2008, p. 5.
③ Ibid., p. 6.
④ See Cass R. Sunstein, "Forward: The Ethics of Nudging", in Alberto Alemanno & Anne-Lise Sibony eds., *Nudge and the Law: A European Perspective*, Hart Publishing Ltd. 2015, p. Ⅵ.
⑤ See Richard H. Thaler & Cass R. Sunstein, *Nudge: Improving Decisions About Health, Wealth, and Happiness*, Yale University Press, 2008, p. 6.
⑥ See Cass R. Sunstein, *Why Nudge: The Politics of Libertarian Paternalism*, Yale University Press, 2014, pp. 13-19. 该书中译本参见〔美〕卡斯·桑斯坦：《为什么助推》，马冬梅译，中信出版社 2015 年版。

的,可以被称为"充分懂得行为的家长主义"(behaviorally informed paternalism)。①

由于塞勒、桑斯坦的论述是较为分散的,所以,丹尼尔·郝思曼(Daniel M. Hausman)和布琳·韦尔奇(Brynn Welch)认为他们"主要是通过举例来定义助推的"②。的确,除了给出简单定义外,助推理论的创建者经常用例子来表示什么可以或不可以被视为助推。例如,把水果放在与眼睛齐平的位置是助推,而禁止垃圾食品就不是。③ 提醒、警告、全球定位系统(GPS)、默认规则(default rules)是助推,补贴、税收、罚款、监禁则不是。④ 当然,更多例证是在他们关于助推现象的更为细致的分析之中。例如,针对可预见的人们常犯的错误,已经在选择架构上进行改善的事例有:汽车使用的提醒设计(提醒未系安全带、燃油将用尽、换机油等)、与服药频次有关的设计、谷歌邮件对添加附件的提醒等。⑤ 可见,助推的形式其实是多种多样、不胜枚举的。

2. 争议与困惑

然而,"简单定义+例举"的方式并不能消除关于什么是、什么不是助推的疑惑和争议。郝思曼和韦尔奇就指出,塞勒、桑斯坦所举的助推实例与他们对助推的定义是不完全一致的。例如,美国1986年的《应急计划与社区知情权法》规定的《有毒物质排放清单》要求企业和个人将其储存的或者已经排放到环境之中的有潜在毒性的化学物质数量报告给联邦政府,任何希望得到这些信息的人可以在美国环境保护署的网站上获取。虽然政府并未对释放者采取任何进一步要求改变行为的措施,但是,环保

---

① Cass R. Sunstein, *Why Nudge: The Politics of Libertarian Paternalism*, Yale University Press, 2014, pp. 1-13.

② See Daniel M. Hausman & Brynn Welch, "Debate: To Nudge or Not to Nudge", *The Journal of Political Philosophy*, Vol. 18, p. 124 (2009).

③ See Richard H. Thaler & Cass R. Sunstein, *Nudge: Improving Decisions About Health, Wealth, and Happiness*, Yale University Press, 2008, p. 6.

④ See Cass R. Sunstein, "Forward: The Ethics of Nudging", in Alberto Alemanno & Anne-Lise Sibony eds., *Nudge and the Law: A European Perspective*, Hart Publishing Ltd., 2015, p. Ⅵ.

⑤ 参见〔美〕理查德·塞勒、卡斯·桑斯坦:《助推:如何做出有关健康、财富与幸福的最佳决策》,刘宁译,中信出版社2018年版,第103—107页。

组织和媒体会把环境损害严重者列入"环境黑名单"中。没有企业愿意被"拉黑",因为恶名会带来各种损害,包括股票价格下跌。结果,全美的有毒化学物质排放得到了大幅度减少。塞勒、桑斯坦认为这是一个很好的助推案例。[1] 郝思曼和韦尔奇对此质疑到,尽管政府除了要求披露信息以外没有强制要求企业做任何事,但是,《有毒物质排放清单》的公开有可能对污染行为造成重大的社会制裁,其显著提升了污染的成本。这与塞勒、桑斯坦定义中的"极小成本"(minimal cost)是矛盾的。[2]

埃文·塞林杰(Evan Sellinger)和凯尔·怀特(Kyle P. Whyte)同意郝思曼、韦尔奇对这一案例的分析,但同时提出,由于对"助推"意涵的不同理解,除了存在真正的助推以外,还有"错认的助推"(mistaken nudge)和"模棱两可的助推"(fuzzy nudge)。前者是指人们把不属于助推的错误地理解为助推,如《有毒物质排放清单》(显著提高成本),英国政府免费发放的戒烟小包,内有替代尼古丁的贴片以及健身房、游泳课和其他康体锻炼的优惠券(显著改变经济激励),禁止在糖果和薯片旁边进行醒目的香烟陈列,以减少对青少年的诱惑(本质是禁止,尽管同样依据心理学)等。后者是指是否属于助推是容有争议的。如塞勒、桑斯坦提及的"环境监测球"(ambient orb)。[3] 郝思曼、韦尔奇不认为是助推,因为这就相当于提醒用户注意能源使用,与教育活动、香烟上的警告贴士、要求企业告知雇工危害所在、提醒热天多喝水等无异。而塞林格、怀特则将其归类为"模棱两可的助推",因为就像使用红墨水可能会让教师打分更加严格一样,"环境监测球"会创造倾向于节约能源的情绪状态。至于是将其仅仅作为信息提供对待,还是将其视作助推,又会涉及更加复杂的助推的伦理问题。[4]

---

[1] See Richard H. Thaler & Cass R. Sunstein, *Nudge: Improving Decisions About Health, Wealth, and Happiness*, Yale University Press, 2008, pp.190-191.

[2] See Daniel M. Hausman & Brynn Welch, "Debate: To Nudge or Not to Nudge", *The Journal of Political Philosophy*, Vol.18, p.125 (2009).

[3] 这是美国南加州爱迪生公司提供给用户的一个小球。用户使用很多能源的时候,它会发出红光,而当能源使用适度的时候,它发出的是绿光。See Richard H. Thaler & Cass R. Sunstein, *Nudge: Improving Decisions About Health, Wealth, and Happiness*, Yale University Press, 2008, pp.193-194.

[4] See Evan Sellinger & Kyle Powys Whyte, "Is There a Right Way to Nudge? The Practice and Ethics of Choice Architecture", *Sociology Compass*, Vol.5, pp.926-928 (2011).

佩勒·汉森(Pelle G. Hansen)对"助推"定义存在的困惑大致进行了梳理,主要有以下五个方面:第一,"助推"与"自由主义的家长主义"(libertarian paternalism,以下中文简称为"自由—家长主义"[①])是否为同义词? 第二,选择架构师(choice architect[②])的动机是否需要满足一定条件才能使得干预成为助推。第三,助推与激励的关系是什么? 第四,添加选项或取消选项是不是助推? 符合什么条件才是助推? 如果是助推,是否应该被视为自由—家长主义的政策? 第五,如何区分助推和仅仅是提供事实信息、理性劝说等措施。[③]

3. 佩勒·汉森的再定义及其启示

在这些引起困惑的问题上,论者们对"助推"给出了或多或少不同于塞勒、桑斯坦最初定义的意涵。[④] 其中,佩勒·汉森进行了非常精细的校准努力。他首先指出塞勒、桑斯坦的定义不具有明确性与一致性,无法充分体现其行为经济学的理论基础以及其与自由—家长主义之关联,但助推概念并不因此是有根本缺陷的或者必然走向滑坡的,而是需要改进的。接着,他从《助推》一书中撷取了他冠以"行为经济学原则"之称的原理,即"助推是可以显著改变现实中人(Humans)的行为的因素,而经济人

[①] 关于 libertarian paternalism 的中文翻译,有"自由主义的温和专制主义"(参见梁小民:《接地气的经济学——理查德·塞勒与行为经济学》,载〔美〕理查德·塞勒、卡斯·桑斯坦:《助推:如何做出有关健康、财富与幸福的最佳决策》,刘宁译,中信出版社 2018 年版,第 IX 页)、"自由意志的家长制"(参见何帆:《塞勒三部曲导读》,载〔美〕理查德·塞勒、卡斯·桑斯坦:《助推:如何做出有关健康、财富与幸福的最佳决策》,刘宁译,中信出版社 2018 年版,第 XX 页)、"自由家长式管理"(参见〔美〕卡斯·桑斯坦:《为什么助推》,马冬梅译,中信出版社 2015 年版,第 XXII 页)。

[②] "选择架构师"就是对人们作出选择的情境进行组织的人或者对人们作出选择的背景进行设置的人。See Daniel M. Hausman & Brynn Welch, "Debate: To Nudge or Not to Nudge", *The Journal of Political Philosophy*, Vol. 18, p. 124 (2009).

[③] See Pelle Guldborg Hansen, "The Definition of Nudge and Libertarian Paternalism: Does the Hand Fit the Glove?", *European Journal of Risk Regulation*, Vol. 7, pp. 156-157 (2016).

[④] See Pelle Guldorg Hansen & Andreas Maaloe Jespersen, "Nudge and the Manipulation of Choice: A Framework for the Responsible Use of the Nudge Approach to Behavior Change in Public Policy", *The European Journal of Risk Regulation*, Vol. 4, pp. 3-28 (2013); Pelle Guldborg Hansen, "The Definition of Nudge and Libertarian Paternalism: Does the Hand Fit the Glove?", *European Journal of Risk Regulation*, pp. 155-174 (2016).

(Econs)会对此忽视"。① 汉森认为,这是清楚明确的、判断何为助推的基础性标准,而他的努力就是让助推的定义与行为经济学原则协调一致。

经过层层递进的、每解决一个困惑问题就修改定义中一些表述的方式,他最终给出了助推的"最小定义""自由—家长主义的定义"和"技术定义"(下文分别简称"M定义""LP定义"和"T定义")。三种定义的共性有:(1)助推的需要是因为个人和社会决策中存在的认知局限、偏向、常规行动和习惯;(2)助推发挥功效也是利用这些局限、偏向、常规行动和习惯;(3)排除或添加任何与理性选择有关的选项、改变激励(广义理解的激励,包括时间、麻烦、社会制裁和经济激励等)、单纯提供事实信息和理性劝说,都不是助推。

M定义的主要不同在于,其仍然将助推视为"选择架构"的一种作用,助推所利用的认知局限、偏向、常规行动和习惯是"选择架构的内在组成部分"。LP定义则强调助推的"良好意图",因为可以体现自由—家长主义的政治理想。它放弃了"选择架构"这一消极表述,将助推视为一种"为了维护或实现人们自称的利益、以可预测的方式影响人们判断、选择和行为的企图(attempt)所发挥的作用"。而且,这个企图发生的动机是因为"认知局限、偏向、常规行动、习惯阻碍人们理性实现其自称的利益"。当然,使助推发挥功效的还是"作为这些企图内在组成部分的认知局限、偏向、常规行动和习惯"。T定义保留了LP定义的"意图"成分,主要区别是取消了后者的自由—家长主义成分。一方面,它也将助推视为以可预测的方式影响人们判断、选择和行为的企图所发挥的作用;另一方面,它认为"认知局限、偏向、常规行动、习惯阻碍人们理性实现其自称的利益"只是使得助推"成为可能",而不是成为助推的动机,且助推也不是"为了维护或实现人们自称的利益"。如此,那些并非出于自由—家长主义政治理想而实施的助推,如众多商家所作的助推,也可以在T定义的范围

---

① See Richard H. Thaler & Cass R. Sunstein, *Nudge: Improving Decisions About Health, Wealth, and Happiness*, Yale University Press 2008, p. 8. 关于现实中人和经济人的区别,下文将述及。

之内。① 如果考虑到"选择架构"概念背后存在的"选择架构师"其实隐含积极的"企图",那么,汉森的 M 定义与 T 定义的区别就不是十分显著。

汉森的精细化努力不是助推再定义的开始,也不是终结。穷尽介绍所有的再定义,更非主旨所在。以上只是表明,虽然在助推定义上的仁智之见始终且将继续存在,但助推还是有比较确定的意涵,哪些形式可以视作助推、哪些不能视作助推、哪些又是两可的,至少可以有比较确定的分析框架。"应当慎重对待助推,避免把任何微妙的行为改变都称作助推"②,这并不意味着就彻底放弃对它的使用,完全忽视它在公共政策、规制和治理上的正当性。

三、自由—家长主义与助推正当性

助推既然是一个引发定义困难的概念,在现实中又极易同其他行为混淆,那么,为什么在治理或规制体系中需要将其作为一个重要的工具来对待?其背后的理论基础何在,是什么支持其正当性?其可能会面临怎样的质疑呢?围绕助推已经形成的理论成果,对于我们进一步探索软法助推的意义和局限有着非常重要的价值。

1. 现实中人与经济人

如前所述,助推的理论基础是行为经济学。行为经济学对公共政策的制定产生重大影响开始于 21 世纪头十年,在此之前,作为公共政策基础的是主流经济学的理性行为人模式(rational agent model)③,在《助推》一书中,也被称为"经济人"模式。在经济人模式盛行的时代,政策的制定有时甚至假定理性是一个心理事实。例如,罪犯是理性行为人的假定,意味着他们会受预期的拘捕和惩罚带来的不利后果的威慑。由此,被拘捕

---

① See Pelle Guldborg Hansen, "The Definition of Nudge and Libertarian Paternalism: Does the Hand Fit the Glove?", *European Journal of Risk Regulation*, Vol. 7, pp. 162-174 (2016).

② See Evan Sellinger & Kyle Powys Whyte, "What Counts as a Nudge?", *American Journal of Bioethics*, Vol. 12, p. 12 (2012).

③ See Daniel Kahneman, "Forward", in Eldar Shafir ed., *The Behavioral Foundations of Public Policy*, Princeton University Press, 2013, p. VII.

的概率和受惩罚的严厉程度是有着同等分量的。但是,经验研究表明,提高惩罚的概率比提高相应的惩罚严厉程度,更能起到威慑犯罪的作用。此外,经济人模式的隐含之意是,行为人即便作出糟糕的选择,甚至如染上毒瘾或退休后生活贫困,也无须保护,理性行为人的自由选择值得完全尊重。①

行为经济学与主流经济学不同,其是试图在更加现实的心理学假设基础上发展科学的经济学。按照其研究成果,人们会受到许多心理规律的影响而作出错误的判断和决策。塞勒、桑斯坦论及的心理规律有:(1)经验法则(rules of thumb)或心理启发(heuristics)。比如,锚定效应(anchoring,当人们做定量估算时,会将知道的数字作为基础,就像锚一样,然后按照自己认为正确的方向进行相应的微调);可得性启发(availability,当人们评估风险可能性时,越容易想到的事例会让其越感到害怕和担心);代表效应(representativeness,当被要求判断 A 属于 B 的可能性有多大时,人们习惯于问 A 与他们对 B 的印象或刻板印象有多像)。(2) 不切实际的乐观和过度自信(optimism and overconfidence,这是社会中绝大多数人的心理特征)。(3) 厌恶损失(loss averse,人们对失去东西的痛苦大于得到同样东西的快乐)。(4) 偏向现状(status quo bias,人们普遍倾向于维持现状)。(5) 框架效应(framing,人们的选择会部分地依赖对问题的描述方式,相同问题的不同描述会导致不同的决策判断)。(6) 诱惑和盲目选择(temptation and mindless choosing,人们会禁不住近在眼前的诱惑、盲目地屈从于诱惑)。(7) 从众心理(following the herd);等等。②

因此,现实中人与经济人不同。③ 后者被假定是效用最大化的、有着稳定偏好和理性预期的、对信息可以进行最优处理的;而前者则展现出

---

① See Daniel Kahneman,"Forward",in Eldar Shafir ed.,*The Behavioral Foundations of Public Policy*,Princeton University Press,2013,p. VIII.
② See Richard H. Thaler & Cass R. Sunstein,*Nudge*:*Improving Decisions About Health*,*Wealth*,*and Happiness*,Yale University Press,2008,pp. 22-37,40-44,53-65.
③ 在《助推》中,"现实中人"的英文对应词为 Humans。而在更早时候的一篇论文中,"现实中人"也被表述为 Real People。See Christine Jolls,Cass R. Sunstein & Richard Thaler,"A Behavioral Approach to Law and Economics",*Stanford Law Review*,Vol. 50,p. 1476(1998).

"有限理性""有限意志力"和"有限自私"。① 在塞勒、桑斯坦看来,既然现实中人有时会表现出惊人壮举,有时又会犯下莫名其妙的重大错误,最好的应对就是自由—家长主义的黄金规则:提供最大可能带来助益、最小可能造成损害的助推。②

2. 自由—家长主义

现实中人因认知偏向等心理规律而作出不利于己的重大错误决策,只是让利用这些规律进行助推成为可能,而并不意味着助推就具有正当性。这涉及究竟应该放任现实中人自由选择,并对选择结果——无论好坏——自负其责,还是对这种自由选择进行干预,以使现实中人获得其最佳利益。前一方案是自由主义的,后一方案则是家长主义的。根据经典自由主义,为了被干预者的好而干预其自由选择是缺乏正当性的。约翰·密尔(John Mill)曾经说过:

> 人们不能强迫一个人去做一件事或者不去做一件事,说因为这对他比较好,因为这会使他比较愉快,因为这在别人的意见认为是聪明的或者甚至是正当的;这样不能算是正当的。……要使强迫成为正当,必须是所要对他加以吓阻的那宗行为将会对他人产生祸害。③

家长主义则不同,它是允许为了他人的好而干预他人自由的。只是不同版本家长主义的干预方式和强硬程度有所差异。杰拉德·德沃金(Gerald Dworkin)是对家长主义进行研究的先驱者之一④,他对家长主义的理解是"干预一个人的行动自由,其正当理由是单纯为了被强制干预之人的福利、好处、快乐、需要、利益和价值"。他又把家长主义干预区分为"纯粹的"和"非纯粹的":前者是指被限制自由的人与受益于这种限制的人是同一的,如要求汽车乘客系安全带;后者是指为了保护一类人的福

---

① See Christine Jolls, Cass R. Sunstein &. Richard Thaler, "A Behavioral Approach to Law and Economics", *Stanford Law Review*, Vol. 50, pp. 1476-1479 (1998).
② See Richard H. Thaler &. Cass R. Sunstein, *Nudge*: *Improving Decisions About Health, Wealth, and Happiness*, Yale University Press, 2008, pp. 22-27, 40-44, 72.
③ 〔英〕约翰·密尔:《论自由》,许宝骙译,商务印书馆 2005 年版,第 11 页。
④ See Douglas N. Husak, "Paternalism and Autonomy", *Philosophy &. Public Affairs*, Vol. 10, p. 29 (1981).

利,不仅要限制他们的自由,而且还要限制别人的自由,如禁止香烟制造商继续生产(也就限制了吸烟者使其免受更多的香烟损害)。① 但是,伯纳德·格特(Bernard Gert)与查尔斯·卡尔弗(Charles M. Culver)不能认同,他们指出家长主义可以是不带强制的,也可以是不涉及干预任何人自由的,甚至不涉及任何控制他人行为的企图。例如,一个宗教信徒在信仰上不接受输血,在车祸后送到医院时意识清醒,并告诉医生该信仰。但随后,因为失血过多而昏迷,医生认为若不输血其就要死亡,在该信徒仍然昏迷时,医生就安排了输血。②

而丹尼·斯高夏(Danny Scoccia)则认为,如果该宗教信徒是清醒的,他就会拒绝输血。在这一点上,他与杰拉德·德沃金一样坚持家长主义是干预的。不过,他与格特、卡尔弗的相同处是家长主义可以不带强制。他给出的家长主义定义是:甲是为了乙的利益,违逆乙的意志——未经乙同意或者违背其偏好——来限制乙的自由或者干预其决定,甲对乙的行动就是家长主义的。他指出,绝大多数道德和政治理论家都接受如此定义,故这是"标准"定义,也是比较宽泛的定义。其中,干预可以是身体强制,也可以是通过威胁、征税甚至善意谎言等方式影响被干预者的决策。由此,他认为塞勒、桑斯坦的"助推"就属于家长主义的一种。③

由于当代绝大多数哲学家在对待家长主义时都有一种强烈的反家长主义的倾向,他们往往会根据约翰·密尔的"损害原则"(harm principle),来决定什么样有限范围内的家长主义是允许的。④ 塞勒、桑斯坦也不例外。密尔的损害原则体现在这样一段话中:"对于文明群体中的任一成员,所以能够施用一种权力以反其意志而不失为正当,唯一的目的只是要防止对他人的危害。"⑤这就意味着:除非存在损害他人的情况,否则,政府不得对人民行使权力。故损害原则有时也被称为自由原则。桑

---

① See Gerald Dworkin, "Paternalism", *The Monist*, Vol. 56, pp. 65-68 (1972).
② See Bernard Gert & Charles M. Culver, "Paternalistic Behavior", *Philosophy & Public Affairs*, Vol. 6, p. 46 (1976).
③ See Danny Scoccia, "The Concept of Paternalism", in Kalle Grill & Jason Hanna eds, *The Routledge Handbook of the Philosophy of Paternalism*, Routledge, 2018, pp. 11, 17-18.
④ See Douglas N. Husak, "Paternalism and Autonomy", *Philosophy & Public Affairs*, Vol. 10, p. 27 (1981).
⑤ 〔英〕约翰·密尔:《论自由》,许宝骙译,商务印书馆 2005 年版,第 10 页。

斯坦指出,在欧美和其他地方,有许多人认同损害原则,视保姆式国家为令人讨厌的爱管闲事者甚至可能是暴君。但是,他和塞勒提出的自由—家长主义是不违反密尔的损害原则的。这种温和家长主义(soft paternalism)与强硬家长主义(hard paternalism)不同,它本质上是自由主义的,因为它保留了选择自由。[1]

3. 助推的正当性

由于塞勒、桑斯坦将助推建立在自由—家长主义理论的基础上,因此,关于助推正当性的讨论自然会指向自由—家长主义的正当性,而后者实际上又牵扯两个问题:第一,家长主义本身是否正当?第二,自由—家长主义为什么是正当的?

存在许多反对家长主义的理由,其中,一个最有力的理由是它的干预并没有把人作为完全自主(autonomous)的主体来对待。[2] 出于"尊重自主"的原则,应该禁止任何家长主义地干预他人在自我事项上的自愿选择;以实现他人利益为由,对他人自愿的、非理性的选择进行干预,始终是侵犯自主的。然而,杰拉德·德沃金、约翰·罗尔斯(John Rawls)等都认为,家长主义有其正当性,只是唯一条件是,他人的选择是非理性的,而此人如果充分理性且知情,其就会同意干预。丹尼·斯高夏也基本持这一立场,只是强调,对于个人而言,不仅仅是选择,而且愿望或价值观都可能无法做到自主。由此,他认为其主张可以容纳更多的家长主义干预。[3]

以上完全禁止家长主义和给家长主义有限的正当出路的观点尽管是对立的,但都是用"尊重自主"来给家长主义设定限制。与此基本立场不同的是,道格拉斯·胡萨克(Douglas N. Husak)认为,运用道德自主观念来限制家长主义的可接受范围是失败的,各种版本的自主原则对反家长主义者而言都是无用的,而家长主义有侵犯人格尊严的倾向的观点也是不成立的。因此,应该放弃一般性反对家长主义的努力,转而聚焦于具体

---

[1] See Cass R. Sunstein, *Why Nudge: The Politics of Libertarian Paternalism*, Yale University Press, 2014, pp. 4-5, 17-18.

[2] See Douglas N. Husak, "Paternalism and Autonomy", *Philosophy & Public Affairs*, Vol. 10, p. 28 (1981).

[3] See Danny Scoccia, "Paternalism and Respect for Autonomy", *Ethics*, Vol. 100, pp. 318-319 (1990).

事例中的家长主义、结合其利弊得失进行正当性评价。① 尼古拉斯·康奈尔(Nicholas Cornell)也主张,家长主义的可容许性取决于对不同情境因素的考虑,但是,他指出了对家长主义的普遍反感是有道理的。这并不是因为家长主义涉及强制,阻止他人自己做选择,也不是因为家长主义意图给他人带去其并不认可的结果,或者用自己判断去替代他人判断;而是因为家长主义所表达的内容——他人对自己的事情不是最了解——隐含有对他人不尊重、冒犯之意。所以,家长主义的规范性问题在于结合复杂的情境因素判断一个行动或政策内含的主张是否具有冒犯性。②

而更为激进地支持家长主义甚至是强制性家长主义的主张,可以莎拉·康利(Sarah Conly)为例。她认为,不应该对强制性家长主义设定一个先验的限制,几乎没有一个领域可以免于考虑家长主义干预是否可行;只有在少数的涉及恋爱、婚姻、工作选择等事项上,家长主义强制干预是没有什么成效的。家长主义内含的美德是谦恭和同情,因为承认我们天生就有判断力的缺陷,承认我们并非不会犯错,就是谦恭的表现,也会由此去同情而不是指责或轻蔑犯错误的他人,就会出于同情而承担帮助他人的义务。至于尊重自主选择的主张,是基于康德以来的理性主义传统,该传统在观念上把我们自己构造为理性主体,理性主体的选择就应该得到尊重。但是,我们并不总是理性的,只有理性才让我们有价值的观点是不成立的,我们对自己的价值认同比理性主义者认为的更加多样化。只有实现自我控制,才能让自己觉得是一个独特的、有价值的存在,也是并非绝对的;我们有时候并不愿意选择,而更愿意让他人控制,完全不受他人决定影响的生活方式是不可能的也是不可欲的。强制性家长主义是人道主义的,可以让我们互动互助,可以帮助个人去实现他们为自己设定的目标,从而体现人类选择的价值。③

以上并没有穷尽关于家长主义正当性的讨论,但有两点是可以从中

---

① See Douglas N. Husak, "Paternalism and Autonomy", *Philosophy & Public Affairs*, Vol. 10, pp. 28-46 (1981).

② See Nicholas Cornell, "A Third Theory of Paternalism", *Michigan Law Review*, Vol. 113, pp. 1295-1336 (2015).

③ See Sarah Conly, *Against Autonomy: Justifying Coercive Paternalism*, Cambridge University Press, 2013, pp. 182-194.

获得的不争事实：第一，在自由主义盛行的意识形态之中，家长主义受到普遍警惕，其正当性需要像杰拉德·德沃金所言承担明确的证明责任，证明所要避免的损害或所要实现的利益的性质以及发生的可能性，证明的严格程度堪比刑事证明责任；[①]第二，家长主义也是广泛存在的，而不是罕见的现象[②]，虽然正当性并不能从事实中简单推出，但若称家长主义毫无正当性可言，显然是荒谬的。

在这张力之间，不难理解塞勒、桑斯坦为什么用"自由—家长主义"这一独创的概念，作为其所主张的助推的正当性基础。塞勒、桑斯坦指出，反家长主义的热情建立在一个错误假定和两个错误观念的基础上。错误假定是人们总是或通常会作出最有利于他们的选择。错误观念是：第一，除了家长主义以外，还有其他切实可行的影响他人选择的策略；第二，家长主义总是涉及强制。[③] 当然，指出反家长主义倾向的错误并不能证立自由—家长主义的正当性。

针对最主要的反家长主义的自主原则理由，桑斯坦指出存在"弱版本"（thin version）自主和"强版本"（thick version）自主。前者意味着选择自由是福利的组成部分，家长主义是否正当，需要考虑和计算干预自由在福利上的得失；选择自由是重要的，但不是决定性的；有时候家长主义行动的福利所得（被干预之人的好处）会超过所失（被干预之人因失去选择自由而有的痛苦）。后者则意味着选择自由本身是目的，是具有决定性的，或者是具有极其重要的地位，除非有最具压倒性的理由，否则不能推翻之。在弱版本的自主观念之下，助推一般不成问题，因为人们最终可以选择其所喜欢的，不会使人们有失去选择自由的福利损失。而根据强版本的自主观念，选择自由有内在价值，不仅仅绝大多数人赋予选择权利以独立的价值（弱版本自主），而且根本上是因为人类享有尊严，可以做其想做的，即便他们的选择最终没有给其带来好处，反而造成巨大损害。由

[①] See Gerald Dworkin, "Paternalism", *The Monist*, Vol. 56, pp. 83-84 (1972).

[②] Paternalism 又被译为"父爱主义"。"建立在对消费者理性不信任基础上的父爱主义招牌，是否与自由市场赖以为基的选择自由概念相一致，是有疑问的。但是，它在许多政府决定中都发挥着重要的作用。"〔美〕史蒂芬·布雷耶：《规制及其改革》，李洪雷等译，北京大学出版社2008年版，第51页。

[③] Richard H. Thaler & Cass R. Sunstein, *Libertarian Paternalism*, The American Economic Journal, Vol. 93, p. 175 (2003).

此,任何形式的家长主义都至少被假定是不可接受的。诚然,相比较在"默认规则"下进行选择,让喜欢选择的人们拥有一个可以积极选择的制度是更好的。但是,如果默认规则反映了人们在知情以后的可能选择,那它就没有削弱而是促进了自主。同样,披露信息的助推也没有把人们作为手段,而是允许人们就其自身目的进行充分知情的决定。因此,只要是对行为的市场失灵问题作出的合理反应,并采取助推的形式,就不会引发严重的自主问题;甚至,在有些情况下,只要尊重人们的目的,稍稍强硬的家长主义也不会侵犯自主原则。①

4. 助推受到的质疑

以上关注助推(自由—家长主义)正当性的讨论,也间接地折射了其面对的批评和质疑。总体而言,这些批评和质疑大致上是从两个方面展开的。一是伦理上的可接受性、可容许性;二是实践的效用。之前提及的认为家长主义侵犯自主原则的批评就是伦理层面的。针对助推的"隐形干预、保留选择自由"的特点,质疑之声甚至比反对家长主义的更甚。

例如,里卡尔多·利博内托(Riccardo Rebonato)认为,施加影响的方式越不公开,个人就会越少处于可以放弃默认选项的地位;助推保留了名义上的自由选择,但助推越有效,越是接近100%,真正的选择自由就消失了。② 马克·怀特(Mark D. White)指出,相比"老派的"家长主义,如禁止某些行为或对某些行为征税,自由—家长主义更加"阴险"(insidious)。它不是告诉人们做什么和不做什么,或者用税收、补贴明白地影响人们,而是隐蔽地改变默认选项或者选择设置,利用人们在认知上的偏向和障碍来"引导"人们进行"对的"选择。即便我们对政府公开的、透明的家长主义可以接受,政策制定者利用人们的认知局限、不动声色而偷偷摸摸地进行操纵,就是非常不适宜的。③

---

① See Cass R. Sunstein, *Why Nudge: The Politics of Libertarian Paternalism*, Yale University Press, 2014, pp. 123-138.
② See Ricardo Rebonato, "A Critical Assessment of Libertarian Paternalism", pp. 23-24, https://papers.ssrn.com/sol3/papers.cfm?abstract_id=2346212, last visited on July 21, 2023.
③ See Mark D. White, *The Manipulation of Choices: Ethics and Libertarian Paternalism*, Palgrave Macmillan, 2013, p. 82.

埃文·赖利（Evan Riley）进一步认为助推会构成认知的非正义（epistemic injustice）。他提到，我们现在所处的世界充满了极端病态的财富和收入不平等、怪诞的错误信息氛围、日益官僚化的交易和交往以及全球性的环境危机；在此环境中，认知正义呼唤批判理性的反思能力（reflective capacities of critical reason）和实践，要求为个人和集体经常性地运用这样的能力提供各种机会；而典型的助推或者绕过真正公开的反思和审视（deliberation），如在商店里设计食品摆放方式来引导孩子选择健康食品，或者引入狭隘的实践思维，期待把行动者引入预先选定的推理轨道，以达到想要的目标，如利用从众心理告诉大学生不酗酒的人数占多数从而减少大学生酗酒现象。这都不是在引入、寻求或开启批判性反思和审视。因此，在既有的选项或偏好之间进行自由选择，同自主的、批判的、目标开放的实践性审视，有着重大的不同。助推只是尊重前者，但可能削弱后者。①

助推在实践效用方面也饱受质疑。例如，怀特认为，自由—家长主义声称助推可以让人们作出他们愿意做的选择。这是不可能的，除非助推者知道人们的真正利益所在，但助推者无法做到。有不计其数的方式来解释选择的理由，如愿望、需求、原则、理想等，只有人们自己可以了解其真实利益。人们并非仅仅因为自己不够了解或自控力有问题才去吃不健康的食品，而可能是有别的理由。这些理由对于一个重视健康的经济学家而言可能是不成立的，但对作出选择的人而言没有任何问题。所以，助推并不能实现其所宣称的作用。②

威廉·格洛德（William Glod）也指出，在什么对某人而言是真正有好处的问题上，存在着信息制约。有些助推在寻找目标主体自己的规范标准方面往往是失败的，对于相当数量的主体而言并不能给他们带来好处，也就没有实现家长主义的目的。③ 利博内托进一步论证，即便人们的偏好可以得到确切的掌握和表达，在策略博弈的场合，如囚徒困境、公地

---

① See Even Riley, "The Beneficent Nudge Program and Epistemic Injustice", *Ethical Theory and Moral Practice*, Vol. 20, pp. 608, 614-615 (2017).

② See Mark D. White, *The Manipulation of Choices: Ethics and Libertarian Paternalism*, Palgrave Macmillan, 2013, p. 61.

③ See William Glod, "How Nudges Often Fail to Treat People According to Their Own Preferences", *Social Theory and Practice*, Vol. 41, pp. 599-617 (2015).

悲剧等,理性的行为人也不一定会作出对自己最有利的选择。换言之,理性是问题所在,而不是解决方案。因此,自由—家长主义诉诸理性思维系统来助推个人作出最佳选择是很难得到证成的。①

5. 积极而谨慎的基本立场

如同助推的定义无法于文中尽述一样,助推理论所建基的自由—家长主义以及助推本身的正当性证成及其面临的质疑,也难免于此仅仅为部分呈现。只是,在部分呈现的基础上至少可以简单陈述笔者对待助推的积极而谨慎的基本立场。

第一,由于人类本身的认知与思维局限性,自主的人格并不见得总能作出有益于自己的最佳选择,只要尊重个人自主、不问该选择结果如何的立场,显然在道德上和实践上都会受到批评。

第二,理想的批判、反思、审视人格不会随处出现,甚至在有的时候与自主原则还有紧张关系,故而,是否培养、塑造此人格不应成为评价政府每一项立法和政策道德正当性的唯一依据。

第三,帮助他人作出有益于该人的最佳选择,并不总能实现事先的预期,但以此为由减少甚至杜绝善意相助,在道德上也是无法获得支持的。

第四,当然,利用人类认知和思维的局限、偏向、习惯等,设计人们的选择架构,从而实现助推,毕竟有道德上容有质疑的"操纵"成分,有效用上适得其反的可能性。因此,需要认真、谨慎对待特定助推形式在具体情境中的可容许性和可行性,而不是一味支持和一味反对。

实际上,即便是对助推理论持怀疑、批评立场的,也并不是都绝对地反对一切形式的助推和自由—家长主义。② 而这些基本立场是进一步讨论软法助推所必需的。

---

① Ricardo Rebonato, "A Critical Assessment of Libertarian Paternalism", pp. 29-30, https://papers.ssrn.com/sol3/papers.cfm?abstract_id=2346212, last visited on July 21, 2023. 关于人类思考的两套思维系统:直觉思维系统和理性思维系统,参见〔美〕理查德·塞勒、卡斯·桑斯坦:《助推:如何做出有关健康、财富与幸福的最佳决策》,刘宁译,中信出版社 2018 年版,第 23—27 页。

② See William Glod, "How Nudges Often Fail to Treat People According to Their Own Preferences", *Social Theory and Practice*, Vol. 41, p. 601 (2015); Even Riley, "The Beneficent Nudge Program and Epistemic Injustice", *Ethical Theory and Moral Practice*, Vol. 20, p. 599 (2017).

四、软法助推的意义与局限

由于助推是悄悄地改变人们的行为选择，非但不诉诸强制，甚至不诉诸说服、信息披露以及明显的行为激励，所以，它很自然地会令人联想到软法，联想到软法就有"助推"的功能或功效。然而，二者虽然有相似之处，却存在较大差异。唯有辨清其异同，方可了解软法助推的三种形态，并进一步探究软法助推的作用和局限。

1. 软法与助推的相似和相异

虽然迄今为止关于软法的定义及其表现形式，仍然存在不同的见解，但是，软法不具有法律上的强制约束效力、不由国家强制力直接保障实施的属性，乃是大致的共识。[1] 如果称软法有其效力，应当得到遵守或适用，它的"应当"指向的也只是一种通过说服的约束力。[2] 软法在事实上的效果，即实际上被遵守或实施，并不指向其有任何强制成分。在这个意义上，软法的规范对象有选择是否遵守或实施软法的自由。而选择自由，也恰是自由—家长主义和助推的重要组成部分。

软法与硬法的不同主要在于是否有法律上的强制约束力，但它们皆是行为规范，这一共通之处是无可争议的。而既然是行为规范，那么，制定规范者可以认定是存在干预他人行为企图或意志的。凯尔森（Hans Kelsen）就曾经指出，"人们用'规范'来指：某事应当是或应当发生，尤其是某人应当以特定方式来行为。这就是某些有意指向他人行为的人类行为所拥有的意义"。这些意义包括要求（命令）、允许和授权。[3] 罗豪才、宋功德以不同的方式表达了这种干预企图或意志。"大凡一种社会行为规范，对社会关系都具有调整功能，都应对主体行为选择产生规范、引导、

---

[1] See Francis Snyder, "The Effectiveness of European Community Law: Institutions, Processes, Tools and Techniques", *The Modern Law Review*, Vol. 56, p. 32 (1993); Mariolina Eliantonio, Emilia Korkea-aho & Oana Stefan eds., *EU Soft Law in the Member States: Theoretical Findings and Empirical Evidence*, Hart Publishing, 2021, p. 16.

[2] 参见本书第四讲。

[3] 参见〔奥〕汉斯·凯尔森：《纯粹法学说》（第二版），雷磊译，法律出版社2021年版，第6页。

教育、评价、制裁等功能。"① 就干预他人行为而言,软法与自由—家长主义、助推也有相合之处。

以上两点相似很容易让人得出软法就是助推或软法内含助推思维的结论。然而,软法与原生意义上(塞勒、桑斯坦主张)的助推还是有非常大不同的。

首先,软法并不见得是家长主义立场,也就更不见得是自由—家长主义立场。自由—家长主义和助推所沿袭的家长主义立场是假定干预者比被干预者"更了解他们需要什么或者什么对他们有益"。② 而在一般意义上,软法并没有如此统一的立场。许多时候,软法的产生主要是因为制定有法律上约束力的文件的条件不足或不成熟所致,并非因为某类行为人群体可能作出对其自己不利的选择而进行善意干预。③

其次,软法是行为规范,具有普遍的适用性和公开性。软法指向的是不特定的个人或组织的行为,是以群体特征来界定、划清其意图规范的行为者。虽然也有少量的以不成文惯例形式存在的软法,但诉诸文字和公开发布是其更为普遍的形式。因为,唯有如此,其才能促进有效沟通、说服,以达到行为者自愿的普遍遵守的目标。④ 而助推既有可能是规则形式的,也有可能只是针对特定事件的策略,并且可能是以不公开的、隐蔽的方式进行的。助推主张者所举的普鲁士腓特烈大帝"助推"马铃薯种植和食用的例子就十分典型。⑤

最后,软法更多是诉诸商谈、沟通和说服来获得所指对象的认同和自

---

① 参见罗豪才、宋功德:《软法亦法:公共治理呼唤软法之治》,法律出版社 2009 年版,第 120 页。
② 参见〔美〕史蒂芬·布雷耶:《规制及其改革》,李洪雷等译,北京大学出版社 2008 年版,第 51 页。
③ 尤其是在软法最初源起的国际法语境中,软法的产生主要是因为国家之间对有法律约束力的文件无法达成一致,退而求其次形成的不具有法律约束力但事实上产生行为效果的文件。这些文件包括谅解备忘录、国际行动计划、国际会议通过的关于原则和行动计划的宣言、国际机构通过的国际建议、国际金融机构的操作规程和保障政策(贷款政策以合规为条件)、技术标准等。See Jürgen Friedrich, *International Environmental "Soft Law"*, Springer, 2013, pp. 16-60.
④ 参见本书第二讲。
⑤ 为缓解粮食短缺,鼓励民众接受并种植马铃薯,腓特烈大帝在连下 15 道命令未果的情况下,建立马铃薯皇家种植园,还派庞大显眼的警卫团看守,可又让他们故意放松,结果是民众纷纷潜入实施偷盗,之后,马铃薯被广泛种植和食用。参见〔英〕戴维·哈尔彭:《助推:小行动如何推动大变革》,梁本彬、于菲菲、潘翠翠译,中信出版社 2018 年版,第 4 页。

我约束(遵守服从)。软法的说服力有强弱之分,强说服力需要软法制定者具有较高的权威、软法能够体现更好的"公共善"以及软法制定过程更具协商性、沟通性。^① 就此而言,软法倾向于人们的充分知情、充分认同、充分自我约束、充分合作遵从。如前所述,助推则经常利用人们认知上的局限、偏向和习惯以及心理规律来实现其干预人们行为的目标。如设计默认选项,以影响人们的选择。^② 而在选择架构的设计方面,助推理论本身并不追求设计过程的开放性、沟通性。

2. 软法助推的意义

软法与助推在基本理念、表现形式、产出过程上既然有如此大的区别,二者之间是不是完全风马牛不相及?本讲第一部分提及的有些论者将二者建立联系是不是完全错了?答案是否定的。软法与助推在三种情况下会有结合。

第一,可以通过助推方式来促进软法的实施。

例如,前文提及,对车牌自动识别系统进行认证的体系本身是软法,其评估项中包括系统是否含有透明门户。如果认证体系的标准非常严格,即车牌自动识别系统必须有透明门户,而且,作为用户的行政机关必须使用透明门户,没有任何选择余地,那么,供应商是否进行如此严格的认证,就取决于认证机构和认证体系的市场力量了。若行政机关和行业普遍接受该认证标准,那供应商只能认可和加入。但是,如果认证机构和体系只是新兴力量,或者供应商面临不将其产品进行认证的其他供应商的激烈竞争,供应商就会选择放弃认证。而放弃的供应商足够多,就又会削弱认证体系的影响力。[3] 认证体系的软法作用就无从发挥。

反过来,若认证体系虽然对车牌自动识别系统是否含有透明门户进行评估,但门户是否使用完全取决于行政机关,那么,认证体系试图对警控技术进行柔性规制的目的也无法实现。比较好的方式就是"行政机关

---

① 参见本书第四讲。
② 有研究表明,默认选项不同,点击鼠标同意捐献器官的比率就有显著差别。参见〔美〕理查德·塞勒、卡斯·桑斯坦:《助推:如何做出有关健康、财富与幸福的最佳决策》,刘宁译,中信出版社 2018 年版,第 209—210 页。
③ See Barry Friedman, Farhang Heydari, Max Issacs & Katie Kinsey, "Policing Police Tech: A Soft Law Solution", *Berkeley Technology Law Journal*, Vol. 37, pp. 743-744 (2022).

选择+助推",即透明门户是车牌自动识别系统中的默认选项,只是行政机关可以选择退出默认选项。① 根据助推理论,这种设计或可事实上让更多的行政机关选择使用透明门户,尽管不能强制让所有行政机关都作如此选择。这就是通过助推实施软法的例证。

第二,软法本身可以改变人们的选择环境或背景,发挥助推作用。

例如,在国际金融领域,作为软法的国际金融法,主旨是为公司提供最佳实践或通行做法,对于公司而言并不是助推。但是,它可以影响市场参与者对他人将如何行动或应当如何行动的预期。当投资者因为新的市场或行业情况而不能确定可以预期或要求公司做什么时,国际金融法的作用尤其强大。许多政府机构有市场监管责任,可以获得公司的内部信息或非公开信息。投资者在心理上通常认为自己获得的信息有限,就会注意观察被假定有更多信息的人的行为。因此,投资者会采取与监管者一样的预期,对没有达到软法标准的公司就会提高风险溢价(risk premium),即投资项目风险越大,要求获得的报酬率就越高。公司为了降低风险溢价,吸引投资,就会考虑遵循软法确立的最佳实践或通行做法。由此,国际金融软法助推了投资者的偏好,又反过来促进其本身的实施。②

第三,软法将助推策略规则化。

软法的特殊属性使得其可以通过某种方式将助推策略写在文本之中。例如,风险交流在现代风险规制与风险治理体系中不可或缺。由于风险交流需要多元主体提供更多指引性、开放性、回应性、叙述性的规范,所以,风险交流的制度化往往诉诸软法构建。③ 假设软法制定者希望引入和运用助推,基于人们损失厌恶、风险厌恶的心理,制定类似这样的规范:"风险交流应当在披露风险的时候注意表达的内容和方式,同样的风险概率,不同的表达会有不同的交流效果。例如,若医生告诉患者:'进行

---

① Ibid. 必须指出,严格意义上,该文作者在此将"助推"概念适用于执法机关的选择,已经偏离塞勒、桑斯坦基于自由—家长主义立场的助推了。但是,考虑到这种偏离在相关主题研究中较为普遍,反映论者对助推的不同定义和理解(甚至塞勒、桑斯坦本人也都不能完全保持一致),且不影响"以助推促软法"的核心要义,故在此引为例证。

② See Chris Brummer, *Soft Law and the Global Financial System: Rule Making in the 21st Century*, 2nd ed., Cambridge University Press, 2015, pp. 150-151.

③ 参见本书第八讲。

该手术的100个患者中,手术后五年依旧存活的有90个',患者有可能接受手术;若医生告诉患者:'进行该手术的100个患者中,手术后五年有10个去世',患者很有可能拒绝手术。"[1]在此假设的场景中,助推策略明明白白地转化为软法规范。

由此,软法与助推的结合实际上可以产生三种不同的意义:一是通过助推实施软法,助推是手段,软法及其目标的实现是目的;二是软法可以改变选择环境或背景,突出最佳实践或惯例的显著性,利用行为者的可得性启发心理、从众心理等,助推行为者的偏好,有时反过来又促进软法的实施;三是软法将助推策略规则化,引导助推者作出助推行动,被助推者可以完成软法制定者所期望的选择。本文就用相对简洁的"软法助推"(soft law nudge)一词统称这三种现象,分别以"软法助推 I""软法助推 II"和"软法助推 III"指称之。

现代规制和治理情境中,三种软法助推都可以放入规制工具箱中供监管者——公共的或私人的——选择。若监管者制定出软法,期待行为者遵守和服从,可软法毕竟不如硬法有强制实施的效力,软法的实施就需要借助多种机制或手段。除了沟通、说服,让行为者在完全知情、认可的基础上接受软法以外,利用认知和心理规律的助推,也是一个可能有效的选择。此是软法助推 I 的机理。软法助推 II 的机理则是监管者通过软法将其所期待的行为选项系统化、凸显化,引起行为者或利害关系者的注意,并影响相应的行为抉择。软法助推 III 的机理是直接告诉助推者应该如何进行助推,以实现对被助推者行为的影响。

在实践中,三种软法助推还可以混合使用。例如,软法既规定行业最佳实践或惯例是什么,以助推投资者对公司是否符合最佳实践或惯例的关注(软法助推 II),又同时规定监管者可以将合规程度高的公司给予较高的评级,以加强该公司对公众的可得性启发(软法助推 III);无论是软法所载的行业最佳实践或惯例,还是监管者进行的评级,都有可能助推投资者在众多公司之间进行的投资选择,而投资者的偏好及其投资行为又反而促成需要获得投资的公司更多地转向接受和服从软法,从而使软法

---

[1] 关于医生与患者之间交流的场景假设,受启发于塞勒、桑斯坦的助推事例。See Richard H. Thaler & Cass R. Sunstein, *Nudge: Improving Decisions About Health, Wealth, and Happiness*, Yale University Press, 2008, p. 36.

得到广泛的实施(软法助推Ⅰ)。

3. 软法助推的局限

无论何种意义的软法助推,并不总是可以收到预期的效果,而且,也会面临道德正当性的质疑。软法与助推各自的局限都会在软法助推里显现出来。

(1) 软法助推Ⅰ

就软法助推Ⅰ而言,软法本身是不会被强制实施的,不具有强制的约束力,与软法不符的行为也不会受到制裁。若要以助推的方式促进软法实施,就必须了解清楚软法所指对象的偏好是什么,以及如何才能通过选择架构的设计,利用认知和心理规律改变对象的行为选择。然而,前文提及的信息约束会阻碍对行为者真正偏好的了解,而且,同样的选择架构并不见得总是产生类似的效果。

例如,助推理论指出,根据经验研究,默认选项对于人们的行为选择(如是否同意捐献器官)有着重大影响,推定同意的人数比例显著高于选择同意的。① 然而,默认选项是否会对所有的行为选择产生类似的效果呢?当默认选项明显与行为者更加关切的利害相冲突,行为者是否仍然会不经更多思量地选择默认规则,就很难定论了。行为者更有可能感受到需要认真权衡的时刻,将默认选项可能带来的得失进行细致计算,而后作出是否退出默认选项的选择。在软法规范人工智能警控技术的场合,即便人工智能系统中的默认选项是执法机关公开警控技术的使用情况,但在一个普遍倾向于不公开且公开可能带来更多执法不便或社会不稳定或上级追责的环境中,执法机关更有可能选择退出默认选项,改为不使用透明门户。

在道德伦理上,类似默认选项的设定等,在特定情形中也会引发正当性质疑。因为,它是利用了人们习惯于维持现状的偏向,作为推进软法实施的机制,而不是依托软法主张者所设想的沟通、说服的机制。将"现状"设定为软法助推者希望人们作出的选择,虽然或许可以达到效果,但在理

---

① 参见〔美〕理查德·塞勒、卡斯·桑斯坦:《助推:如何做出有关健康、财富与幸福的最佳决策》,刘宁译,中信出版社2018年版,第209—211页。

论上,它不仅存在助推反对者所揭的无助于自主人格保障和成长的问题,也放弃了软法的沟通正当性基础;若软法是政府制定的、助推也是政府策划的,更有可能会令人怀疑政府伸手过长的干预。

例如,假设法律没有强制要求在职员工都必须加入一个退休储蓄计划,即必须将自己工资收入的一部分放在该计划中,以保障其退休后可以享受基本的生活水平,不至于发生"退休贫困"。[①] 监管者制定出软法性质的退休储蓄指南,鼓励在职员工自愿加入。又假设员工已经加入,但在一年一度的退休储蓄计划主动续展过程中,员工却没有主动进行选择,那么,默认选项可以设定为维持现状,而不是没有选择即视为退出,如此更有利于员工继续退休储蓄。[②] 然而,或许有反对者会批评到,员工没有主动选择,并不一定是因为粗心大意,而可能是有别的用钱计划;更何况,这样的默认选项会助长员工的粗心、依赖,也会偷偷地听任员工维持现状的认知偏向,对其理性能力的发展不利。

(2) 软法助推 II

就软法助推 II 而言,软法将制定者所期望的行为选项凸显化,利用可得性启发心理、从众心理,是否的确能收到助推效果,姑且不论。更为重要的是,这些行为模式之所以未被硬法规定下来,很有可能就是存在不同的认识和强烈的反对意见。因此,监管者虽然希望行为者选择这些假设更好的行为模式,但实践中,更为普遍的行为模式并非软法所推荐的,而监管者对更为普遍的行为模式也没有任何抑制手段。那么,行为者(如公司)仍然会从众,利害关系者(如投资者)也不会认为没有达到软法标准就一定是高风险的,就一定需要风险溢价来对应。

(3) 软法助推 III

就软法助推 III 而言,软法与助推合为一体,由于软法的成文性、制定

[①] 在有些国家,没有加入退休储蓄的老人会陷入贫困。根据美国人口普查局的《补充的贫困指标》(Supplementary Poverty Measure),65 岁以上的老人是美国 2021 年贫困率上升的唯一年龄组,从 2020 年的 9.5% 上升到 2021 年的 10.7%。See Summer Lin, "'You Don't Want to Live Anymore.' California's Seniors Living in Poverty Struggle Without Retirement Savings", Los Angeles Times, https://www.latimes.com/california/story/2022-10-15/californias-senior-population-is-struggling-to-get-by-without-retirement-savings, last visited on July 21, 2023.

[②] 这个假定的事例得益于塞勒、桑斯坦关于退休储蓄计划助推事例的启发。See Richard H. Thaler & Cass R. Sunstein, *Nudge: Improving Decisions About Health, Wealth, and Happiness*, Yale University Press, 2008, pp. 11-12.

过程的协商性、沟通性等,助推可以部分地避免偷偷摸摸操纵的指责。例如,尽管在风险交流过程中接受软法指引的助推者同被助推者之间的沟通,像前述医生与患者的沟通那样,仍然会使特定的被助推者在不知不觉中受影响,但这样的软法是公开的,不是隐秘的,对被助推者而言也是可得的。获悉该软法的被助推者,完全有可能仍然会作出同样的选择。

但是,由于助推为软法所规定,软法本身又不具有强制约束力,是否遵循软法的指引,动用其规定的助推方式,完全取决于受指引者对软法的认可程度。受指引者的认可与否,又是由多种因素造成的,如在价值观上是否接受助推这种"操纵"人们行为的方式,是否会羞于被指责是在"操纵",软法及其规定的助推是否得到较大范围的遵从,软法及其规定的助推是否确实收到了让被助推者受益或实现公共善的目标,等等。任何一种因素都会影响受指引者的认可程度;认可程度越低,软法助推 III 的局限也就越加明显。

五、更好软法助推的规范

世界上从未有完美无瑕的制度。作为监管工具的软法与助推的结合,在三种不同意义上呈现,既有其潜在的效用,也难免局限以及质疑。完全杜绝局限或质疑是不可能的,但是,如何通过规范,以使软法助推的积极效用得以更好发挥,是需要认真对待的问题。虽然这个问题应该结合不同软法助推的形式在特定情境中的特定应用逐案考虑,方能更具针对性,但是,大致上,软法助推在公共监管中的运用应当受到以下规范的约束。

1. 软法助推应当有充分的理由说明

如前所述,助推理论的兴起与行为经济学、认知心理学等有着密切的关联,助推的有效与否,相当程度上取决于助推策略的确定是否有坚实的经验研究作为其依据。助推的支持者一般都会援用相关学科的实证研究成果,以支持其观点。因此,无论是希望通过助推促进软法的实施(软法助推 I),还是由软法本身实现助推(软法助推 II),或者用软法将助推方式规则化(软法助推 III),都需要在设定前获得以经验为基础的论证,从而为其必要性和可行性提供理由说明。其中,尤其需要注意的是,不同行为者群体的认知偏向或许会有明显差异,对于同样的或者同类的选项架构设计,可能会出现相差较大的反应。比如,对于普通民众而言,选择软件系统的默认选项可能较为普遍,但并不见得对公务机关有同样的效果。若缺乏经验研究、缺乏充分的理由说明,就不能轻易进行软法与助推的结合。

2. 软法助推应当服务于公共善

软法与助推的任何结合的目的都必须是为了实现公共善(public good),这是软法有效性的条件所决定的[①],也是助推的价值所决定的。[②] 因此,在软法助推 I 中,被助推的软法本身应该符合该目的要求;在软法助推 II 中,软法本身可以实现助推作用,该助推的方向应该与公共善一致;在软法助推 III 中,软法将助推策略规则化,包括但不限于在什么情形下、可以适用什么助推方法、以实现什么目的等,其所含的目的和手段也应该是合乎公共善要求的。

软法助推是否能够实现公共善,取决于多种复杂因素。相对而言,如果行为者所处的情境充满了令人生厌的选择,助推设计者或实施者是具备专业知识、经验和能力的,是足够胜任的,对于助推目的而言又是利益中立的,而且,行为者个人偏好的差异性并不重要或者是比较容易评估的,那么,实现有益于人民的助推的可能性就会很高。软法助推的设计必须考虑到这些因素。

3. 软法助推应当公开、透明

软法不同于潜规则,尽管少量地存在不成文形式,但绝大多数都是公开、透明的。在此意义上,软法助推 II、软法助推 III 基本并不存在公开、透明的问题。只是为了避免暗地里操纵的指责,可以考虑在软法制定的过程中或者发布后,就软法与助推的关系——如软法会有助推功效或软

[①] 参见本书第四讲。
[②] "对助推的评价取决于它们的效应——它们是损害人民还是帮助人民。"See Richard H. Thaler & Cass R. Sunstein, *Nudge: Improving Decisions About Health, Wealth, and Happiness*, Yale University Press, 2008, p. 247.

法是把助推规则化了——进行必要说明。相比较而言,暗地里操纵风险最大的,当属软法助推Ⅰ。减少此类风险的方式是,在确定使用助推促进软法实施之前或之后,将该决策及其理由说明予以公开。

至于助推原本给人的印象是悄悄地、轻轻地推动,公开是否会使其失去效用或不再是助推的问题,已有论者进行讨论。首先,塞勒、桑斯坦本人都支持"公开原则是约束和实施助推的良好准则"。因为政府若采取了一项不能公开辩护的政策,一旦该政策及其理由被披露,政府就会非常尴尬甚至更糟;更为重要的是,政府就无法表明其对人民是尊重的。当政府鼓励人们为未来进行更多储蓄、捐献器官或减少年龄歧视时,不应该对其所做的事秘而不宣,而是应该很乐意披露其方法和动机。①

其次,安德里亚斯·施密特(Andreas T. Schmidt)指出:一则,已有经验研究初步表明,透明并不会使助推完全失效。二则,当某人认识到助推符合其偏好的时候,通常会有两种可能的反应:偏好反应(preference effect),即愿意按照助推行事,以顺应自己的偏好;对抗反应(reactance effect),即逆着助推行事,即便助推更有利于其偏好。经验研究也表明,如果完全透明的助推成功地抓住了人们的利益和信念,偏好反应远胜于对抗反应。三则,即便假定透明会使助推效用减弱,也可以将其视为一种交换。只要在价值观上不允许人们偷偷摸摸地施加意志于别人身上,那么,就应该接受一定效用的损失。②

最后,助推的公开透明是否会使其失去效用问题也与如何公开透明是合适的有关。就后者而言,政府只是公开助推的类型——如宣称为了打击暴力犯罪、酗酒和偷漏税而进行潜意识广告(subliminal advertising)——是不够的。③ 但是,每适用一次助推都要告诉被助推者也是不现实的。因此,只要原则上助推的每次适用对于一个警觉的人(watchful person)而言是相对容易识别和理解的,这就做到了公开透明,

---

① See Richard H. Thaler & Cass R. Sunstein, *Nudge: Improving Decisions About Health, Wealth, and Happiness*, Yale University Press, 2008, pp. 245-246.
② See Andreas T. Schmidt, "The Power to Nudge", *The American Political Science Review*, Vol. 111, p. 409 (2017).
③ See Richard H. Thaler & Cass R. Sunstein, *Nudge: Improving Decisions About Health, Wealth, and Happiness*, Yale University Press, 2008, pp. 245-246.

且不会失去其效用。具体而言,第一,关于运用什么类型的助推以达到什么目的的辩论和声明是公开的;第二,助推适用情形的识别、其工作机制的理解是比许多其他公共政策更容易的;第三,即便有些助推不是那么容易注意到,如食品摆放位置或者餐盒大小对健康饮食的助推,但人们稍加警觉就可以发现,而无须不合理的成本。①

以上关于助推公开性的讨论及其演绎出来的规范,可以适用于软法助推的情形。

4. 软法助推应当受到民主控制

软法助推仅仅做到公开透明是不够的,还应符合民主控制的要求,即人民可以通过各种方式对软法助推进行必要的控制,使其既能实现预设的效用,又不至于异化为事实上剥夺或限制人们选择自由的操纵手段。软法与助推就其属性而言,都是赋予人们选择自由的。但是,一则,软法即便是公开的,也有可能出现与硬法或硬法原则、精神相抵触的情形,也有可能出现违背"公共善"的情形,只是因为软法所指对象对此没有及时察觉,或者对软法制定者权威盲目服从,而使得软法在一定范围内被普遍遵守。在此姑且称之为"不良软法"。在软法助推 I 中以助推方法实现"不良软法",在软法助推 II 中以"不良软法"发挥助推效用,都是应该予以避免的。二则,助推若利用人们的认知和心理规律,去实现不合法或不正当之目的,或者基本无法确保人们意识到自己有选择余地,也是应当避免的"不良助推"。可以确定的是,软法助推 III 不应将这样的助推规则化。三则,无论哪种软法助推,若无法实现预设的效用,也是应当适时摒弃或调整的。

为了防范上述情形出现,在软法助推确定的过程中,不仅应该有必要的利益代表者和专家的参与,对软法、助推以及二者的结合,有充分的协商、沟通,而且在软法助推实施以后,也应该对其效用进行严格的审查和讨论。安德里亚斯·施密特主张应当对助推进行民主控制,他提到:"迄

---

① See Andreas T. Schmidt, "The Power to Nudge", *The American Political Science Review*, Vol. 111, pp. 410-411 (2017).

今为止,在美国和英国的助推方案受到媒体和学术界的广泛关注,助推方案的报道是可以公开获得的。更何况,助推的支持者也倾向于立足于证据的公共政策方法。"[1]同理,对于软法助推而言,让其得到审视的、可争议的环境,就可以通过民主控制让其更多发挥积极、正当的效用,克服其潜在的局限性。

---

[1] See Andreas T. Schmidt, "The Power to Nudge", *The American Political Science Review*, Vol. 111, p. 412 (2017).

第七讲　软硬法混合治理的规范化进路

一、引言：软硬法混合治理的法治紧张症

公共领域的软硬法混合治理，不仅仅是一个普遍存在的事实，更被认为是应当采取且推广的规范模式。① 2019 年底开始的新冠疫情防控，似乎进一步提供了印证和支持。在世界范围内，软法（soft law），或软法指令（又可称柔性指令，soft directive），或软法手段（又可称柔性方式，soft approach），被认为是有效治理疫情的工具之一。② 我国也不例外。自 2020 年 1 月至 2023 年 1 月，在国务院应对新型冠状病毒感染的疫情联防联控工作机制（以下简称"联防联控机制"）及其所属小组发布的 155 份文件中③，文件名称明确出现"指导"（3 份）、"指引"（4 份）和"指南"（16 份）

---

①　软法、硬法混合治理的概念，是由罗豪才、宋功德首次提出，其指向改革开放以来公共领域一直存在的法律治理结构。参见罗豪才、宋功德：《认真对待软法——公域软法的一般理论及其中国实践》，载《中国法学》2006 年第 2 期。

②　关于欧盟的情况，See Oana Stefan, "Covid-19 Soft Law: Voluminous, Effective, Legitimate? A Research Agenda", *European Papers*, Vol. 5, No. 1, pp. 663-670 (2020)。关于日本的情况，See Andrew Gordon, "Explaining Japan's Soft Approach to COVID-19", https://epicenter.wcfia.harvard.edu/blog/explaining-japans-soft-approach-to-covid-19, last visited on Dec. 25, 2020; Susumu Cato, Takashi Iida, Kenji Ishida, Asei Ito & Kenneth Mori McElwain, "The Effect of Soft Government Directives About COVID-19 on Social Beliefs in Japan", April 16, 2020, https://ssrn.com/abstract=3577448, last visited on Dec. 25, 2020。在美国发生的事例，See Robert Salonga, "Police taking soft approach to COVID-19 shelter enforcement", https://www.mercurynews.com/2020/03/17/no-ones-going-to-jail-over-this-police-taking-soft-approach-to-covid-19-stay-at-home-enforcement/, last visited on Dec. 25, 2020。

③　笔者于 2025 年 5 月 22 日在"北大法宝·法律法规数据库"中通过多种方式检索获得的国务院应对新型冠状病毒感染的疫情联防联控工作机制及其小组发布的文件数量。需要说明的是：第一，该数目是在减去经过修订的文件数之后所得（下文的统计数字也是减去修订文件数之后所得）；第二，实际发布数量是否与数据库收集的不一致，不得而知，但并不影响此处的分析。

的总计 23 份,占比 14.8%。这个数据还没有计算其他名称虽未含有此类词语但实质内含"柔性规则或指令"的文件。毋庸置疑,我国治理疫情的绩效必定有此类文件的功劳。

然而,这些"名义上的软法"并非都是"实质上的软法"。它们不仅在事实上被绝大多数其所指向的受规范主体遵守,而且,有些文件的措辞内含强制性命令或要求,有些文件则成为国家机关对违反者进行惩戒制裁的依据,或者成为解决纠纷、化解矛盾的依据。事实上被遵守的规则并不一定会使其成为具有拘束力的硬法;但是,被国家机关视为应当遵守或依据的规范,就具有了可以实现拘束效果的硬法性质。进而,这些披着"软法"外衣却有"硬法"实核的规范,实际有可能是未得到授权的主体颁布的,制定的事前或事后程序又不具公开性,且是否具有强制实施效力又不确定。由此就会导致其合法性或正当性易受质疑的"法治紧张症"。

本讲的目标即通过观察新冠疫情防控中充分显现的软硬法混合治理现象,以此为切入点,剖析以往主张软硬法混合治理的理论未予充分揭示的"法治紧张症",并尝试给出一个解决该问题的规范化进路。为此,第二部分将通过对文件、事件和司法裁判的例举,展示一幅新型冠状病毒疫情软硬法混合治理的图景,尤其是"名义软法"混合"实质硬法"的状况;第三部分指出,这个图景里至少存在三个与法治相悖的问题,使得软硬法混合治理内在地呈现出"法治紧张";第四部分则希望对复杂的软硬法混合治理模式给出一个可行的规范化路径,即通过制定统一硬法的方法,对软法性质行政规则和硬法性质行政规则的制定提出一系列各自区别、有针对性的要求,以约束当前行政机关在软硬法规则的选择上较为任意的权力,笔者称之为"统一又区别的规范化进路";最后一部分,作为结语,将对该进路超越疫情防控领域、超越应急治理领域在现代法治图景中的意义作简要的阐明。

二、"名义软法"混合"实质硬法"现象

治理新冠疫情所依赖的硬法框架,基本由《传染病防治法》(2013)、《传染病防治法实施办法》(1991)、《突发事件应对法》(2007)[①]、《突发公

[①] 《突发事件应对法》已经于 2024 年修订。

共卫生事件应急条例》(2011)等法律法规组成,再配以具有强制约束力的诸多规章和其他规范性文件,包括但不限于《国家突发公共卫生事件应急预案》(2006)、《国家突发公共事件医疗卫生救援应急预案》(2006)等。2003年"非典"(SARS)的流行,对突发传染病防治法律体系的改革和完善有着重要的促进作用[①];该法律体系也经受住了2009年甲型H1N1(俗称"甲流")病毒的考验。

然而,此次大流行的新型冠状病毒(COVID-19),与显性传染的SARS相比,潜伏期长(最长可达24天),无症状感染者也可能成为传染源,不易识别和防范;其致死率虽远低于SARS,但传播性更强,且患者的临床表现差异更大。[②] 新冠病毒的大面积和长时间传播、对感染者健康影响的不确定性,使得新冠疫情的治理至今仍然令人心生恐惧。而这些特征都是在逐步的、消耗时间的过程中被认知的。在我国,新冠疫情早期的应对以及疫情持续期间应对措施的严格性,都与此有关,也引发了包括《传染病防治法》《突发事件应对法》在内的硬法体系需要进一步改革完善的广泛讨论。

同时,如前所述,自新型冠状病毒肆虐伊始,为应对疫情,在国家层面和地方层面都先后出台了大量的、难以计数的、名称中出现"指导""指引""指南"等词汇的文件。[③] 尽管"非典"时期也有此类名称的文件[④],但相较之下,数量显然不及此次。仅从名称观之,这些文件不宜列为《立法法》承认具有法渊源地位、有着法效力的法律、法规和规章。因为,全国人大及

[①] 1989年制定的《传染病防治法》汲取应对"非典"教训,于2004年修订。《突发事件应对法》的起草也是在2003年5月,由原国务院法制办组织起草的。参见曹康泰:《突发事件应对法的立法背景和主要内容》,载《中国应急管理》2007年第10期。

[②] 参见梁楠、杨静、张弨:《新型冠状病毒肺炎(COVID-19)和严重急性呼吸综合征(SARS)药物治疗中的共性和差异探讨》,载《中国药事》2020年第5期。

[③] 此类文件可谓不胜枚举,但为说明自抗击疫情最初阶段即已出现,仅举几例。如:国家卫生健康委员会办公厅于2020年1月26日发布的《新型冠状病毒感染的肺炎防控中常见医用防护用品使用范围指引(试行)》;国务院应对新型冠状病毒感染的肺炎疫情联防联控机制于2020年1月29日发布的《公共交通工具消毒操作技术指南》;国家市场监管总局于2020年2月1日发布的《市场监管总局关于新型冠状病毒感染肺炎疫情防控期间查处哄抬价格违法行为的指导意见》。

[④] 例如,2003年5月4日,原卫生部办公厅发布《传染性非典型肺炎医院感染控制指导原则(试行)》;5月27日,原卫生部办公厅发布《传染性非典型肺炎诊疗工作中医务人员防护指南(试行)》。

其常委会制定的法律必冠以"＊＊法"之称谓,国务院制定的行政法规以"条例""办法""规定"等为其名称①,规章则被称为"规定""办法",不得称其为"条例"。② 法律、法规和规章一般被认为是硬法的载体,虽然也不乏软法规则在其中,但毕竟只是少量、零星的存在。③ 而名称为"指导""指引""指南"等的文件,若单纯顾名思义,其应该不具有拘束效力,仅仅是期待个人或组织斟酌利害或信念而自愿遵守,故通常是软法的载体。④

然而,在现实世界中,名实不相符之事并不鲜见。这些名义上看似是软法的文件(以下简称"名义软法"),至少在三个维度上观察可知其混合有实质的硬法。

1. 内含强制性命令或要求

通常,在形式上显为硬法(如法律、法规和规章)的法律文本中,与特定的行为模式相关联的"应当""应该""必须""禁止""不得"等语言形式,意味着立法者向行为者发出了规范性的、强制性的命令或要求,使行为者知道其承担的"做什么"(作为)或"不做什么"(不作为)的义务。在这些命令或要求的基础上,法律文本还常伴以设定违法后果的条款(法律责任条款),以起到威慑作用,促使行为者遵守相应的命令或要求。这些规范性语词的存在,构成了硬法的核心特征之一。

当然,并非所有的出现"应当""应该""必须"等语词的条款,必然是硬法。若此类条款没有相应的法律责任内容,即便有规范性语词,其并未被赋予强制性、命令性的意义和性能,从而实际是指导性、倡议性的规则,即属于软法范畴。如《老年人权益保障法》第8条第2款规定的"全社会应当广泛开展敬老、养老、助老宣传教育活动,树立尊重、关心、帮助老年人的社会风尚"。《基本医疗卫生与健康促进法》第3条第1款规定的"医疗卫生与健康事业应当坚持以人民为中心,为人民健康服务"。但是,几乎可以肯定的是,绝大多数含有"禁止""不得"等语词的规则,都是有与之匹

---

① 参见《行政法规制定程序条例》第5条。
② 参见《规章制定程序条例》第7条。
③ 硬法中的软法指法律、法规、规章中没有明确法律责任的条款。参见姜明安:《软法的兴起与软法之治》,载《中国法学》2006年第2期。
④ 例如,指导、指引、指南等文件是经济法领域中常见的软法现象。参见程信和:《硬法、软法与经济法》,载《甘肃社会科学》2007年第4期。

配的责任规定的。

因此,在应对新冠疫情的"名义软法"文件中,不能断言含有"应""应当""应该""必须"等语词的规定就是硬法规则。如中国疾病预防控制中心发布的《新型冠状病毒防控指南(第一版)》规定的"家庭成员应生活在不同房间,如果条件不允许,应至少保持 1 米距离,分床睡。可疑症状者应减少活动,限制居住空间,确保需要共用的空间(如厨房和卫生间)通风良好(保持窗户持续开放)",显然是建议性的,并不会有强制实施的罚则紧随其后。

然而,"名义软法"文件的确存在大量此类规范性语词,且实际内含强制性命令或要求。例如,国家卫生健康委员会办公厅在印发《新型冠状病毒感染的肺炎防控中常见医用防护用品使用范围指引(试行)》时明确指出,该指引是"为指导合理使用医用防护用品"而制定的,是"请参考使用"的。① 但是,其中的"禁止戴手套离开诊疗区域"、"禁止戴着护目镜离开"使用区域、防护面罩/防护面屏"如为一次性使用的,不得重复使用"、"禁止戴着防护面罩/防护面屏离开诊疗区域"、"禁止穿着隔离衣离开"使用区域、"禁止戴着医用防护口罩和穿着防护服离开"使用区域等规定,就其措辞的严厉性和绝对性而言,很难将其视为仅仅是参考性的建议。更何况,该指引在地方上被作为"规范性文件"转发到各级各类医疗机构,作为"反复、密集的检查督导"的依据,出现问题会被责令整改。②

2. 作为行政机关对违反者进行惩戒制裁的依据

有些"名义软法"文件,实际上就是提供了学界和实务界长期以来关注的行政裁量基准。例如,2020 年 2 月 1 日发布的《市场监管总局关于新型冠状病毒感染肺炎疫情防控期间查处哄抬价格违法行为的指导意见》(国市监竞争〔2020〕21 号,以下简称"21 号文")。全文基本上是对疫情防控期间哪些涉及防疫用品和民生商品市场价格的行为,可以认定为

---

① 参见《国家卫生健康委办公厅关于印发新型冠状病毒感染的肺炎防控中常见医用防护用品使用范围指引(试行)的通知》(国卫办医函〔2020〕75 号)。

② 参见钱磊、赵坤玉、和丽芬:《丽江市新型冠状病毒感染的肺炎疫情防控工作第二次新闻发布会问答实录》,发布于 2020 年 2 月 7 日,https://www.lijiang.gov.cn/ljsrmzf/c101803/202002/b0ea3928981e4daf89ea847878558bc3.shtml,最后访问时间:2025 年 5 月 23 日。

《价格违法行为行政处罚规定》第6条第(一)(二)(三)项所指哄抬价格的违法行为,对哪些行为"按无违法所得论处",以及哪些行为按"情节较重或者情节严重的罚则进行处罚"等问题给出具体指令。该指导意见还授权省级市场监督管理部门"根据本意见……出台认定哄抬价格违法行为的具体标准以及依法简化相关执法程序的细化措施"。

在此之前,有些地方已经出台疫情期间严厉打击价格违法行为的通知、通告或公告,但大多在名称上并未出现"指导意见"这一用词,且文件内容也明显指向严格执法。[①] 而有的以"指导意见"命名的文件,实际内含鲜明的强制性命令或要求,尤其是关于防疫用品、基本民生商品"一律不得涨价"的规则,过于极端,令人关注。[②] 国家市场监管总局21号文第5条给出的认定"哄抬价格"行为的规则,具有纠偏的作用与效果。[③] 在21号文之后,西藏、贵州、内蒙古、广西等地也先后在该文基础上发布有关指导意见。可见,正如21号文自身明确指出的,对于"各级市场监管部门查处哄抬价格违法行为",其既有"强化"之意,也有"规范"之图。换言之,"指导意见"的名称并未使之成为真正的软法。

关于行政裁量基准的性质和效力,学界向有不同的观点。有论者梳

---

① 例如,参见《天津市市场监管委关于稳定蔬菜等日常生活必需品价格维护市场价格秩序严厉打击价格违法行为公告》(津市场监管价监〔2020〕3号)、《黄石市新型冠状病毒感染的肺炎疫情防控指挥部关于严厉打击价格违法行为的通告》(2020年1月25日)。

② 例如,参见《海南省市场监督管理局关于新型冠状病毒感染的肺炎防控期间哄抬价格违法行为认定与处理的指导意见》(2020年1月28日)规定:"海南省新型冠状病毒感染的肺炎公共卫生事件Ⅰ级、Ⅱ级应急响应期间,与疫情防控相关的口罩、消毒用品、温度计等商品一律不得涨价。凡涨价的,依据《中华人民共和国价格法》以'哄抬价格'定性查处。"《青海省市场监督管理局、青海省发展和改革委员会关于在新型冠状病毒感染的肺炎疫情防控期间有关价格违法行为认定与处理的指导意见》(2020年1月28日)规定:"在青海省新型冠状病毒感染的肺炎疫情引起的重大突发公共卫生事件一级响应期间,与疫情防控相关的医用商品、防护消毒商品,与人民群众日常生活密切相关的果蔬、农畜等食用农产品,米、面、油等食品,交通费等一律不得涨价。凡涨价的,依据《中华人民共和国价格法》以'哄抬价格'定性查处,重点查处造谣惑众、带头涨价、情节恶劣的极少数违法经营者。"

③ 该条第1款规定:"经营者出现下列情形之一,可以认定构成《价格违法行为行政处罚规定》第六条第(三)项所规定的哄抬价格违法行为。(一)在销售防疫用品过程中,强制搭售其他商品,变相提高防疫用品价格的;(二)未提高防疫用品或者民生商品价格,但大幅度提高配送费用或者收取其他费用的;(三)经营者销售同品种商品,超过1月19日前(含当日,下同)最后一次实际交易的进销差价率的;(四)疫情发生前未实际销售,或者1月19日前实际交易情况无法查证的,经营者在购进成本基础上大幅提高价格对外销售,经市场监管部门告诫,仍不立即改正的。"

理归纳为"规则化裁量基准观"(效力肯定)、"软法裁量基准观"(软法效力)以及"具体化裁量基准观"(效力否定)等,但各种学说的共性之处是,行政机关原则上应当遵守裁量基准,但有正当理由的,可以"逸脱"之。① 也有论者认为,裁量基准的效力实际上是"在软法与硬法之间",可以借助硬法保障方式或机制发挥"硬"的作用。②

其实,裁量基准的原理和实际功效已经很难将其定性为"软法"。就原理而言,一则,裁量基准就是为规范裁量权行使而存在的,有强烈的拘束意图;二则,由于平等对待、信赖保护等行政法原则的要求,裁量基准的约束力也是刚性的③,若无正当理由,裁量基准的逸脱适用会被认为不能同等情况同等对待或者反复无常、恣意妄为。就实际功效而言,一则,作为个体的执法者鲜有动力去发现和慎思逸脱适用裁量基准的正当理由;二则,逸脱适用需要经过严格的报批程序④,在理论上可以起到防止随意逸脱适用的情形,而在实务中就成了个案正义的阻力。

洪湖市华康大药房被处罚一案即可作为例证。2020年2月5日,洪湖市市场监督管理局依据省市场监督管理局发布的《关于新型冠状病毒感染的肺炎防控期间有关价格违法行为认定与处理的指导意见》(鄂市监竞争〔2020〕3号),对华康大药房作出没收违法所得14,210元、罚款42,630元(违法所得的3倍),合计罚没56,840元的决定。事实理由是,洪湖市华康大药房销售一次性口罩38,000个,购进价格0.6元/只,销售价格1元/只,其购销差价额高过湖北省指导意见规定的15%标准,属于哄抬价格。⑤ 虽然该处罚决定与立法尤其是裁量基准一致,但也不免令人产生质疑。在疫情期间防疫用品紧张的情况下,能够从企业自身有的进货渠道购得防疫用品,又以大众可以接受的销售价格(1.0元)销售,将此类行为认定为违法并处以没收违法所得加3倍罚款的处罚,是否超出

---

① 参见王天华:《裁量基准与个别情况考虑义务——周文明诉文山交警不按"红头文件"处罚案评析》,载《交大法学》2011年第1期。
② 参见周佑勇:《在软法与硬法之间:裁量基准效力的法理定位》,载《法学论坛》2009年第4期。
③ 参见周佑勇:《裁量基准的正当性问题研究》,载《中国法学》2007年第6期。
④ 同上。
⑤ 参见《华康大药房销售口罩一元一个被罚,官方回应!》,https://www.sohu.com/a/372672906_774523,最后访问日期:2020年12月25日。

了普通理性人认定合理的范围?①

3. 作为司法机关解决争议、处理纠纷的依据

关于软法的主流学说认为,软法区别于硬法的根本特征是:软法"不具有法律约束力,不可以由法院强制执行",软法本身"一般不具有司法适用性"。② 若规则可以为法院所引,用于解决当事人之间的争议和纠纷,意味着其是无论当事人意愿如何而可强制适用的,就不属于典型的"软法"范畴。当然,若法院裁判引用软法规则,仅在加强其对硬法规则的解释的说理性,而不是作为解释硬法规则的唯一依据,那么,这并未影响该规则的软法属性。③ 此外,若法院坚持引用本来属于软法的规则,作为其裁判决定的唯一或主要依据,且法院尤其是整个法院系统对同类争议的解决持续采取这一司法进路,那么,该规则就由软法转变成了硬法。

此处所关注的抗击疫情的"名义软法",确有不少是直接被法院用作裁判依据的。例如,前述国家市场监管总局发布的21号文,不仅是市场监督管理部门的执法依据和裁量基准,而且,当市场监督管理部门据此作出相应处罚决定以后,当事人拒绝执行处罚的,法院会认为"适用法律准确"而支持执法部门。④ 再如,在"孙乔与湖北省中医院医疗服务合同纠纷案"⑤中,原告因鼻部出血两小时到被告处就诊,除原告请求进行的检

---

① 类似评论,参见谭浩俊:《进价0.6元的口罩卖1元,药房算不算哄抬物价?》,http://www.bjnews.com.cn/finance/2020/02/13/688580.html,最后访问日期:2020年12月25日。
② 参见罗豪才、毕洪海:《通过软法的治理》,载《法学家》2006年第1期。
③ 例如,国务院于2004年发布的《全面推进依法行政实施纲要》已经在许多法院裁判中被"引用",其中,有不少涉及该纲要所述"程序正当"要求。然而,多数法院是先阐述正当程序原则或要求,纲要往往是起到"补强"作用。较为典型的司法论证,可见最高人民法院再审审理的"定安城东建筑装修工程公司与海南省定安县人民政府、第三人中国农业银行定安支行收回国有土地使用权及撤销土地证案",载《最高人民法院公报》2015年第2期。最高人民法院在裁判中指出:"但县政府在作出被诉112号通知之前,未听取当事人的陈述和申辩意见,事后通知城东公司和定安支行举行听证,违反'先听取意见后作决定'的基本程序规则。国务院国发〔2004〕10号《全面推进依法行政实施纲要》明确要求,行政机关实施行政管理要'程序正当','除涉及国家秘密和依法受到保护的商业秘密、个人隐私的外,应当公开,注意听取公民、法人和其他组织的意见;要严格遵循法定程序,依法保障行政管理相对人、利害关系人的知情权、参与权和救济权。'县政府作出112号通知前,未听取当事人意见,违反正当程序原则。"
④ 阜新市市场监督管理局、陈磊非诉执行审查案,辽宁省阜新市细河区人民法院(2020)辽0911行审56号行政裁定书。
⑤ 孙乔与湖北省中医院医疗服务合同纠纷案,湖北省武汉市洪山区人民法院(2020)鄂0111民初4336号民事判决书。

查以外，被告还要求原告进行了核酸检测、血清抗体检测及肺部 CT 检查，原告就此认为被告"强制性要求原告做的一系列与病因无关的检查治疗加重了原告的负担，严重侵犯了原告的合法权益"。被告则以《关于印发湖北省新冠肺炎定点医疗机构恢复日常诊疗服务工作指南的通知》（鄂防指医发〔2020〕16 号）为依据，称其是按照该指南的要求而为。法院在裁判中指出：

> 本院经审查认为，被告作为提供服务一方的医疗机构，不仅需要按照我国合同法规定履行合同义务，还应当遵守行政主管机关的相关规定。……根据防疫指挥部下发的文件规定，核酸检测等前述检查系疫情防控期间入院患者需进行的必要检查，被告对原告进行前述检查并无不妥。

显然法院在说理时并未就行政主管机关的相关规定究竟是指导性、建议性的还是强制性、命令性的进行分析。

三、法治面临的挑战与紧张

"名义软法"混合"实质硬法"的治理模式有其成功一面，其可以高效地为应急状态下的个人或组织提供行为指引，可以针对即时发生的各种关涉安全的琐细问题（如何戴口罩、如何保持社交距离、如何洗手、如何就诊等）迅速予以回应，从而满足公众对安全的关切——这种关切普遍超过了对权力行使合法性的关切。即便如此，这种治理模式的有悖法治问题不应该因其绩效而被无视。毕竟，现代国家依法治理的理念不能仅仅停留在理念推广或政策宣告层面上，假如其无法落于现实，那么，权力终究可以不受规则约束而便宜行使的认知，反会深深地植根于民众心中，削弱、破坏乃至颠覆人民对法治、对政府，乃至对正确价值的信念。软硬法混合治理暴露出来的法治挑战和紧张，主要体现在以下三个方面。

1. 制定主体泛滥、无约束

软法不具有法律上的强制执行效力，其具备的是倡议、建议、引导、推荐的性能，软法规则所指向的主体实际上是"被号召者"而不是"被命令者"。正因为如此,软法的制定主体呈现出多样化的特征。任何共同体——大到超国家的国际组织、小到社区——都可以成为软法的创制者。[①] 法治原则不会对软法规则的创制者进行限制和约束。相反,由于硬法具有强制实施的效力,违者会受到相应的财产、行为、资格或人身等方面的制裁,因此,建立在公民权利观念基础上的现代法治,对硬法制定者有严格的约束。原理上,唯有公民选出的代表及其组成的代议机构——在我国即人民代表大会——或其授权的行政机关,才可以制定限制或剥夺自由、财产等公民合法权益的硬法。在这个共通原则基础上,各国又根据自己政治法律系统的特点,形成更为复杂的硬法创制者的身份限定。

前文所述应治理疫情所需出台的"名义软法"制定主体就是五花八门的。除了国务院部门、地方各级人民政府及其部门这些常规的行政主体以外,还有以下制定主体:(1)疫情防控指挥机构及其办公室[②];(2)疫情防控指挥机构所属工作组[③];(3)国务院部门的内设机构[④];(4)地方政府部门的办公室[⑤]。常规的行政主体因为在宪法和组织法上有依据,有权发布决定和命令,所以,其可以作为行政规则——无论是硬法性质的,

---

[①] 参见罗豪才、宋功德:《认真对待软法——公域软法的一般理论及其中国实践》,载《中国法学》2006年第2期;参见姜明安:《软法的兴起与软法之治》,载《中国法学》2006年第2期。

[②] 例如,国务院应对新型冠状病毒肺炎疫情联防联控机制印发《新型冠状病毒肺炎疫情防控期间心理援助热线工作指南》(2020年2月7日)、广西壮族自治区新型冠状病毒感染的肺炎疫情防控工作领导小组指挥部印发《广西常态化疫情防控公众科学佩戴口罩指引》(2020年5月12日)、教育部应对新冠肺炎疫情工作领导小组办公室关于在常态化疫情防控下做好学校体育工作的指导意见》(2020年5月12日)、贵州省应对新冠肺炎疫情防控领导小组办公室印发《贵州省新冠肺炎疫情常态化防控工作实施方案》(2020年5月17日)。

[③] 例如,国务院应对新型冠状病毒肺炎疫情联防联控机制综合组印发《肉类加工企业新冠肺炎疫情防控指南》(2020年7月21日)、国务院应对新型冠状病毒肺炎疫情联防联控机制医疗救治组印发《新冠病毒核酸筛查稀释混样检测技术指引》(2020年7月21日)、广东省新冠肺炎防控指挥办疫情防控组印发《广东省物业管理区域新冠肺炎疫情常态化防控工作指引》(2020年7月9日)。

[④] 例如,文化和旅游部市场管理司发布的《剧院等演出场所恢复开放疫情防控措施指南(第四版)》、《互联网上网服务营业场所恢复开放疫情防控措施指南(第三版)》、《娱乐场所恢复开放疫情防控措施指南(第三版)》(2020年9月18日)、《教育部应对新冠肺炎疫情工作领导小组办公室关于在常态化疫情防控下做好学校体育工作的指导意见》(2020年5月12日)。

[⑤] 例如,《四川省民政厅办公室关于规范指引社会工作和志愿服务力量参与新型冠状病毒感染的肺炎疫情防控工作的通知》(2020年2月6日)、青海省卫生健康委办公室《青海省新型冠状病毒肺炎流行期间预防接种参考指引》(2020年2月12日)。

还是软法性质的,抑或软硬法性质混合的——制定主体,问题可能会出现在颁布的行政规则在内容和程序上是否合法。但是,除此以外的其他主体,则在是否有权以自己名义发布具有约束力的行政规则上即有争议。

根据《突发事件应对法》(2007)的规定,国务院和县级以上地方人民政府设立突发事件应急指挥机构,负责突发事件应对的领导、组织、协调、指挥等工作。① 以此为据,或可解释为:县级以上人民政府的突发事件应急指挥机构得到授权,可以发布行政规则。但是,应急指挥机构的下属办公室和工作组、国务院部门的内设机构以及地方政府部门的办公室②,既没有宪法和组织法上的独立法律地位,也没有单行法律、法规给予其特别授权。因此,若其仅仅发布名实相符的软法,则无可厚非。然而,若其发布的是混合"实质硬法"的"名义软法",那么,权限问题就成为一个首先需要解决的难题。③

2. 制定程序非公开、非参与

迄今为止,对于行政规则——包括行政法规、规章和其他规范性文件,我国仅有《行政法规制定程序条例》和《规章制定程序条例》④,而缺乏

---

① 具体可以参见《突发事件应对法》(2007)第 8 条。

② 实践中,国务院办公厅、省级人民政府办公厅以及县市级人民政府办公室常以自己名义发文,且多半具有事实上的规范内容,作为协助各级人民政府领导处理政府日常工作的常设办事机构,其是否有独立地位制发行政规则,不无争议。然而,国务院部门和地方政府部门的办公室显然不应有此独立性。

③ 《国务院办公厅关于加强行政规范性文件制定和监督管理工作的通知》(国办发〔2018〕37 号)指出:"坚持法定职责必须为、法无授权不可为,严格按照法定权限履行职责,严禁以部门内设机构名义制发行政规范性文件。"有些地方统一的行政程序规定,对行政规范性文件的制定主体也提出限制性要求。例如,《湖南省行政程序规定》(湖南省人民政府令第 289 号)第 46 条规定,议事协调机构、部门派出机构、部门内设机构不得制定规范性文件;《浙江省行政程序办法》(浙江省人民政府令第 348 号)第 24 条规定:"下列行政机关可以在职权范围内制定行政规范性文件:(一)各级人民政府;(二)县级以上人民政府所属工作部门、省以下实行垂直管理的部门;(三)县级以上人民政府依法设立的派出机关。法律、法规和规章授权的具有管理公共事务职能的组织在法定授权范围内可以制定行政规范性文件。不具有行政管理职能的机构不得制定行政规范性文件。"

④ 两部条例都是 2001 年 11 月 16 日制定,2002 年 1 月 1 日实施;2017 年 12 月 22 日修订后于 2018 年 5 月 1 日实施。

对其他规范性文件的统一立法。① 不过,两部于 2001 年制定的条例所提出的程序公开和公众参与原则——体现为起草和审查时广泛听取意见、必要时向社会公开征求意见的规则,已经在 2004 年国务院颁布的《全面推进依法行政实施纲要》(本讲以下简称《依法行政纲要》)中拓展为对行政法规、规章和其他作为行政管理依据的规范性文件的普遍要求。② 这一点也在 2018 年发布的《国务院办公厅关于加强行政规范性文件制定和监督管理工作的通知》中得以体现。③ 而软法制定过程的公众参与或共同体成员对软法创制的直接参与,在理论上也被认为是软法本身应有之特点④,在参与过程中的民主慎议、沟通协商,是软法具有合法性、正当性的重要基础。⑤

本讲所研究的疫情防控"名义软法",无论是否混合"实质硬法",都没有经历公开、开放的制定过程。当然,对此,最有可能也最为有力的辩护是应急状态下效率胜于参与、慎议,若要经历常规状态下的程序,就无法及时、灵活地应对突发事件及快速的情势变化和认知变化。另外,绝大部分疫情防控"名义软法"都涉及专业性较强的认知和知识。在标志性的武汉封城所折射的对新型冠状病毒肺炎疫情采取最严格防控措施的价值选择既定之后,似乎对于手段如何选择和优化的专业问题,大众参与很容易

---

① 2017 年颁布的《规章制定程序条例》第 36 条规定:"依法不具有规章制定权的县级以上地方人民政府制定、发布具有普遍约束力的决定、命令,参照本条例规定的程序执行。"一方面,"参照"毕竟不是"按照",如何参照是一个问题;另一方面,可以制定具有普遍约束力的决定、命令的主体,也不限于县级以上地方政府。所以,该条并不具有对行政规则制定程序的统一规范作用。

② 第 16 条指出,起草法律、法规、规章和作为行政管理依据的规范性文件草案,要采取多种形式广泛听取意见。重大或者关系人民群众切身利益的草案,要采取听证会、论证会、座谈会或者向社会公布草案等方式向社会听取意见,尊重多数人的意愿,充分反映最广大人民的根本利益。要积极探索建立对听取和采纳意见情况的说明制度。

③ 该通知指出:"除依法需要保密的外,对涉及群众切身利益或者对公民、法人和其他组织权利义务有重大影响的行政规范性文件,要向社会公开征求意见。起草部门可以通过政府网站、新闻发布会以及报刊、广播、电视等便于群众知晓的方式,公布文件草案及其说明等材料,并明确提出意见的方式和期限。对涉及群众重大利益调整的,起草部门要深入调查研究,采取座谈会、论证会、实地走访等形式充分听取各方面意见,特别是利益相关方的意见。建立意见沟通协商反馈机制,对相对集中的意见建议不予采纳的,公布时要说明理由。"

④ 参见罗豪才、宋功德:《认真对待软法——公域软法的一般理论及其中国实践》,载《中国法学》2006 年第 2 期;参见姜明安:《软法的兴起与软法之治》,载《中国法学》2006 年第 2 期。

⑤ 参见翟小波:《"软法"及其概念之证成——以公共治理为背景》,载《法律科学》2007 年第 2 期。亦见本书第二讲。

被认为不仅是耗费资源的,也是于事无补的。①

即便这些辩护非常有道理,仍然至少有三点是值得反思的。

第一,此次新冠疫情持续时间长、影响面大。自2020年1月20日国家卫生健康委员会发布公告将新型冠状病毒感染的肺炎纳入法定传染病管理从而正式拉开"抗疫"序幕,直至2023年1月8日正式宣布取消针对该病毒的甲类传染病防控措施。在这样一个长达三年的期间内,是不是所有防疫规则的制定都可以"应急状态"为由,避开应有的公开参与程序?未来若出现类似情况,是否也可以以此类推?

第二,若确实因为"应急"考虑,耗费时间和资源于事前听取意见会有损处置疫情效率,但是,将原本是通过软法规则建议的防疫措施,如戴口罩,转变为强制性规则,并辅以严厉的行政处罚,如罚款、拘留②,是否符合《突发事件应对法》所确立的比例原则③,是否应该在引发争议后认真听取意见进行相应调整?防疫规则创制程序的公开性、开放性不应仅局限于事前,而应该是全过程贯穿始终的。④

第三,既然防疫软法、硬法或软硬法混合规则的制定,需要不同于常规模式的应急模式与之相配,可自"非典""甲流"等疫情以来,在法律上并未形成精细构造的应急程序,以至于新冠疫情治理期间的"名义软法"几乎不受任何程序开放性的限制。若的确需要为应急且专业的防疫规则之制定提供非常规的程序,是不是也应该在立法论上认真对待此类程序的细致打造,而不至于完全任其为"程序虚无主义"所控?

---

① 参见王锡锌、章永乐:《专家、大众与知识的运用——行政规则制定过程的一个分析框架》,载《中国社会科学》2003年第3期。

② 参见赵宏:《不戴口罩就拘留:法理何在?》,http://www.aisixiang.com/data/120349.html,最后访问日期:2020年12月25日。

③ 2024年新修订的《突发事件应对法》第10条规定:"突发事件应对措施应当与突发事件可能造成的社会危害的性质、程度和范围相适应;有多种措施可供选择的,应当选择有利于最大程度地保护公民、法人和其他组织权益,且对他人权益损害和生态环境影响较小的措施,并根据情况变化及时调整,做到科学、精准、有效。"

④ 防疫规范的制定本质是风险治理的重大决策,其应该遵循(1)决策前必要的专家论证;(2)决策相关信息的公开;(3)风险信息、决策执行信息的跟进收集、分析与公开;(4)决策后、决策执行中的公众参与;(5)决策或措施的适时纠正或调整。参见沈岿:《风险治理决策程序的应急模式——对防控甲型H1N1流感隔离决策的考察》,载《华东政法大学学报》2009年第5期。

3. 规范效力不确定、无可预期

"名义软法"在文件名称上多使用"指导""指引""指南"等词语，在内容上偶或提及"请参考使用"等，从而很容易令人以为这些规则就是不具有普遍约束力的软法。因为，软法理论在一般意义上认定，公共政策是公域软法规则较为集中的一类载体形态，其经常冠以"纲要、计划、规划、规程、指南、指导意见、建议、要求、示范等"名称。[1]

但是，实践中，含有同一类词语的名称之下，会出现规范效力截然相反的情形。以"指导意见"为例，在"北大法宝·法律法规"数据库中，以"标题"含有"指导意见"一词的方法进行检索，可以搜到的结果是"中央法规"2807件，"地方法规"11060件，可见其应用之广。[2] 即便对这些文件的名称进行一番简单浏览，也不会得出它们都真的只是"指导性的"、不具有约束力的结论。更何况，对以往常规行政中出现的以"指导意见"为名的文件，司法裁判也已经根据其不同的内容，给出不同的定性。

例如，在"戚和伟与浙江省人民政府其他行政管理纠纷再审案"中[3]，最高人民法院认定《宁波市人民政府关于全面推进村经济合作社股份合作制改革的指导意见》是浙江省宁波市人民政府制定的规范性文件；在"喻雄诉邛崃市人民政府其他行政行为案"中[4]，法院认定邛崃市农村土地综合整治和建设工作领导小组《关于邛崃市"4·20"芦山地震后灾后恢复重建城乡建设用地增减挂钩试点项目实施的指导意见》是具有普遍约束力的规范性文件；在"张洋萍、高某与南通市通州区金沙街道办事处行

---

[1] 参见宋功德：《公域软法规范的主要渊源》，载罗豪才等：《软法与公共治理》，北京大学出版社2006年版，第194页。

[2] 检索日期为2020年12月1日。需要指出，"北大法宝·法律法规数据库"的"中央法规"包括"行政法规"(175)、"司法解释"(65)、"部门规章"(2,372)、"党内法规"(81)、"团体规定"(25)和"行业规定"(89)等；"地方法规"包括"地方政府规章"(1)、"地方规范性文件"(7,891)、"地方司法文件"(386)、"地方工作文件"(2,779)、"行政许可批复"(3)。数据库对文件的分类与制定法或学理的分类不同，但这并不影响对此类文件广泛适用性的认识。

[3] 戚和伟与浙江省人民政府其他行政管理纠纷再审案，最高人民法院行政裁定书(2017)最高法行申679号。

[4] 喻雄诉邛崃市人民政府其他行政行为案，四川省高级人民法院行政裁定书(2015)川行终字第462号。

政补偿案"中[①]，法院认定《通州区规范房屋搬迁补偿安置指导意见》是规范性文件。

然而，在"史天平与南京市雨花台区人民政府土地登记赔偿纠纷再审案"中[②]，最高人民法院认为南京市雨花台区人民政府制作的《铁心桥和西善桥地区集体土地使用权收（退）回工作指导意见》"主要从宏观上就工作任务、组织架构、操作方式提出了要求，属于指导作用的文件，并未直接设定再审申请人的权利义务"。在"刘金平诉湘乡市医疗生育保险管理服务局撤销行政决定并履行法定职责案"中[③]，法院认定湘潭市人力资源和社会保障局、湘潭市财政局《关于进一步加强城乡居民医保意外伤害管理工作的指导意见》是内部指导性意见，"不属于规范性文件，对外不具有普遍约束力"。在"刘忠莲诉武汉市自然资源和规划局、武汉市人民政府资源行政管理案"中[④]，法院认为，"《武汉市征地拆迁信访积案化解政策指导意见》，从文件名称来看，该文件系化解信访案件的政策指导，属于政府工作部门履行信访工作职能、处理信访工作事项形成的工作制度和指导意见"。

显然，对于名称含有"指导""指南"和"指引"等词语的文件是否具有约束效力的问题，不能仅凭文件名称本身进行判断，而需就其实质内容而言。但是，这就至少造成两个问题：第一，文件对其指涉的个人或组织究竟是真正意义上的"指导"，还是假"指导"为名行"命令"之实？这一点不能明确的话，会让个人或组织左右为难、无所适从。服从遵守之，或有不愿；不服从遵守，万一被处罚或强制执行，或有不利。第二，文件会不会因为披着"指导"的外衣，可以堂而皇之地避开更加严格的关于规范性文件制定主体、权限、程序等的要求？

当然，这一挑战法治的现象，并非此次疫情防控期间才出现，而是早

[①] 张洋萍、高某与南通市通州区金沙街道办事处行政补偿案，江苏省南通市中级人民法院行政判决书（2016）苏06行终642号。

[②] 史天平与南京市雨花台区人民政府土地登记赔偿纠纷再审案，最高人民法院行政裁定书（2018）最高法行申2047号。

[③] 原告刘金平诉被告湘乡市医疗生育保险管理服务局撤销行政决定并履行法定职责一案，湖南省湘乡市人民法院行政判决书（2018）湘0381行初27号。

[④] 刘忠莲与武汉市自然资源和规划局、武汉市人民政府资源行政管理案，湖北省武汉市江岸区人民法院行政裁定书（2019）鄂0102行初270号。

已长期存在于常规行政之中。应急状态下,该现象只是加剧了普通人的不确定感。前文提及的戴口罩"要求",较早是在国家卫生健康委员会疾病预防控制局疫情防控组发布的《预防新型冠状病毒感染的肺炎口罩使用指南》①出现,是"供指导加强个人防护使用",之后在许多地方也未作为强制性要求。可也有多地实际将其转化为必须严格遵守的防疫措施,而拒不执行会被作为违反治安管理的行为来对待和处理。② 如果规则或规则集合不能让行为者确切地知道行为在法律上的后果,进而不能让行为者明白地调控自己的行为,又何来法治?

四、应对法治紧张的规范化进路

其实,若一份文件无论名称和内容皆是完全软法性质的,如国家卫生健康委员会疾病预防控制局疫情防控组发布的《预防新型冠状病毒感染的肺炎口罩使用指南》,或者不管名称如何,单从内容上判断完全是硬法性质的,如国家市场监管总局发布的 21 号文,对它们采取相应的、不同的规范方案,可能并非特别困难。然而,若软法和硬法混合在一个文件中,抑或,原本呈现为软法的规则,在实施中通过某种方式转变为硬法,这就会带来规范难题。简言之,对待这种软硬法混合治理的情形,有没有特殊的规则来进行有效的约束?关于这个问题,以往的研究——无论是行政法传统理论还是软法理论——并未给予充分的关注。

针对软硬法混合治理带来的法治紧张,可以考虑的方案是:(1)设计一套全面针对"行政规则制定程序"的硬法规范体系;(2)将软法性质的行政规则纳入其中;(3)对于硬法和软法提出区隔的、不同的规范要求。具体设想如下:

1. 适用范围

目前,理论和实践层面都未形成一个统一的概念,指称包括行政法规、规章、行政规范性文件以及行政机关制定的、具有普遍适用性却对个

---

① 该指南发布于 2020 年 1 月 30 日,发布主体只是国务院部门内设机构的工作组。
② 参见赵宏:《不戴口罩就拘留:法理何在?》,http://www.aisixiang.com/data/120349.html,最后访问日期:2020 年 12 月 25 日。

人或组织的权利义务不产生明确约束力的其他规则。广义的"行政规范性文件"或可涵盖"行政法规、规章和其他行政规范性文件"。但是,一则,在实践中,此概念的内涵外延常被限缩至狭义,用来指向行政法规、规章以外的"其他行政规范性文件";二则,由于"规范性"已经被赋值"具有普遍约束力",故其无法容纳"属于指导作用的文件"。① 有学者以"行政规范"等同于上述广义的"行政规范性文件";又基于《行政复议法》(1999)第7条、第26条关于"规定"的措辞②,以"行政规定"指向行政立法(行政法规、规章)以外的有法律规范(域外大陆法系所称"法规命令")内容的行政规范③——基本相当于上述狭义的"行政规范性文件"。同理,"行政规范"或"行政规定"也都无法涵盖真正指导性的软法文件或规则。

笔者以"行政规则"(administrative rule)作为一个上位概念,指向行政机关制定的、具有普遍适用性的规则。根据不同的标准,其又可以有两种分类。以是否对行政管理或服务的利害关系人普遍适用为标准,可以分为对外规则和对内规则。以是否有规范性、有约束力(binding force)为标准,可以分为有约束力的规则(硬法)和无约束力的规则(软法)。有无约束力不以《立法法》上确立的法源——行政法规和规章——为标准,而代之以是否有涉及利害关系人权利义务且付诸强制实施的内容。④ 有无约束力还是从利害关系人视角着眼的,是从规则本身的内容着眼的,而无关对法院审判有无"法律规范意义上的约束力",也无关规则是否因"合法、合理、有效"⑤而产生约束力。

此处设想的与软硬法混合治理模式相匹配的"行政规则制定程序",即应当适用于行政机关制定的、对外具有普遍适用性的规则,而无论该规

---

① 最高人民法院在"史天平与南京市雨花台区人民政府土地登记赔偿纠纷再审案"中的用语。
② 2023年《行政复议法》修改时,已经将"规定"一律改为"规范性文件"。
③ 参见朱芒:《论行政规定的性质——从行政规范体系角度的定位》,载《中国法学》2003年第1期。
④ 在这一点上,与朱芒教授持接近立场。只是,并不赞同以"是否具有审判基准效力"为另一标准。参见朱芒:《论行政规定的性质——从行政规范体系角度的定位》,载《中国法学》2003年第1期。
⑤ 最高人民法院2004年5月18日发布的《关于审理行政案件适用法律规范问题的座谈会纪要》指出,"这些具体应用解释和规范性文件不是正式的法律渊源,对人民法院不具有法律规范意义上的约束力。但是,人民法院经审查认为被诉具体行政行为依据的具体应用解释和其他规范性文件合法、有效并合理、适当的,在认定被诉具体行政行为合法性时应承认其效力"。

则是否有前述约束力。当前,本讲所指"行政规则"范围之内,行政法规、规章的制定程序已经有专门的行政法规予以规定。因此,切实需要统一加以规范的是行政法规、规章以外的其他行政规则。

2. 性质和形式

为了更好地约束行政机关的规则制定权,防止其利用"无章可循"的制度漏洞,规避应当有的程序,就需要有硬法性质的程序规范。如前所述,即便是软法规则,也应该遵守与之匹配的程序,而不能任由行政机关随意制定。因为,一方面,软法规则的正当性和作用的发挥相当程度上立足于事前或事后的参与、沟通、协商,最基本的软法程序规范不可或缺,尤其是对于行政机关制定的软法而言;另一方面,行政机关制定的软法规则也会因行政机关的权威,而产生事实上成为公众行为指引并形塑经济社会秩序的效果,故适当的程序也有助于提升软法规则的质量与能力。

至于行政规则制定程序规范呈现的形式或载体,就近期目标而言,或可考虑在《行政法规制定程序条例》《规章制定程序条例》之外,再行制定《行政规则制定程序条例》,以行政法规形式求统一之功效;就长远而言,应一并归入未来需要制定的《行政程序法》为宜。

3. 基本制度

行政规则制定程序规范应当在行政规则类型化处理的基础上,对行政规则的名称、制定主体、基本程序、效力等方面建构相应的制度框架。下文将结合表7.1"行政规则制定程序规范要点",进行简要的阐述。

表 7.1　行政规则制定程序规范要点

	无约束力的规则 (软法规则)	有约束力的规则 (硬法规则)
文件名称	"指导意见""指导""指南""指引"	禁止使用"指导意见""指导""指南""指引",可以用"规定""办法""细则""通知""意见""基准""准则""标准"等
发布主体	行政机关、授权组织及其内设机构、临时机构、派出机构等	行政机关、授权组织

（续表）

		无约束力的规则 （软法规则）	有约束力的规则 （硬法规则）
基本程序	常规	多种方式事前听取意见	创制性：事前公开征求意见 解释性/执行性：多种方式事前听取意见
	应急	可以事后听取意见、适时调整	应当事后听取意见、适时调整
基本原则		规则的制定及其内容皆应符合依法行政原则与合理行政原则（包括平等对待原则、比例原则、信赖保护原则、正当程序原则、效能原则等）
规则效力		应当明确仅具参考性、指导性等，没有约束力	可以不作规定

（1）文件名称

文件若仅为软法规则，可以考虑名称中含有"指导意见""指导""指南""指引"；文件若仅为硬法规则，名称中可含有"规定""办法""细则""通知""意见""基准""准则""标准"等，但是，为避免令公众产生是否应当遵守的困惑，保障法治最低限度的明确性、可预期要求[①]，应该严格禁止使用文字表面意义为指导性的词语。

（2）发布主体

文件若仅为软法规则，因不具约束力，不仅有独立法律地位的行政机关、法律法规规章授权的组织（以下简称"授权组织"）可以制定，不具行政主体资格、通常无权发布硬法规则的内设机构、临时机构、派出机构等，也可以制定。当然，软法规则的意义重要程度、适用范围大小、效果实现的意愿强弱等，也会对发布者为谁产生影响，行政主体的地位无疑会增加软法规则的权威性和自愿遵守的可得性，但这基本属于事务管辖机关或组织的裁量范围。文件若仅为硬法规则，必须由具备行政主体资格的行政机关、授权组织制定。

---

① 法治的十大要素或规诫为：1. 有普遍的法律；2. 法律为公众知晓；3. 法律可预期；4. 法律明确；5. 法律无内在矛盾；6. 法律可循；7. 法律稳定；8. 法律高于政府；9. 司法威权；10. 司法公正。参见夏恿：《法治是什么——渊源、规诫与价值》，载《中国社会科学》1999 年第 4 期。

(3) 基本程序

规则制定程序不仅因软法和硬法规则而不同,也因常规行政和应急行政[①]而有区别。在常规行政模式下,就软法规则而言,其虽不具强制执行的效力,但既然制定发布主体希望"软约束对象"可以更多自愿按规则行为,事前听取意见还是必要的。通过软法制定的参与、沟通、协商,提升其可接受性。只是,事前听取意见在多大范围内进行,是仅听取专家意见,还是包括听取普通民众意见,是公开广泛征求意见,还是非正式地召开座谈会、讨论会、研讨会等,皆由制定发布主体裁量决定。

相较之下,硬法规则就不能如此随意。若硬法规则是在上位法有依据(如明确授权)的情况下,对权利义务秩序进行创制性规定的,就相当于一种准立法权的行使,应当将公开征求意见(包括公开说明意见采纳情况)作为必需的基本程序。若硬法规则并不具有创制性,而仅仅是对上位法进行解释,对上位法确定的权利义务秩序进行精细化处理的,或者是为执行上位法的规定而制定无关权利义务配置的实施细则的,或者是一般性的政策声明,只是针对特殊形势或情况而提出法律、法规、规章实施的特别要求,并不在法律、法规、规章以外增设权利义务,那么,其应当采取多种方式事前听取意见,至于具体何种方式可由制定发布主体裁量。

若软法和硬法规则都是应急行政所需,自然不必非要经过事前听取意见程序,更不必公开征求意见。但是,应急程序出台的规则,还是应该考虑事后听取意见、适时调整的需要。当然,对于硬法规则的制定者,这是一个硬性要求,以免硬法规则的实施出现明显不合理、不适当的情形;而软法规则的制定者,可以自我裁量斟酌是否还需要软法进一步发挥作用,以及事后听取意见、适时调整的成本是否超过收益等因素。

(4) 基本原则

软法规则并不能因为只是具有"软约束作用",而不用遵循和体现法治原则。行政机关和授权组织以及其他公共行政组织制定发布软法,若有违法治,在理论上,因其不具强制执行效力而不应该会对拒绝服从的行为人之合法权益构成损害。但在实践中,由于制定发布者在政治法律系

[①] 此处的"应急行政"是就规则所需应对的事项、解决的问题的紧急性而言的,而不是就整体应对状态而言的。因为,即便是整体行政被宣布进入一种"应急状态",如新冠疫情防控的一级、二级、三级响应等,也并不意味着所有的规则制定都进入应急程序模式。

统中的固有权威和声望，其事实上会被遵守，进而可能会因与法治相悖，有损遵守者的权益，或者借遵守者、执行者之手而有损利害关系人的权益。反过来，有违法治原则的软法规则也会损害制定发布者——进而损害其所在的政治法律系统——的权威和声望。若干年前，软法理论研究者早已发现，在我国，"软法的创制与实施未能自觉地将其置于宪政与法治的框架之下，没有严格遵循诸如公开、公平、公正、平等、民主、自由等法治原则，未能服从理性要求"，从而出现"理性不足、负面效应膨胀"现象。① 这一现象在软硬法混合治理中并未有明显改善，根由就在于长期未采取本文所提的规范进路。因此，在行政规则制定程序规范之中，应该明确要求，软法和硬法规则的制定及其内容，都应符合依法行政原则与合理行政原则（包括平等对待原则、比例原则、信赖保护原则、正当程序原则、效能原则等）。

（5）规则效力

文件若为软法规则，应该通过一定方式明确表达规则仅具参考、指导作用，而不产生任何规范意义上的约束力，从而明示于公众。文件若为硬法规则，则无须进行如此宣告。

以上是笔者所设想的行政规则制定程序规范的基本要点，在文件名称、发布主体、基本程序、基本原则和规范效力五个方面，分别针对纯为软法规则的文件和纯为硬法规则的文件提出明确要求，除基本原则外，其余四个方面皆有区别。然而，对软硬法规则混合并存其中的文件，又应该有什么样的要求呢？

首先，在文件名称、发布主体上，应当按硬法来对待，以消除"名义软法"的现象，以免广大公众从形式上误解文件及其所载规则的性质。其次，在基本程序上，文件中的软法规则和硬法规则是可以区别对待的，根据常规行政和应急行政之不同需求以及规则的性质、类型，按前述要点（3）处理。若文件制定发布者认为区别对待非常困难，必须统一处理，那么，就视同硬法。最后，在规则效力上，由于文件具有软硬法规则混合性质，既不可能在整体上明确仅具参考、指导作用，也不可能在每个规则上

---

① 参见罗豪才、宋功德：《认真对待软法——公域软法的一般理论及其中国实践》，载《中国法学》2006年第2期。

"标注"其性质,故只能尽可能以责任条款区分:配有相应的、可强制实施的法律责任的,必定为硬法规则;否则,即为软法规则;制裁性法律责任的匹配,既可以是在同一文件中直接明确,也可以间接引征其他文件中的责任。

五、结语:对法治图景的补缺

"软硬法混合治理"话语兼具事实性和规范性:作为一种事实描述,它揭示的是公域治理中普遍存在的现象,无论观察者是否愿意承认"软法"这个概念,又或者是否愿意用"软法"这个概念指称,不具法律约束效力的柔性规则是现实存在的,且经常与具有法律约束力的规则相互配套、协调实施,促成规则制定者所期待的法秩序;作为一种规范构设,它倡议的是公域治理应当采取的立场和方法,即公共事务的管理和服务,不应该仅仅依赖具有相当命令性、强制性、高压性的硬法规则,当具体事务或问题上需要何种规则来应对尚有不少争议,或者具体事务或问题可预见的变动性使得规则也可能需要迅速变迁等情况出现时,就应该考虑通过柔性规则的协商性、沟通性、说服性来引领公众的行为。然而,既往研究虽有所提及但并未充分展示软硬法混合治理的混乱、失序、造成法治紧张的一面,更为关键和重要的是,并没有在理论上全面探索治理这一乱象的规范化路径和方案,实践中也就自然不可能有任何值得赞许的改善成效。

新型冠状病毒(COVID-19)疫情的爆发以及由此引发的一系列治理工具的使用,为再次细致观察和思考这一问题提供了良机。笔者借此机会,通过诸多实例,从"名义软法"内含强制性命令或要求、行政机关将其作为对违反者进行惩戒制裁的依据以及司法机关将其作为解决争议、处理纠纷的依据三个方面,展示了"名义软法"混合"实质硬法"的现象;并且分析了软硬法混合治理模式存在的制定主体泛滥,制定程序非公开、非参与以及规范效力不明确、可预期性差等挑战法治的难题。

为应对这些问题,缓解法治的紧张,本讲尝试提出一个立法论意义上的"统一又区别的规范化进路":第一,通过对行政规则制定程序的统一规范,将以往未受重视的、软法性质行政规则的制定,与硬法性质行政规则的制定,一并予以考虑;第二,结合两种规则的各自特性,在文件名称、发布主体、基本程序、规范效力方面给出不同的要求,而在基本原则上进行一致的约束;第三,对软硬法混合且整体上不宜区隔的文件,在文件名称、发布主体、基本程序方面视同硬法予以要求,而文件中的具体规则可以根据其性质不同而采用不同的责任规范构成。

需要指出,软硬法混合治理的法治难题并不仅限于本讲所示,如软法如何可以转化为硬法、怎样防止硬法软法化带来的法律权威折损、软法是否应该接受司法审查等都是非常棘手、值得研究的课题。因此,此处所提规范化进路也并非一个穷尽软硬法混合治理所有问题、十全十美的应对方案。然而,该方案至少可以对传统法治图景提供一个弥补。

1. 传统法治关注更多的是对人民具有强制约束力的硬法规范之制定和执行过程,因为它们会在规范上和事实上构成对人民权益之克减,若不对其中的公权力行使过程和结果加以约束,人民权益难得保障。相较而言,在规范上不具有强制约束力的软法,因其原则上以自愿服从、遵守为前提,即便可能于事实上影响人民权益,却也可被解释为人民自由选择的结果,故较少受到传统法治关注。由此,也影响到传统法治对软硬法混合治理现象的关注。

2. 在我国,《立法法》确认的硬法规范载体为法律、行政法规和规章,其中较少混合软法规则。加之,它们本身受到严格制定程序的规范,不会有令人非常担心的制定主体泛滥、程序非公开非参与的问题。即便有规范效力不明确的条款,却因其在形式硬法规范的体系中占比甚低,并未构成高度紧张的法治难题。偶有软法规范实质硬法化的现象,也因该规范寄生于形式硬法之中,为其硬法化提供了正当基础。例如,《老年人权益保障法》第18条第2款关于"与老年人分开居住的家庭成员,应当经常看望或者问候老年人"的规定,因其没有配套的强制实施条款,也更多反映伦理道德价值,故曾被视为典型软法。[1] 但是,该条款已经为更多法院所援引,作为裁判且具体确定当事人探望老人义务的依据。[2] 申言之,形式

---

[1] 参见沈岿:《分散和团结:软法参与社会治理的效用向度》,载《现代法治研究》2016年第1期。

[2] 例如,参见"郭某1与郭某2赡养费纠纷案",北京市第一中级人民法院民事判决书(2020)京01民终5749号;"罗某、魏某赡养费纠纷案",广东省广州市中级人民法院民事判决书(2020)粤01民终15436号;"张某1、乔某某等与张某3探望权纠纷案",上海市第二中级人民法院民事判决书(2019)沪02民终3269号。

硬法混合少量实质软法的治理,没有形成对法治的强力挑战。故传统法治对此甚少关注是可以理解的,也是不会出现较大问题的。

3. 在现代法律治理体系中,尤其于公共管理、服务领域,行政机关制定的规则数量已经极大提升;在我国,行政规则的数量更是一直以来远超代表机关制定的法律法规。如何对其进行有效的控制与约束,本就成为传统法治现代化的一个难题。进而,市场化革命、市场体系建构,简政放权、政府职能转变,命令—控制型行政反思和改革,政府—市场—社会合作治理兴起,以及已经成为普遍模式的"摸着石头过河"的试错改革等,这一系列交织在一起的变革和运动,都催生了更多体现商讨的而非命令的、协作的而非对抗的、探索的而非一锤定音的、助推的而非强制的治理措施和工具,以及如何应用这些措施和工具的配套规则。于是,在浩如烟海的"行政规则治理"之中,指导性的、倡议性的软法规则日渐增多,与本就难以规范的硬法性质行政规则混合在一处。可惜,传统法治似乎仍然没有对此予以足够的重视。

4. 在如此混合治理体系中,一种特殊的现象——顶着指导性意见、指南、指引等名衔的文件,内含约束性命令或要求或被公权力机关强制实施——也有大行其道之势。由于近些年法治政府建设的深入发展,行政法重心从改革开放之初的"行政行为"——以往所谓的"具体行政行为"——逐渐向行政规则倾斜。在国务院出台《行政法规制定程序条例》《规章制定程序条例》以加强对行政法规、规章控制之后,对行政法规、规章以外不计其数的行政规范性文件进行约束的意义,越来越受到广泛的重视和认可。关于行政规范性文件的制定主体、权限、程序等的要求,在中央文件中屡被提及[①];国务院部门和地方政府也纷纷制定规范,以明确对行政规范性文件制定的要求[②];《行政诉讼法》修改也明文承认了以往实践中已经形成的对行政规范性文件的附带司法审查。这些进步引起对

---

① 例如,《国务院办公厅关于加强行政规范性文件制定和监督管理工作的通知》(国办发〔2018〕37号)《国务院办公厅关于全面推行行政规范性文件合法性审核机制的指导意见》(国办发〔2018〕115号)。

② 专门出台行政规范性文件制定和管理办法的:(1)国务院部门有中国气象局、国家广播电视总局、生态环境部、国家铁路局、国家中医药管理局、国家林业和草原局、交通运输部、住房城乡建设部等;(2)省级地方政府有新疆、西藏、广东、江西、山西、天津、重庆、上海、贵州、海南、浙江、陕西、广西、四川、云南、宁夏、甘肃、河南、湖北、青海等。

行政规范性文件内涵和外延界定的讨论,软法性质的行政规则被多数观点认为是基本排除在适用范围以外的。由此,行政机关制定软法性质规则以避免更多约束的倾向也日渐明显。传统法治单为或主要为硬法制定或实施而设计的权力羁束之道,可以被名正言顺地规避,权力便宜主义盛行,人民权益却在无声无息中被克减。这种现象比硬法载体中的软法,对法治更具挑战性。而且,其不独于新冠疫情防控中存在,不独于应急治理中存在,于其他领域、常规治理中也有不少存在。

综上,传统法治更多覆盖纯粹硬法领域,较少关注纯粹软法、硬法载体中软法以及名义软法实质硬法领域。纯粹软法、硬法载体中软法虽然也会带来法治问题,但对传统法治基本价值——约束公共权力、保障人民权益——尚不构成特别严峻的威胁。因为至少在规范意义上,它们都不牵扯公权力的强制实施。可名义软法实质硬法却是"柔和面纱下的强制",与法治存在高度紧张。"统一又区别的规范化进路"就是为了弥补传统法治这一缺憾,以更好地应对软硬法混合治理模式——尤其是通过行政规则展示的——所带来的法治难题。

第八讲　风险交流的软法构建

一、引言：制度构建萌芽及问题

　　风险交流（risk communication，或称风险沟通），在风险规制和风险治理体系中的不可或缺，已经获得相当程度的公认；在风险研究共同体范围内，似已成为不言而喻之明理。以"风险"为基础概念的知识体系源起于域外，引入中国并催动本土研究，迄今已有 20 多年时间。[1] 作为其中一项重要议题的风险交流，国外的研究全面兴起于 20 世纪 70 年代[2]，而国内对

---

　　[1]　20 世纪 80 年代早期，国内有零星翻译文献开始介绍风险与社会、政治、科学的一般理论，可参见〔美〕多萝西·内尔金：《谈风险的社会和政治认可》，载《科学对社会的影响》1983 年第 2 期；〔美〕拉戈尔肖斯：《科学、风险和公共政策》，陈泽民译，载《现代外国哲学社会科学文摘》1984 年第 7 期。但是，译介与研究的全面萌芽开端于 21 世纪初，可参见李伯聪：《风险三议》，载《自然辩证法通讯》2000 年第 5 期；〔德〕乌尔里希·贝克：《风险社会再思考》，郗卫东编译，载《马克思主义与现实》2002 年第 4 期；〔英〕斯科特·拉什：《风险社会与风险文化》，王武龙编译，载《马克思主义与现实》2002 年第 4 期；童世骏：《风险社会、文明冲突和永久和平》，载《读书》2002 年第 5 期；汪建丰：《风险社会与反思现代性——吉登斯的现代社会"风险"思想评析》，载《毛泽东邓小平理论研究》2002 年第 6 期。相较之下，M. 道格拉斯和 A. 威尔达夫斯基的《风险与文化》一书出版于 1982 年（M. Douglas & A. Wildavsky, *Risk and Culture*, Berkeley, University of California Press, 1982），乌尔里希·贝克的《风险社会》（德文版）出版于 1986 年。而在这两本里程碑式著作之前，域外对风险的研究也早已有积累。

　　[2]　对风险交流的关注，根源于 20 世纪 40 年代美国芝加哥大学吉尔伯特·怀特（Gilbert White）开展的风险感知（risk perception）研究。风险交流最初应用于自然灾害。20 世纪 70 年代以后，巴鲁克·费斯科霍夫（Baruch Fischhoff）、保罗·斯洛维奇（Paul Slovic）等开始探索一系列技术风险，由此打开了研究风险交流的新渠道。See Frederic Bouder, "Can Practitioners Do Better at Risk Communication? Using Evidence to Develop Best Practice", *European Journal of Risk Regulation*, Vol. 3, p. 281 (2010).

之展开探究也只是始于 21 世纪初[1]，相差有 30 年左右。于此背景之下，在立法、规制、学术等不同场域论及风险交流时，对风险交流是什么、风险交流与信息公开、安全宣传有何区别、风险交流是政府或专家单方支配还是多方组织和互动、风险交流究竟如何进行等问题，常有模糊认识或分歧观念。

与之相应，风险交流的制度建构也处于萌芽状态。一方面，内容完整的风险交流规范体系较为罕见。以中央层面为例，2002 年底，国家质检总局颁布的《进境动物和动物产品风险分析管理规定》（国家质量监督检验检疫总局令第 40 号），以规章形式首次提及"风险交流"，并给出了定义和两条原则性的规定。但是，直到 2007 年以后，"风险交流"或"风险沟通"在规范性文件之中出现的频率才明显增加。据不完整数据，截至 2024 年 10 月 20 日，中央层面，各类正式文件出现"风险交流"一词的，至少有 131 件；出现"风险沟通"一词的，至少有 113 件。[2] 只是，全国人大或人大常委会制定的法律或通过的决议，或者国务院制定的行政法规，尚没有明确"风险交流"或"风险沟通"概念。[3] 更值得注意的是，在 244 份文

---

[1] 较早时候的文献可参见谢晓非、郑蕊：《风险沟通与公众理性》，载《心理科学进展》2003 年第 4 期；谢晓非、王惠、任静、于清源：《SARS 危机中以受众为中心的风险沟通分析》，载《应用心理学》2005 年第 2 期。但更为普遍展开的研究，在 2008 年才有显著增加，参见梁哲、许洁虹、李纾、孙彦、刘长江、叶先宝：《突发公共安全事件的风险沟通难题——从心理学角度的观察》，载《自然灾害学报》2008 年第 2 期；强月新、余建清：《风险沟通：研究谱系与模型重构》，载《武汉大学学报（人文科学版）》2008 年第 4 期；谢晓非、李洁、于清源：《怎样会让我们感觉更危险——风险沟通渠道分析》，载《心理学报》2008 年第 4 期；王雅楠、刘一波、谢晓非：《突发公共事件中的风险沟通》，载《中国应急管理》2008 年第 8 期；郭小平：《风险沟通中环境 NGO 的媒介呈现及其民主意涵——以怒江建坝之争的报道为例》，载《武汉理工大学学报（社会科学版）》2008 年第 5 期；卫生部应急管理办公室：《美国卫生应急风险沟通管窥》，载《中国应急管理》2008 年第 10 期；周伟：《美国的转基因生物安全管理与生物技术风险交流》，载《安徽农学通报》2008 年第 21 期。

[2] 这是在"北大法宝"数据库中检索的结果，因数据库难免挂一漏万，故在此称"至少"，最后访问日期：2024 年 12 月 20 日。

[3] 2013 年 10 月 29 日，国务院法制办就国家食品药品监管总局报送的《食品安全法（修订草案送审稿）》，向社会公开征求意见。该送审稿明确规定了"国家建立食品安全风险交流制度。食品安全监管管理部门、食品安全风险评估机构按照科学、客观、及时、公开的原则，组织开展食品安全风险交流。"但是，第十二届全国人大常委会第九次会议初次审议后，于 2014 年 6 月 30 日公开征求意见的《食品安全法（修订草案）》中，该条内容被删除了，也没有其他条款提及风险交流。尽管在公开征求意见过程中仍有不少专家学者建议增加食品安全风险交流条款，2015 年 4 月 24 日发布的新修订的《食品安全法》并未采纳，而是代以第 23 条的规定："县级以上人民政府食品药品监督管理部门和其他有关部门、食品安全风险评估专家委员会及其技术机构，应当按照科学、客观、及时、公开的原则，组织食品生产经营者、食品检验机构、认证机构、食品行业协会、消费者协会以及新闻媒体等，就食品安全风险评估信息和食品安全监督管理信息进行交流沟通。"该条款虽然没有确立"风险交流"概念，但也是非常接近地体现了风险交流的意涵。只是，按照风险交流本应有的意涵去认知食品安全领域的风险交流，交流的内容应该不只限于食品安全风险评估信息和食品安全监督管理信息。下文会对什么是风险交流有所述及。

件之中，仅有两份对风险交流予以了较为详细的引导性规范。一是卫生部办公厅于 2009 年 4 月 29 日发布的《人感染猪流感预防控制技术指南（试行）》，其中，附件 6 是《风险沟通指南》。该技术指南（含附件）已于 2009 年 5 月 11 日被废止。二是原国家卫生和计划生育委员会办公厅于 2014 年 1 月 28 日发布的《食品安全风险交流工作技术指南》，目前，该指南是中央层面可检索到的、唯一现行有效的系统指引风险交流的规范性文件。其余的文件，大致都是提出促进并强化风险交流工作、建设风险交流平台或完善风险交流体系等基本要求，而缺少具体、细致的规引。①

当然，就此声称风险交流的规范体系建设仅有以上两例是危险的。毕竟，用以检索的方法或者数据库本身可能存在局限，特定部门管理领域中的风险交流制度（若有的话）可能未予公开，或者未被收入至数据库。不过，风险交流关涉公众对风险的感知和对风险决策的接受程度，关涉包括公众在内的多方互动，具备公共性、外部性、参与性，而不只是一项内部掌握的工作，如对其存在成体系的规范，理当按照政府信息公开的要求而予以发布。② 虑及此，以上所述可检索的规范性文件之事实，确也足以管窥或折射当下风险交流体系化建构的匮乏。

另一方面，风险交流的制度化并未得到"普遍而自觉"的重视。风险交流既然被视作风险规制或治理之重要环节，且风险又是在多个领域存在的，那么，上述 244 份规范性文件的制颁机关主要限于国家质量监督部门、卫生部门、农业部门、食品药品监管部门的事实，也可反映出风险交流的意义并未得到相关实务部门的广泛认可，更遑论有意识的制度建构了。以环境保护领域为例。近些年，由环境风险引发的群体性事件频发，其主要原因是公众、企业、政府、专家对环境风险认识上的不一致，故有效的预防和应对策略被认为在于风险交流。③ 可是，环境领域的风险交流并未得到自觉的体系化、制度化，其更多地定位于单向的、行政中心主义的环境信息公开，而且，即便是环境信息公开的规定，也显得散乱、矛盾、无法

---

① 在"北大法宝"数据库中对地方法规、规章和其他规范性文件的检索结果也是大体如此。
② 根据下文对风险交流及其基本原则的探讨，风险交流指引性规范应该公开、透明，属于《政府信息公开条例》第 19 条规定行政机关应主动公开的"需要社会公众广泛知晓或者参与的"政府信息。
③ 参见华智亚：《风险沟通与风险型环境群体性事件的应对》，载《人文杂志》2014 年第 5 期。

适应现实需求。①

风险交流制度化的自觉力欠缺,还表现为将风险交流与信息发布、宣传教育或科普等活动混同。例如,卫生部在《关于全面加强和改进卫生新闻宣传工作的意见》(卫办发〔2011〕91号,2011年12月26日)中,将"有效做好风险沟通工作"作为新闻宣传的一项重要内容。国务院食品安全委员会办公室制发的《食品安全宣传教育工作纲要(2011—2015年)》(食安办〔2011〕17号,2011年5月5日),也将食品安全信息交流列在其中。风险交流在本质上确属信息交流,与信息公开、宣教、科普等确有相似之处,这甚至成为最高立法机关对在法律之中是否明确采用这一概念持保守倾向的原因之一。② 然而,基于风险和风险感知的特殊性,有效的风险交流并非单向度的、以植入知识或实现基本知情为目标的信息输导。这一点下文将予详述。

风险交流规范体系的稀缺和风险交流制度化自觉力的不足,可谓一个硬币的正反两面,二者既为相对独立之存在,又彼此助成对方,一起阻拦了风险交流共识的形成、风险交流工作的有效开展以及对风险交流的深入研究(尤其是基于法学视角的研究)。有鉴于此,笔者将在借鉴域外知识和经验的基础上,结合风险交流的基本内涵与特点,阐述风险交流为什么应予制度化,而为什么制度化又主要诉诸软法,以及软法构建需要考虑的基本面。

二、风险交流为何需要制度化

对于风险交流,可以顾名思义,将其简明地理解为风险信息的沟通。然而,若由此认为,其与日常生活的信息沟通一样,随处随时存在,形式和内容可以多种多样、随意选择,因而无需借由法律予以精细的制度化,那么,这就过于简单化了。作为风险规制或治理领域重要活动之一的风险

---

① 参见聂红波:《我国环境风险沟通机制法制化研究》,华中科技大学2012年硕士学位论文。

② 笔者从全国人大常委会法工委工作人员处获悉,有一种认识认为,风险交流是西方学术化语言,概念不清楚,与现在的一些制度有交叉重叠,该认识可能是《食品安全法》(2015修订)没有保留原国务院法制办送审稿中风险交流概念的原因之一。

交流,有其确定的内涵和特点,若任其率性而为,不仅难以收获预期效果,还有可能事与愿违,反收更为不利之恶果。

1. 风险交流的内涵

风险交流主要涉及主体、内容、形式和时机四个方面。

(1) 风险交流的主体

基本形成的共识是,但凡风险的利益相关方,包括风险评估者、风险管理者、风险承受者、风险获益者、风险研究者、风险关切者甚至普通大众,皆为交流行动的主体。美国国家研究理事会(US National Research Council)风险感知和交流委员会在1989年发布的《改进风险交流》报告,指出"风险交流是在个体、群体和机构之间交换信息和意见的互动过程"[1]。根据联合国粮农组织和世界卫生组织共同创建的国际食品法典委员会制定的《国际食品法典》(Codex Alimentarius),风险交流是"在风险评估者、风险管理者、消费者和其他利益相关方之间就风险和风险相关因素交换信息和意见"[2]。上文提及的国家卫计委《食品安全风险交流工作技术指南》对食品安全风险交流的定义也将主体确定为"各利益相关方"。[3] 有论者甚至将"学术专家"单独列出,认为风险交流是风险信息和风险评估在"学术专家、规制者、利益团体和公众之间"的往返流动。[4] 可见,风险交流绝对不应被误解为只是"少数人"的事情。

(2) 风险交流的内容

在字面上,各种风险交流的定义对于风险交流内容的描述显示出较大的差异性。《国际食品法典》仅提及"风险和风险相关因素"。国家卫计委《食品安全风险交流工作技术指南》认为风险交流是"就食品安全风

---

[1] US National Research Council, *Improving Risk Communication*, 1989, p.21, https://nap.nationalacademies.org/catalog/1189/improving-risk-communication, last visited on Oct. 20, 2024.

[2] EFSA, *When Food is Cooking up a Storm: Proven Recipes for Risk Communication*, 2017, p.9, https://www.efsa.europa.eu/sites/default/files/corporate_publications/files/riskcommguidelines170524.pdf, last visited on Oct. 20, 2024.

[3] 参见国家卫生和计划生育委员会办公厅:《食品安全风险交流工作技术指南》(国卫办食品发〔2014〕12号)"一、概念及基本原则"。

[4] See William Leiss, "Three Phases in the Evolution of Risk Communication Practice", *Annals of the American Academy of Political and Social Science*, Vol. 545, pp.85-94 (1996).

险、风险所涉及的因素和风险感知相互交换信息和意见",也就是在风险、风险相关因素之外,增加了关于风险感知的交流。而美国国家研究理事会的《改进风险交流》报告提供了更为广泛的风险交流内容:它涉及关于风险性质的各种信息,以及其他并不只是关于风险的,而是表达对风险信息或风险管理的法律和机构安排的关切、意见或反应的信息。① 换言之,不仅是风险、风险相关因素、风险感知,与风险评估、风险管理的相关法律、政策、制度(包含但不限于机构设置)、决策、措施、行动以及对这些的意见、看法等,也都在风险交流范畴之内。

类似的主张,在国内也有论者支持,如认为环境风险交流"是关于环境风险的信息的调查收集与传递过程,这些信息一般包括健康和生态环境风险水平、风险的含义及旨在管理和控制这些风险的决策、行动与政策等"②。其实,原国家卫计委《食品安全风险交流工作技术指南》的定义虽只提到风险、风险相关因素和风险感知,但在风险交流的内容部分,该文件也将政策措施、标准和风险评估等覆盖在内。③ 以为风险交流只关乎科学而不涉及政策的认识是片面的。

(3) 风险交流的形式

风险交流的形式通常被理解为借助不同渠道和载体的口头和/或文字的表述。但也有论者指出,风险交流不仅只是传递命令和信息,不仅只是言说的一切,还蕴含于采取的行动中;风险交流是"考虑并且尊重信息接受者的感受的行动、言语和其他相互作用,目的是帮助人们对威胁其健康和安全之事做出更理性的决定"④。其实,风险交流主体作出的与风险有关的行动,如政府对甲型H1N1流感采取的集中隔离措施及其调整,的

---

① US National Research Council, *Improving Risk Communication*, 1989, p. 21, https://nap.nationalacademies.org/catalog/1189/improving-risk-communication, last visited on Oct. 20, 2024.
② 参见李明光、陈新庚:《浅议环境风险交流》,载《广州环境科学》2000年第4期。
③ 参见国家卫生和计划生育委员会办公厅《食品安全风险交流工作技术指南》(国卫办食品发〔2014〕12号):"六、政策措施发布实施过程中的风险交流""七、食品安全标准的风险交流""八、食品安全风险评估的风险交流"。
④ 〔美〕大卫·罗佩克:《风险交流:超出事实和感受》,载《国际原子能机构通报》2008年第2期。

确含有风险感知、风险评估与风险管理等信息。[①] 依"事实胜于雄辩"的原理,行动本身也能起到传递与交换信息的作用。若风险交流主体的行动所含信息与其言语所表达的信息相去甚远,该主体的可信度就会受损,而可信度对风险交流的成功与否关系重大。然而,此类行动惯常被认为属于风险管理范畴,且单纯行动若无必要的言语信息(如说明理由),很难达到风险交流的清楚易懂之要求,甚至容易引起误解。因此,风险交流不宜以单纯行动的形式进行,应该表现为依托于多样化载体的口头和/或文字的陈述,无论该陈述是否与特定风险管理行动或措施紧密关联或附随。

(4) 风险交流的时机

似乎已经形成的共识是,风险交流是一项常态化的工作和活动,在风险治理领域基本可谓无处不在、无时不在,而不单指紧急或危机状态下的信息交换。在此特别提出,盖因风险交流容易被理解为只是紧急时刻的交流。事实上,"危机期间风险交流的有效程度取决于我们事先所做的一切。"[②] 而事先所做的,理当包括在特定风险还没有转化为危机时风险相关方就各种信息和关切所进行的交流。

由上,对于风险交流由谁进行、交流什么、以什么形式交流、在何时交流等,既有共识也有不同看法。若不能通过制度化的努力,将这些予以明确和条理化,风险的相关利益各方,就会任凭以现代通讯技术为媒介而存在的风险信息随意涌动,任凭自己在其中随波逐流,而难以形成有序且有效的交流沟通和明智的行为选择。

2. 风险交流的特点

风险交流具有功能的公共性、主体的互动性、信息的不确定性、感知的差异性、内容的传播性、目标的多样性、策略的因应性等综合的属性。

(1) 功能的公共性

风险交流不是简单的私领域事务,不是个人与个人、个人与组织之间关于特定风险的"私下"的信息交流,而是涉及一定共同体利益的公领域

[①] 参见沈岿:《风险治理决策程序的应急模式——对防控甲型 H1N1 流感隔离决策的考察》,载《华东政法大学学报》2009 年第 5 期。

[②] 〔美〕大卫·罗佩克:《风险交流:超出事实和感受》,载《国际原子能机构通报》2008 年第 2 期。

事务。风险交流的好与坏,直接关乎共同体民众对风险、风险相关因素和风险管理制度等的感知、理解和认同,进而关乎民众面对风险的行为选择,关乎风险管理者的决策选择及决策的可接受性,终究关乎该共同体风险管理及其所涉公共利益维护的成败。

(2) 主体的互动性

风险交流本不应该是单向的、单渠道的信息流动,如传统的宣传工作模式,而是风险相关主体之间进行的互动式沟通。只是,一方面,风险交流在域外也经历了一个从自上而下的提供信息到双向的、积极主动的交换信息的演进过程[①],需要予以关注。另一方面,风险交流容易形成专家对非专家的不对称信息传送,专家可能关注信息输送的最佳途径,而不是关注更好的聆听方法。[②] 专家的自大与傲慢,也就容易导致风险交流扭曲为自上而下的、单方面的劝说,一味地使公众成为信息的收件人(receiver),而忽视公众的感知、认同与关切,忽视信息的交换,从而影响风险管理决策的正确选择,致使风险交流无法完全实现其在风险治理中应有的作用。

(3) 信息的不确定性

风险交流的信息围绕着特定风险而展开,而现代工业社会在技术和制度方面潜伏着的风险,本质上具有"人为的不确定性"。[③] 由此,风险交流的内容,无论是特定风险本身,还是风险相关因素、风险感知、风险评估过程及其结论、风险管理制度、风险管理决策、措施和成效等,都伴随着程度不同的不确定性。若对此无法形成共识,或者不能充分就不确定性进行沟通,信息交流相关的任何一方,特别是普通公众,一味追求"想象"的确定性——例如围绕着转基因食品究竟是否对人类有害的争论,都会造成感知和认同的巨大壕沟。

[①] See Frederic Bouder, "Can Practitioners Do Better at Risk Communication? Using Evidence to Develop Best Practice", *European Journal of Risk Regulation*, Vol. 3, pp. 281-283 (2010).

[②] See Char J. Word, Anna K. Harding, Gordon R. Bilyard & James R. Weber, "Basic Science and Risk Communication: A Dialogue-Based Study", *Risk: Health, Safety & Environment*, Vol. 10, p. 231 (1999).

[③] 参见[德]乌尔里希·贝克:《风险社会再思考》,郗卫东编译,载《马克思主义与现实》2002年第4期。

(4) 感知的差异性

风险感知是风险交流的重要内容之一。然而,对于特定风险的感知,存在地区差异、文化差异、门外汉与专家的差异乃至个体的差异等。其中,门外汉与专家的差异,通常被视作"作为情感的风险"(risk as feelings)和"作为分析的风险"(risk as analysis)之间的区别。这是人类感知和应对风险的两种基本方式:前者是指对危险的本能和直觉的反应;后者是指让逻辑、理性和科学的深思熟虑来影响风险评估和决定。而根据"情绪启发"(affect heuristic)理论,尽管"风险分析"至关重要,但是,在复杂的、不确定的、有时充满危险的世界里,对情绪的依赖还是更快捷、更容易和更有效率的。进而,感知和应对风险的个体差异,也就能够被凸显出来。

例如,在现实中是否接受、如何应对风险,往往建基于对风险和收益的判断。若收益超出风险甚多,人们会选择接纳风险;反之,则会拒绝风险。然而,有研究表明,思考和情感都会影响判断。如果人们在情感上喜欢某种行动,其就会倾向于断定这种行动的风险低、收益高;如果在情感上不喜欢某种行动,就会有相反的判断。[1] 因此,风险交流必须充分意识到风险感知的差异性,并不断根据行为学、心理学等学科的研究成果,采取有针对性的交流策略。以为风险交流的目的仅仅是用理智引导情感、用科学纠正无知,显然低估了感知差异对行动的影响。

(5) 内容的传播性

风险交流是风险信息及相关信息通过媒介在发件人与收件人之间的往返传播。这种属性使得风险交流会出现需要从信息传播、媒介传播角度予以认知和应对的规律性现象。例如,谣言是风险交流之中难免会产生的,因为谣言本身就是公众解决疑难问题的不得已形式,满足了人们对确定性的某种需求;而且,谣言的产生和事件的重要性与模糊性成正比关系,而谣言本身又会转化为另一种风险;甚至,吊诡的是,有的谣言因其夸大风险而可能促使人们远离风险,降低风险发生的可能性。再如,媒介化的风险交流通常会导致风险的社会建构和社会放大,使得真实与虚拟难

---

[1] See Paul Slovic & Ellen Peters, "Risk Perception and Affect", *Current Directions in Psychological Science*, Vol. 6, pp. 322-323 (2006).

以界限分明；而媒介传播信息的即时性和不受地域限制的特性，也会通过心理的启发，造成想象的风险迫近与大范围风险产生。① 风险交流的行动者，尤其是风险管理者，应当对此规律性现象有所认识。

（6）目标的多样性

风险交流是有意的信息传送，不过，其目的并非单一。据研究，风险交流的目标大致可分为四类。一是启蒙，即确保所有的信息收件人理解信息的内容，增进其关于风险的知识；二是建立信任，即在风险交流的发件人（sender）和收件人之间建立互信关系；三是降低风险，即劝导信息收件人改变其与特定风险有关的态度和行为，从而降低相应的风险；四是协作决策，即促进风险利益相关方都能有效参与风险问题的决策。这些目标是有效的风险交流都应予以考虑的，但在不同风险问题上也会有所侧重，且目标的侧重不同，也就对应需要采用不同的交流形式和内容。②

（7）策略的因应性

风险的性质、领域、影响效应、不确定性程度等，风险受众的地域、文化、阶层、偏好、风险感知等，有关风险的争议、风险管理需要应对的问题、即将或已经采取的措施及其性质等，风险信息及相关信息的传播途径、形式、规律等，都是混合地、复杂地影响着风险交流目标及有效实现目标的交流策略的设定。简言之，风险交流策略既不是固定的、单一的、一劳永逸的，也不是想象的、任意的、随机选择的。在经验和知识累积的基础上，可以针对不同情形下的交流，设计不同的策略模型，并与时俱进地更新之，以使风险交流的行动者有章可循，有助于更好地实现交流目标。

以上描述并未穷尽风险交流的属性。然而，由此不难发现，风险交流并不是一项简单地依靠经验就可以完成的任务，特别是对于将风险交流视为风险规制或治理重要活动、视为实现风险管理目标不可或缺之要件的风险管理者而言。它需要经验和相关学科知识的长期且不断更新的积累，更需要基于经验和知识的规范性引导，以使其得到合理化的组织和展开，减少失误和事与愿违的可能性。而用以引导的规范，也需要在制度化

---

① 参见周敏：《阐释·流动·想象：风险社会下的信息流动与传播管理》，北京大学出版社2014年版，第49—52、70—74页。

② See Ortwin Renn, *Risk Governance: Coping with Uncertainty in a Complex World*, Earthscan, 2008, pp. 205-241.

过程之中予以推出、完善和发展,这与前文基于风险交流的内涵所得出的结论是一致的。

三、诉诸软法之维的原因

风险交流的制度化需求,是否应该以及可以通过法律——尤其是传统意义上具有立法渊源性质和法律效力的规范——的制定予以满足呢?在我国的语境中,是否意味着必须由法律、行政法规、部门规章、地方性法规和地方政府规章,对风险交流加以细致的规定呢?答案是否定的。

传统意义上的法律文件,尽管也有不具行为约束力的指导性规范、任意性规范,但其主要提供应予奉守的行为模式(包括直接或间接从规范中引申的行为义务),违反之,通常伴随不利的法律后果。20世纪70年代,"软法"研究在域外兴起,并催生了新的二元概念划分:"软法"/"硬法"。[1] 硬法必须得到严格的适用,所以,现代国家制度一般对硬法的产出多有限定,以免其不当影响经济与社会秩序。硬法的制定者、有权规定的事项、不得僭越或违悖的原则、制定的程序、事后(可能的)审查、评估以及修改、废止等,都会受到较为严格的规范控制。由此,硬法表现出高规范性、高统一性、高严格性、高稳定性等特点。这些特点使其有着广阔的用武之地,许多领域的秩序形成,仰赖于硬法的作用。

然而,自古以来,硬法既不是促成秩序的唯一规范,也有其适用的局限领域。道德、习俗、礼仪、纪律等皆有秩序形成、维护和促进之功效,且在硬法局限的地带施展身手。在现代社会,更有大量既不同于硬法又有别于道德、习俗、礼仪、纪律等的"软法"规范,发挥着独特的促进公共治理秩序的功能。[2] 就此处所论的风险交流而言,其具备的主体互动性、信息不确定性、感知差异性、内容传播性、目标多样性、策略因应性等综合属性,都会使硬法在推进制度化方面显得力不从心。

---

[1] See Jan Klabbers, "Reflections on Soft International Law in a Privatized World", *Finnish Year Book of International Law*, Vol. 16, p. 314 (2005).

[2] 参见罗豪才等:《软法与公共治理》,北京大学出版社2006年版;罗豪才、宋功德:《软法亦法:公共治理呼唤软法之治》,法律出版社2009年版;罗豪才主编:《软法的理论与实践》,北京大学出版社2010年版。

1. 风险交流需要更多指引性的而非强制遵守的规范

软法并非如硬法那样有强制服从的威慑力,其之所以事实上发生效应,得到人们的学习和遵守,主要源于通过沟通所形成的共识与认同。[①] 风险交流在主体、内容、形式、目标、策略等方面皆无固定程式,需要结合已有或及时更新的经验、知识积累,针对不同的交流主体、所涉内容和信息的特点以及意欲实现的目标,采取差别对待的交流形式和策略。因此,既要使风险交流的实际操作条理化(streamlined),又要让其不受严格的约束,就此而言,指引性的软法比硬法更能胜任。

例如,2012 年,欧洲食品安全局(EFSA,以下简称"欧洲食安局")出版一本书名为《当食品烹起风暴:经过验证的风险交流食谱》(以下简称《当食品烹起风暴》)的风险交流指南,该书于 2017 年得以更新。该书第五部分是"可资借鉴的经验"(Learning from experience)。该部分主要分享的是风险交流的经验和教训,通过案例展示如何应用不同的工具和渠道,以有效地服务于不同的目的。案例的历史有助于了解,核心组织如何针对近年来影响欧洲食品供应链条的重大问题进行风险交流的管理。这些指南是动态的,案例研究会定期更新,以反映该领域的发展、捕捉最佳实践。[②] 显然,具有如此特点的指南不可能以硬法的形式予以体现。

2. 风险交流需要多元主体提供指引规范

由于软法的非强制性,供应软法规范的组织就不限于国家。在适应民族国家建构之需而产生的国家主义法律观之中,国家被推崇为毋庸置疑的主权立法者。但是,软法的制定突破了"国家中心的垂直的、科层制的立法模式""各种机构的、社会的和学术的行动者都在创制软法"。[③] 如此多元主义的立法模式,可以使风险交流的行动者或研究者都有机会为风险交流提供指引性规范,风险交流的组织者也就有更多的规范选择空

[①] 参见本书第二讲。

[②] EFSA, *When Food is Cooking up a Storm: Proven Recipes for Risk Communication*, 2017, pp. 28-42, https://www.efsa.europa.eu/sites/default/files/corporate_publications/files/riskcommguidelines170524.pdf, last visited on Oct. 20, 2024.

[③] See Anna Di Robilant, "Genealogies of Soft Law", *The American Journal of Comparative Law*, Vol. 3, p. 500 (2006).

间,有利于推动风险交流的发展和进步。

例如,风险交流领域的学术领袖之一英国人巴鲁克·费斯科霍夫,曾经撰文描述了风险交流的发展阶段,并用表 8.1 示之。这八个阶段的标题不言自明,描述了成功的风险交流所需要的简单技能。在费斯科霍夫看来,简单技能往往是执行复杂计划的关键所在。他对风险交流发展阶段的概述,也被认为是风险交流的重要指南。美国联邦食品药品管理局(FDA,以下简称"联邦食药局")于 2007 年成立风险交流咨询委员会(Risk Communication Advisory Committee)。联邦食药局在其监管过程中经常咨询该委员会专家,以确保对费斯科霍夫指南的遵循。[1] 此即学术研究者创制软法的实例之一。其他的多元制定主体事例,如社会问题研究中心和英国皇家学会、英国科学研究院共同发表《科学和健康交流指南》[2],欧洲委员会科研总局出版《交流科学:科学家的工具包》[3],联合国粮农组织发行《食品标准和安全事项风险交流应用》[4]。

表 8.1　风险交流的发展阶段[5]

1. 我们【专家】所要做的全部就是获取正确的数字
2. 我们所要做的全部就是告诉他们【外行的公众】这些数字
3. 我们所要做的全部就是说明我们使用这些数字的意义
4. 我们所要做的全部就是向他们表明,他们以往曾经接受过类似的风险
5. 我们所要做的全部就是向他们表明,这对于他们来说是一笔很好的交易
6. 我们所要做的全部就是善待他们
7. 我们所要做的全部就是让他们成为合作伙伴
8. 以上所要做的全部

---

[1] See Sweta Chakraborty & Naomi Creutzfeldt-Banda, "Implications of the Risk Communication Guidelines for the European Union", *European Journal of Risk Regulation*, Vol. 4, p. 436 (2010).

[2] See Social Issues Research Centre, Royal Society & Royal Institution of Great Britain, *Guidelines on Science and Health Communication*, https://www.asset-scienceinsociety.eu/sites/default/files/science_and_health_communication_guidelines_0.pdf, last visited on Oct. 20, 2024.

[3] See Giovanni Carrada, *Communicating Science: A Scientist's Survival Kit*, Directorate-General for Research of European Commission, 2006.

[4] See Food and Agriculture Organization of the United Nations, *The Application of Risk Communication on Food Standards and Safety Matters*, https://www.fao.org/4/x1271e/X1271E01.htm, last visited on Oct. 20, 2024.

[5] See B. Fischhorf, "Risk Perception and Communication Unplugged: Twenty Years of Process", *Risk Analysis*, Vol. 15, p. 138 (1995).

3. 风险交流规范的适用和修改需要开放性和回应性

如前所述,风险交流的具体信息、目标、情境是多样的且具有不同特点的,合适的因应策略也就存在较大差异。意在使风险交流条理化的规范,不仅需要指导性、灵活性而非整齐划一,同样需要面向经验和知识的经常更新。软法恰可适应这些需求。因为,软法"可以在一种开放的机制中,使其自身的宣示性原则在具体情形得到不同的注解,并通过解释、修正等手法对相关原则重新表述,丰富其内涵并不断发展"。软法也能够"依据治理的目的和原理,对社会生活中的新问题及时作出反应和行动,提出相应的改革措施"。而软法的这种开放性、回应性,是相对自闭、滞后的硬法所无法比拟的。[①]

例如,为应对20世纪90年代末期欧洲一系列食品危机,欧洲食安局于2002年正式成立。欧洲食安局的目标是在合适时机以最恰当的方式传播最佳科学,因此,风险交流被认为是其核心工作的核心。时隔不久,2006年,欧洲食安局将其交流策略正式规定下来,对风险交流的所有方法作出了界定。[②] 此后,欧洲食安局的内部和外部都发生了重要变化。其本身成长为相对成熟的组织,工作任务更加多样化,工作量大幅增加,它的外部关系和网络也获得了发展。而且,新的交流和新的技术可以得到利用。鉴于此,仅仅四年之后,欧洲食安局又发布了《欧洲食安局交流策略:2010—2013视角》,对欧洲食安局的交流策略进行了回顾和检视,展望了2010—2013年交流的优先策略。[③] 这些交流策略的发布实为不断更新之软法典例。

4. 风险交流指引性规范需要具体、细致的叙述

软法的指引性和开放性也与其内容表达不排斥叙述性有关。这不仅

[①] 参见韩春晖:《软法机制初探——沿袭经验主义的认知方式》,载罗豪才等:《软法与公共治理》,北京大学出版社2006年版,第247—248页。

[②] See EFSA, *EFSA Risk Communications Strategy and Plans: 2006-2009*, http://www.efca.europa.eu/sites/default/files/assets/commstrategy.pdf, last visited on Oct. 20, 2024.

[③] See EFSA, *EFSA's Communications Strategy: 2010-2013 Perspective*, https://www.efsa.europa.eu/sites/default/files/assets/commstrategyperspective2013.pdf, last visited on Oct. 20, 2024.

可以指出如何做会更好,也可以将为什么这样做的理由予以阐明,而硬法规范一般不会过多铺陈立法的目的和缘由。例如,欧洲食安局的《当食品烹起风暴》(2017)列出若干"好的风险交流指导性原则",都以一定程度的"夹叙夹议"方式展现。以公开原则为例:

> 公开性是好的风险交流的关键,也是一个组织享有良好声誉的关键。若想让与食品安全风险有关的建议和行动得到信任,重要的是,风险评估应该得到及时的公布,任何决策所依据的信息能够被公众仔细核实。与直接的利益享有者和其他利益相关者的公开对话,对于建立风险评估过程的可信度而言,也是关键性的。[①]

由于风险交流不仅与科学知识的可得性密切相关,也与风俗习惯、文化传统、经济发展、公众心理、教育程度、社会信用、宗教信仰等多种因素交织关联,因此,风险交流的最佳实践,很难用"一刀切"的命令语气的规范予以塑成。有学者认为,"风险交流若要成功,必须:评估风险负担者的需求;让复杂的现象可理解;提供风险产生过程全面信息和行政机关的风险管理计划;通过可信的源头及时传递;使公众有能力反应;吸收对道德和伦理的敏感考虑;采取灵活的框架以预见意外和失败。"[②]而如何做到这些,叙述性的、兼顾行为的操作细节和理由的软法规范,显然是更具指导作用。其更有利于交流主体的理解和应用,更有利于交流主体在复杂多变的风险交流情境中,对何谓好的风险交流进行裁量式的斟酌和选择,并采取相应的适当措施。相反,若基于风险交流制度化的需要,强制推行命令式硬法体系的建设,完全可能形成削足适履的效果。

以上关于风险交流的"法规范"需求的特点,已经相当程度地展示软法之所以成为风险交流制度化主要载体的原因。那么,风险交流的软法构建究竟应该如何展开呢?

[①] EFSA, *When Food is Cooking up a Storm: Proven Recipes for Risk Communication*, 2017, p. 9, https://www.efsa.europa.eu/sites/default/files/corporate_publications/files/riskcommguidelines170524.pdf, last visited on Oct. 20, 2024.

[②] See Roger E. Kasperson & Ingar Palmlund, Evaluating Risk Communication, in Vincent T. Covello et al. eds., *Effective Risk Communication: The Role of Government and Nongovernment Organizations*, Springer Science & Business dledia, 2012, pp. 154-157.

四、风险交流软法构建的基本面

风险交流的软法构建,并非短期内制定或提供若干指导性规范文本即可一劳永逸成就的。它既是一个体系化的过程,也是一个持续积累和不断更新的过程。风险交流软法制定主体可以是多元化的,政府部门、学术机构、研究团体、非政府组织、学者个人等,皆可提供风险交流的指导性规范,也会由此呈现出不同的主题、重点、内容、风格以及表现形式。然而,这并不意味着我们难以勾勒出对于促进好的风险交流而言软法构建需要关切的基本面。毕竟,在世界范围内,风险交流的经验和规范积累以及相关研究迄今已有四十余年,从中梳理和提炼共通的基础性维度,并非不可能完成的使命。尤其是,我国风险交流的制度化努力尚处萌芽阶段,且还没有进入完全自觉的状态,这对于有效的风险治理而言是相当不利的。若能通过充分研究,对风险交流的软法建设维度形成基本共识,必将有助于此项工作的条理化,使其发挥应有之减少分歧、促进信任的主要功效。

如前所述,我国目前公开可得的呈现初步体系化架构的风险交流软法文件,是国家卫计委的《食品安全风险交流工作技术指南》。该文件大致有以下内容:(1)概念及基本原则;(2)基础条件,包括组织机构与人员、风险交流专家库、人员培训、经费保障;(3)基本策略,包括了解利益相关方需求、制订计划和预案、加强内外部协作、加强信息管理;(4)舆情监测与应对,包括舆情的主要来源、舆情监测与应对的主要内容;(5)科普宣教中的风险交流;(6)政策措施发布实施过程中的风险交流;(7)食品安全标准的风险交流;(8)食品安全风险评估的风险交流;(9)风险交流的评价。其中,第5—8项都含有主要内容、主要工作形式和针对不同利益相关方的风险交流策略等部分。

这些技术指南的发布无疑有助于我国食品安全风险交流的规范化,甚至可以毫不夸张地说,它们是我国风险规制领域(不限于食品安全)风险交流规范化的肇端。然而,从比较法的角度观察,以域外制度经验为鉴,即便如此看似体系化的文件,也存在定位不清、覆盖不全、规范不细的问题。为未来着想,无论在哪个领域,风险交流乃至风险规制质量和水平的提升，依赖于风险交流软法体系的自觉构建，依赖于风险交流研究者和行动者持续提供各有侧重却切实有效的详细的指引性规范。而值得期待的以软法为主的风险交流规范体系，可从以下若干基本面展开。

1. 风险交流的概念、意义和定位

国内外关于风险交流的指引性规范，大多会对风险交流给出定义，并指出其在风险规制体系和风险社会治理中的作用和意义。之所以如此，主要是因为风险交流作为一个诞生于风险研究话语体系中的专门概念，其含义不仅常人单看其字面是无法准确知晓的，而且做过研究的专家们也会持有不同的认识。通过指引性规范阐明根据科学成果而赋予的风险交流的合理含义、意义以及定位，风险交流工作者才可有的放矢地进行好的风险交流。

例如，欧洲食安局的《当食品烹起风暴》(2017)指南开篇即指出，"风险交流的目标是帮助利益相关者、消费者和普通公众理解风险决策的基本原理，并帮助他们对其在日常生活中面临的风险进行权衡判断。"[1]有效的风险交流可以通过以下方式促进风险管理的成功：

——确保消费者知晓与产品相关的风险，从而确保他们安全使用或消费之；

——建设公众对风险评估、管理决策以及相关的风险/收益考量的信任；

——帮助公众认识风险的性质；

——提供公平、准确和适当的信息，以便消费者能够在满足他们自己的"风险接受"标准的各种选项中进行选择。[2]

相比较而言，我国的风险交流指南还是更多地把风险交流定位于单向的、宣传的、灌输的。国家卫计委《食品安全风险交流工作技术指南》就有专门内容将科普宣教与风险交流混同，认为科普宣教中也存在风险交

---

[1] EFSA, *When Food is Cooking up a Storm: Proven Recipes for Risk Communication*, 2017, p. 7, https://www.efsa.europa.eu/sites/default/files/corporate_publications/files/riskcommguidelines170524.pdf, last visited on Oct. 20, 2024.

[2] Ibid.

流,风险交流的形式则有制作和散发包括购物袋、台历、冰箱贴等在内的科普载体,也有包括名人代言在内的公众活动。① 该指南还在其余多处地方含有这种定位。例如,在"食品安全风险评估的风险交流"中,强调目标是"增进各方对政策措施的理解,推进政策措施顺利施行",而不是促进相互的理解和信任。针对媒体和公众,"风险交流的重点包括食品安全风险评估项目的立项背景、依据、必要性、项目的进展,食品安全风险评估的结果解释和答疑,针对性的消费建议等,可采取公众活动、新闻稿、新闻通气会等形式进行"。② 如此表述明显是把风险评估结论视为交流受众应该接受的,工作要义是如何让受众接受,而不是让交流者和交流受众一起来审查并理解风险评估的过程和结果。可见,在风险交流软法构建中,不但要关切与阐明风险交流的概念、意义,而且还应汲取经验和知识,使其得到科学的、合理的定位。

2. 风险交流的基本原则

风险交流的基本原则也是风险交流软法构建不可或缺的维度。风险交流工作的特殊性,会在与其相适应的风险交流基本原则之中得到体现。而且,应用软法规范进行制度化的路径,为基本原则的理由和要求等的精细叙述预留了空间。然而,我国在这方面的努力存在明显不足。仍以国家卫计委《食品安全风险交流工作技术指南》为例,它只是提及"开展食品安全风险交流坚持科学客观、公开透明、及时有效、多方参与的原则",但对这些原则没有进一步具体化,其指导功能必然减弱。

相比之下,欧洲食安局《当食品烹起风暴》(2017)不但列出"公开、透明、独立、回应/及时"为基本原则,还列出实务中的工作原则,包括:"公布所有的关键文件;可理解的、有用的交流;及时交流;风险评估者和风险管理者之间的对话;同利益相关方的对话、理解受众;承认并沟通不确定

---

① 参见国家卫生和计划生育委员会办公厅:《食品安全风险交流工作技术指南》(国卫办食品发〔2014〕12 号),"五、科普宣教中的风险交流"。

② 参见国家卫生和计划生育委员会办公厅:《食品安全风险交流工作技术指南》(国卫办食品发〔2014〕12 号),"八、食品安全风险评估的风险交流"。

性"。① 更重要的是,对每项原则都给出简要而又易懂的说明。例如,在"承认并沟通不确定性"原则之下,该指南提到:

> 关于风险,不可能总是清晰确切的。然而,公开和透明原则仍然适用,并由好的交流实践予以支撑。但凡存在不确定性,就应该承认和描述之,比如,概要指出数据缺口或与方法论有关的问题。正在做的应对不确定领域的努力,也同样重要,可以让目标受众由此理解正在采取的步骤,使其安心不确定性问题正在被处理。②

类似地,美国联邦食药局 2009 年发布的《联邦食药局关于风险交流的战略规划》,在列出"风险交流以科学为依据、为具体情境提供风险—收益信息并与受众需求相适应、联邦食药局应对风险交流的进路是结果导向的"作为指导原则的同时,对这些原则进行了较为细致的说明。择例言之,在"为具体情境提供风险—收益信息并与受众需求相适应"的原则之下,该指南指出,"第二个指导原则就是,为了让人民在知情基础上作出决断,他们需要获得经过严格评定的风险和收益信息——适合他们特定需求的……而且,交流必须适宜于满足多个不同群体的需求,这些群体在读写能力、语言、文化、种族/族裔、无能力和其他因素方面存在差异。"在"联邦食药局应对风险交流的进路是结果导向的"原则之下,该指南提到,"……联邦食药局致力于维护和促进公众的健康。联邦食药局所有风险交流行动有效与否,最终都必须从我们如何成功实现这个目标来衡量。"③

3. 风险交流应予考虑的影响因素

根据域外数十年的研究,好的、有效的风险交流必须在具体情境中将关键性影响因素予以充分斟酌和研判。欧洲食安局《当食品烹起风暴》

---

① EFSA, *When Food is Cooking up a Storm: Proven Recipes for Risk Communication*, 2017, pp. 11-13, https://www.efsa.europa.eu/sites/default/files/corporate_publications/files/riskcommguidelines170524.pdf, last visited on Oct. 20, 2024.
② Ibid., p. 13.
③ See U.S. Department of Health and Human Services Food and Drug Administration, *FDA Strategic Plan of Risk Communication*, Fall, 2009, pp. 10-12, http://www.fda.gov/down/oads/AboutFDA/ReportsManud/s Forms/Reports/UCM183683.pdf, last visited on Dec. 30, 2015.

(2017)指南就简要地梳理了学术界和实务界已经认定的影响因素。具体而言有:(1)风险的程度;(2)危害的性质;(3)谁/什么受到影响;(4)人类/动物/植物/环境受到怎样的影响;(5)危害/风险暴露的程度;(6)控制风险的能力;(7)与风险感知有关的其他因素;(8)所需要的风险交流的程度。[①]

其中,每个影响因素之下也都有相应的指导性叙述,尤其是给出问题清单,以帮助风险交流者选择适当的交流进路和方法。例如,风险的程度大致可分为"没有风险/可忽略的风险;低风险;中度风险;高风险;不可知风险"。尽管此分类并不科学,却是风险交流者需要作出判断的,进而决定采取什么类型和程度的交流。此外,风险交流者可以考虑的问题有:"危害是什么?有关的风险我们知道多少?科学家是否已经进行了风险评估?谁进行的风险评估?最初科学信息的来源是否信誉可靠?谁已经就该风险进行了交流?是不是存在第三方(如非政府组织、行业组织、消费者组织、职业卫生组织等)可以使其知情并为风险交流作出贡献?"该问题清单实际上可理解为进一步引导风险交流者在"风险的程度"这一因素下需要进行哪些相关的考虑。[②] 当然,《当食品烹起风暴》(2017)明确说明,并非在任何一个情境中都要考虑该指南列出的所有因素,哪些因素是关键的、相关的,则视具体情境而定。

4. 风险交流的目标和策略

风险交流的复杂性需要通过各种方式予以简单化,方有利于风险交流工作者的实际操作。相对明确风险交流的目标和策略,就是其中一种必需的简单化。国家卫计委《食品安全风险交流工作技术指南》罗列了四项基本策略——"了解利益相关方需求""制定计划和预案""加强内外部协作""加强信息管理",并对每项策略予以了相应说明。例如,在"了解利益相关方需求"之下提及:"食品安全风险交流中的利益相关方包括食品生产经营者、食品安全监管部门、食品行业协会、相关研究机构、学者、消费者、媒体和其他社会团体等。应当根据不同的利益相关方的不同需求,

---

① EFSA, *When Food is Cooking up a Storm: Proven Recipes for Risk Communication*, 2017, pp. 15-20, https://www.efsa.europa.eu/sites/default/files/corporate_publications/files/riskcommguidelines170524.pdf, last visited on Oct. 20, 2024.

② Ibid., p. 15.

采取不同的风险交流策略,以提高针对性、有效性。"①针对不同利益相关方采取不同的交流策略,的确是明智的指导性规范。然而,相较域外的软法经验,该指南确定的基本策略以及相应说明,还是显得过于简陋、粗略。更为重要的是,其缺少明确的目标叙述,以致策略的指向性有欠清晰。

欧洲食安局 2006 年发布的《欧洲食安局风险交流策略和计划》对其风险交流的任务和目标描述如下:

> 7. 欧洲食安局风险交流的总目标是,以本局风险评估和科学专业知识为依据,向所有利益相关方和利益持有者以及一般公众,提供适当、一致、精确和及时的交流。欧洲食安局就其职责范围内的所有领域进行交流,包括:食品和饲料安全;营养品;动物卫生和福利;植物保护和植物卫生。
>
> 8. 决定此目标成功实现的因素在于,欧洲食安局将自己塑造为食品安全权威的、可信赖的声音的能力。
>
> 9. 欧洲食安局向风险管理者提供独立的、高质量的科学评估,与欧洲委员会和成员国当局合作,通过有效的风险交流传播此类建议,从而致力于建立公众对风险评估过程的信任。
>
> 10. 更具体而言,欧洲食安局在风险交流领域的目标如下:
> - 将本局塑造为食品和饲料安全问题的专业的、可信赖的信息源(在其风险评估职责范围内);
> - 促进本局作为一个致力于科学卓越、独立、公开和透明的组织的声誉;
> - 在欧共体范围内加强食品安全事项相关信息的连贯一致性。
>
> 11. 科学卓越是发展有效交流的先决条件。欧洲食安局科学建议的质量和工作过程(例如,选择最具资格的专家、公开的习惯、持续改进风险评估方法……),对于本局实现风险交流目标而言是至关重要的。

由于目标定位有着相对明确的描述,故而,该指导性规范之后列出的风险交流总体策略("理解消费者和公众关于食品、风险和食品链相关风

---

① 参见国家卫生和计划生育委员会办公厅:《食品安全风险交流工作技术指南》(国卫办食品发〔2014〕12 号),"三、基本策略"。

险的认知""弥合科学与消费者之间的差别""利用关键行动者的支持以使相关的、有效的信息抵达消费者""在风险评估/风险管理的衔接处促进连贯一致的风险交流"),以及在"理解公众风险认知、发展欧洲食安局的公共宣告、媒体关系、网络、公开发表、与成员国食品安全当局的合作"等方面的具体计划,也就更容易得到理解和应用。①

美国联邦食药局《联邦食药局关于风险交流的战略规划》(2009),也是以较为详尽的笔触,描述其该年度的风险交流策略。该规划所列的三个战略目标是:第一,加强对有效风险交流起支撑作用的科学;第二,扩展联邦食药局形成、传播和监督有效风险交流的能力;第三,最优化联邦食药局交流风险和利益的政策。针对这三个战略目标,该规划又细致地描述了14个相应的策略,而每个策略又有具体的行动方案。例如,为了"扩展联邦食药局形成、传播和监督有效风险交流的能力",共有:(1)合理化并更有效地协调交流信息和行动的形成;(2)危机交流规划;(3)合理化风险交流研究和测试(包括评估)的过程;(4)明确职员在起草、审核、测试和澄清信息方面的角色和职责;(5)提升职员的决策和行为科学专业知识,使其参与到交流设计和信息研发之中;(6)促进联邦食药局网站和网络工具作为与不同利益相关方进行交流的主要机制的有效性;(7)加强与政府、非政府组织的伙伴关系,借此促进双向的交流和传播等七个方面的"能力策略"。

其中,能力策略——合理化并更有效地协调交流信息和行动的形成——的配套行动方案包括:(1)改善机关内部与兄弟机关之间针对影响卫生与公共服务部其他分支机构的问题的信息协调开发;(2)改善与各州、地方在多州爆发的食品事件和召回交流方面的协调;(3)研发联邦食药局针对常发事件的新闻发布模板(例如,批准、召回、公众健康公告/通告);(4)发展新闻发布批准和传播的时限轨道机制;(5)评价并改进横跨整个联邦食药局的信息与交流产品的形成和传播程序;(6)开发联邦食药局域内的维基(wiki)及其他适当网络工具,以分享信息并更有效地协同工作;(7)加强公共事务办公室和其他媒体关系职员的能力,特别是

---

① See EFSA, *EFSA Risk Communications Strategy and Plans*: *2006-2009*, pp. 2-4, http://www.efca.europa.eu/sites/default/files/assets/commstrategy.pdf, last visited on Oct. 20, 2024.

翻译能力。①

5. 风险交流的工具和渠道

风险交流是信息的形成和传播过程。当今时代,信息传播的工具和渠道各种各样,几乎都有可能被用来进行风险交流。但是,不同的工具和渠道,有不同的风险交流效应,也有可适用和不宜适用的情境。例如,欧洲食安局《当食品烹起风暴》(2017)罗列了一系列主要的风险交流工具和渠道,包括:(1) 媒体关系;(2) 网站;(3) 印刷出版物;(4) 电子出版物;(5) 会议和研讨会;(6) 公众咨询;(7) 伙伴/利益相关者网络;(8) 社交网络(如"脸谱""我的空间"等);(9) 推特;(10) 博客。不仅如此,该指南还对每一种工具和渠道的适用情境给出了指引。以其中的"媒体关系""印刷出版物"和"社交网络"为例,列表展示如表8.2。②

表 8.2

工具和渠道	适宜于	有时适宜于	不适宜于
媒体关系	• 紧急的公共卫生公告,尤其是紧迫的健康风险(新闻发布、新闻简报、特定目标电视、广播新闻、采访等) • 高度关切和公众瞩目的问题(新闻发布、访谈、特别节目等,与问题相关的特定目标媒体)	• 其他类型和程度的风险,包括风险程度的变化。关注媒体聚焦癌症和其他恐惧因素的可能性,即使风险是微小的。特别在这些情形中,出现真实新闻的时候,主动利用媒体	• 低风险,不需要任何行动或建议;较低利益——不是新闻! • 同媒体以外的其他利益者利害相关的制度和过程(但可以适宜于特定情形中同专门媒体利害相关的制度和过程)

---

① See U.S. Department of Health and Human Services Food and Drug Administration, *FDA Strategic Plan of Risk Communication*, Fall, 2009, pp.13-35, http://www.fda.gov/down/oads/AboutFDA/ReportsManud/s Forms/Reports/UCM183683.pdf, last visited on Dec.30, 2015.

② See EFSA, *When Food is Cooking up a Storm: Proven Recipes for Risk Communication*, 2017, pp.21-28, https://www.efsa.europa.eu/sites/default/files/corporate_publications/files/riskcommguidelines170524.pdf, last visited on Oct. 20, 2024.

(续表)

工具和渠道	适宜于	有时适宜于	不适宜于
印刷出版物	• 量身定做的信息送达特定的目标受众（通讯、期刊、宣传册），通过邮件列表、会议发送等 • 重要的关键文件……（战略、年度报告、科学数据梗概） • 内容不受时间限制或者经过很长时间才会需要重大变更的 • 对有些接入互联网受限的国家或利益相关团体是有用的	• 特别的介入，提醒读者关注网上相关内容	• 高风险，紧急的公共卫生公告——鉴于印刷和生产的时间
社交网络	• 迅速通知利益相关方，与其沟通 • 简单、少量的信息，需要通知广泛消费者 • 通过网上社区讨论可以非常有效地触动行为改变 • 可以把交流延伸至新的受众	• 与消费者非正式的沟通	• 重复本组织的网站内容 • 敏感话题，且无法找到资源可以控制社区的讨论和需求

以此种方式展现的风险交流工具和渠道，由于揭示了相应的优点和局限，显然更适合风险交流者根据具体情况从中进行选择，真正起到指引的规范效应。

6. 风险交流的典型事例和评价

在风险交流领域，案例研究方法被认为是应对风险交流复杂性、确定风险交流最佳实践的有效方式。它可以"界定或独立分析个别情况，收集有关情况的相关资料，并且提供调研结果的方式，这使得研究者能够更加全面地了解信息如何形成感知，并能够提醒信息接受者采取特殊反应"，它"为调查现实生活环境内的当前现象提供了一种实证方式"，有助于"加强对复杂现象的认识"。[①] 既然案例研究方法有如此功效,则有必要将其作为风险交流软法体系构建之中不可或缺的组成部分。若能由此联想到——无论是判例法国家还是成文法国家——典型案例在传统法律理论和体系中的作用,这就更容易理解了。

例如,欧洲食安局《当食品烹起风暴》(2017)集中提供了 4 个典型事例:"食物中的丙烯酰胺"(2015),"咖啡因的安全"(2014),"食源性动物传染疾病的交流"(2011—2012),"减盐运动"(2004—2009)。每个事例都由"背景信息""考虑的因素及相关结论和评论""讨论""关于交流程度的结论""关于适当的交流、工具和渠道的结论"以及"结果和经验教训"等部分组成,简明扼要且富有教益。[②]

美国的《联邦食药局关于风险交流的战略规划》(2009)也以事例说明的方式,叙述有效风险交流面临的挑战。以植入的心脏起搏器为例,该指南提及,"事实"是许多美国人植入心脏起搏器,以维持正常的心跳。经过多年的经验以后,生产厂家了解到起搏器上一个小零件可能在极少数人群身上失灵。生产厂家和联邦食药局决定对尚未植入的起搏器实施召回。在绝大多数情形中,拆除已装起搏器的风险要大于将其留在体内的风险。问题就是,风险交流如何才能确保剩余未用的起搏器被成功召回,而又不至于引起已经植入起搏器的病人的过度担忧?"挑战"是有些过度担心的病人会不必要地寻医就诊,甚至做出很可能有害的拆除起搏器的决定。"有效风险交流"就是既能实现有效召回又能使病人知情,避免病人作出很可能既昂贵又危险的决定。这就意味着,一组复杂的风险和收

[①] 参见 T.L. 塞尔瑙等:《食品安全风险交流方法——以信息为中心》,李强等译,化学工业出版社 2012 年,第 40、44—45 页。

[②] See EFSA, *When Food is Cooking up a Storm: Proven Recipes for Risk Communication*, 2017, pp.31-42, https://www.efsa.europa.eu/sites/default/files/corporate_publications/files/riskcommguidelines170524.pdf, last visited on Oct. 20, 2024. 欧洲食安局《当食品烹起风暴》一书的 2012 年版本,提供了 7 个典型案例。除了"食源性动物传染疾病的交流""减盐运动"这两个案例保留至 2017 年版本外,还有"欧洲食安局关于动物克隆的风险评估""南安普顿大学关于某些人造色素对孩童影响的研究""荷兰的昆士兰热:公开和透明""瑞典食品补充剂的案例史""爱尔兰的二恶英危机"。See EFSA, *When Food is Cooking up a Storm: Proven Recipes for Risk Communication*, 2012, pp.29-31, 38-49, https://www.efsa.europa.eu/sites/default/files/corporate_publications/files/20120712_EFSA_RCG_EN_WEB.pdf, last visited on Oct. 20, 2024.

益信息必须传递给病人,并能使其关注、理解和应用于个人情况。①

以上关于风险交流软法构建的基本面,与其说是规范的、穷尽的,还不如说是描述的、例示的。风险交流的局限性或挑战、风险交流的工作机制、科学家的风险交流指引、风险交流的评价等,也是在域内外软法规范体系予以关注的方面。限于篇幅,不能在此一一触及。

五、结语:"一体两面"的启示

本讲的最初写作是源于对我国未经制度化、未经规范化并因此而相当程度上随意的风险交流的担忧。当今时代,自然风险和人为的技术、制度风险并存,且处于不断地自我繁殖和再生产过程中。"风险""风险社会""风险评估""风险管理""风险交流""风险规制""风险治理"等的概念缔造者和研究者,绝不是在创造一个由名词、术语及其意义联想组成的臆念世界,而是希望借此改变和加深人类对所处环境的认识,并为如何应对环境带来的挑战和问题提供指引。

风险交流在风险社会治理过程中的重要地位和意义,已经在哲学、科学、医学、心理学、环境学、公共管理学、传播学等跨学科领域的一定范围内获得共识。然而,许是由于其非常强的复杂性、专业性、多样性和交叉学科性,风险交流究竟是什么、为什么目的而存在和发展、如何开展才是有效的、会面临什么问题和挑战等,似乎只有专门的研究者才可能略知其不同的侧面和程度。这种知识的普及局限同其要在广阔领域内承担的使命是不相称的。另外,或许是因为风险交流并非一种对个人或组织权利义务产生直接影响的活动,其并没有在传统法律体系中得到应有重视和细致规定,而规范的缺失则更会使其杂乱失灵,难以有效发挥作用。

因此,有必要通过更能与风险交流的知识特点、工作特点相匹配的软法规范体系建设,使其得到持续的关注、重视和研究,得到更多、更普遍的理解和认知,得到切实有效、可以展现其在风险治理体系中预想效果的应

---

① See U. S. Department of Health and Human Services Food and Drug Administration, *FDA Strategic Plan of Risk Communication*, Fall, 2009, p. 7, http://www.fda.gov/downoads/AboutFDA/ReportsManud/s Forms/Reports/UCM183683.pdf, last visited on Dec. 30, 2015.

用。一方面,鉴于国内罕见关于风险交流软法构建的著述,本讲着力从法学的角度,对风险交流制度化之必需、风险交流更多诉诸软法规范之理由以及风险交流软法体系构建所涉的基本面,进行初步的探索,抛出一己之见,意在不揣冒昧地期待更多的法律界同仁,对这一很大程度上被忽视的领域给予更多的关切,与其他学科的风险交流研究者共同致力于风险交流规范化的推进事业。

另一方面,本讲的研究也可为专业性软法的适用空间或场合以及为了更好适用应当如何建构给出规律性的启示。在风险治理过程中,如何做到有效的风险交流,毫无疑问是涉及多个学科知识的专业性极强的问题,且需要更多地结合具体情境及相关情境要素,进行有差别的处理。这就要求对从事风险交流工作的人员,提供更多细致的指导性规范。其细致程度是更多依靠阐述性语言而不是命令性语言来保障的,是更多依靠如何做以及为什么这么做的说明来支持的,而不是简单的如何做。这就表明,只要存在对这样的指导性规范的需求,就有提供软法的必要性。而且,软法的制作者可以不必拘泥于针对硬法的形式要求——如简洁性、明确性、精准性等,而是可以让软法规范具备充分的"摆事实讲道理"性质,也可以随着知识、认知、环境、事例等的变化,及时地更新其中的内容,而不受过多的程序和形式的束缚。

第九讲　数据治理与软法

一、引言:数据治理时代

我们生活在一个计算机时代、互联网时代,这似乎已经是无需多言的事实。然而,并不是所有人都清楚地知道,"计算机栖居""网络栖居"会给我们带来什么。

我们已经习惯于在网上购买食品、药品,在网上下单所需书籍,在网上订购机票、火车票,在网上与客服沟通,在网上与认识的或即将认识的人聊天,在网上浏览新闻、收集信息。可是,我们并不完全清醒地意识到,所有这些网上行动所产生的数据都已经以数字化的形式存储在网络中了。

如果这些数据得以收集、集成、分析,我们喜欢吃什么,有哪些常见小病,偏爱读什么书,何年何月何日去过什么地方,待人接物的方式是什么,有哪些朋友,关注些什么话题,喜爱哪些电影、电视剧、视频或图片,都会被一一挖掘出来,从而可以对"我们"做一个即便我们自己可能都没有做过的立体画像(portrait)。

或许,你可以选择逃离网络,去商场、超市、药店、书店、报纸杂志零售点,由此减少与你个人生活挂钩的数据生成的机会。可是,除非你完全使用现金,一旦你使用微信、支付宝或信用卡,你试图"摆脱留痕"的努力基本是前功尽弃。而你多半不会愿意自己成为时代的弃儿,去追求老古董式的生活。

数据不仅可以用来完成"历史画像",而且,"数据中隐含着规律性",

对数据的深度分析有助于预测未来趋势。① 当我们早上起来后,手机助手会提醒,还有多长时间可以到我们所在的单位;当我们在浏览网页的时候,时常会遇到弹出的广告页面,恰好与自己最近的购物兴趣有关;当我们查看电子邮箱时,可能还会发现曾经去过的博物馆、剧院或房产中介给我们推送的展览、演出或房源信息。

这些正在发生的,让我们感受到了信息技术的力量,感受到了生活内容和方式的革命性变化,感受到了个性化定制的普遍发生和前所未有的便捷,仔细琢磨,却又同时产生了不少的担心和害怕。数据对人类的全方位且不断加深的渗透,如同历史上发生的任何一次技术革命一样,都会冲击革命前形成的、基本稳定的、人们安之若素的利益格局,形成双刃剑的效果。相同的逻辑和问题会再次发生:如何利用其好的一面,如何遏制其坏的一面。

于是,"数据治理"(data governance)很快成为一个热门话题,并带动了与此相关的规则探索。毕竟,对任何事物的有效利用和遏制,都离不开相对周密、完善且具有高度针对性、匹配性的规则。本讲试图从数据治理的自身使命、工作特性以及最佳实践中,发现软法在其中扮演的作用丝毫不亚于硬法的重要角色。

二、数据治理的理论界定

"数据治理"虽然是一个热词,可并没有形成统一的定义。有人或许会问:数据治理到底是治理数据,还是利用数据进行治理?仅从语词构成的表面上看,两种解读都是有可能的,但答案其实并非简单的二选一。

1. 数据治理内涵的不同观点

根据维基百科,"数据治理"用于宏观和微观两个层面。前者是一个政治(political)概念,是国际关系和互联网治理的组成部分;后者是一个管理(management)概念,是公司治理、组织治理的组成部分。在宏观层

---

① 参见覃雄派、陈跃国、杜小勇编著:《数据科学概论》,中国人民大学出版社2018年,第3、7页。

面,数据治理指向各国对跨境数据流动的治理,所以应更加准确地称之为国际数据治理。这一领域形成于21世纪早期,包括"治理各类数据的规范、原则和规则"。在微观层面,数据治理指向数据管理,其关心的是组织有能力有效地、安全地、负责任地管理数据。企业数据治理的关键焦点包括可得性、可用性、一致性、完整性、安全性以及标准合规性,包括建立流程以确保在整个企业中进行有效的数据管理。①

成立于2003年的"数据治理研究所"(Data Governance Institute, DGI),旨在为全球提供深度的、中立的数据治理最佳实践(best practices)和指引。该机构2004年提出的《DGI数据治理框架》(以下简称《DGI框架》)已经为全球数百个组织所应用。② 这一框架对数据治理给出了简单和复杂的两种定义。简单定义是:数据治理是对数据相关事项进行决策和行使权力。复杂定义是:数据治理是对信息相关过程进行决策的权利和责任系统,该系统按照已经取得共识的模型执行,模型描述的是谁在什么时候、什么情况下、使用什么方法对什么信息采取什么行动。③ 按此定义,对与数据有关的事项作出决策、采取行动以及相应的体系,都在数据治理的范畴之内,无论决策或行动的主体是谁。

英国人文和社会科学院(British Academy)和英国皇家学会(Royal Society)2017年发布的联合报告《数据管理和使用:21世纪的治理》(Data Management and Use: Governance in the 21st Century),使用"数据治理"一词,就是指向"对数据管理和数据使用的治理",为了提升对数据管理、数据使用以及衍生技术的信任而设计出来的任何事物,都属于该报告所关注的数据治理。④

美国俄克拉荷马州管理和企业服务办公室(Office of Management & Enterprise Services, OMES)的数据治理项目办公室,于2019年4月

---

① Data governance, Wikipedia, last visited on May 22, 2025.
② See http://www.datagovernance.com,last visited on Oct. 21, 2024.
③ See Data Governance Institute, *DGI Data Governance Framework*, 2004, p. 3, http://www.datagovernance.com/wp-content/uploads/2014/11/dgi_framework.pdf, last visited on Sept. 30, 2019.
④ See British Academy & Royal Society, *Data Management and Use: Governance in the 21st Century*, 2017, p. 6, https://royalsociety.org/~/media/policy/projects/data-governance/data-management-governance.pdf, last visited on Oct. 21, 2024.

17 日发布的《数据治理概览》(Data Governance Overview)报告指出,数据治理是一个组织过程和结构。它建立对数据的责任,组织工作人员通过系统地创建和实施政策、角色、职责和程序来协作并持续地改进数据质量。因此,它是用来定义关于数据的决策过程的,指向一个战略性的长期过程,通常出现在达到相当成熟水准的组织里。它为管理、使用、改进和保护组织信息的过程增加了严谨性和纪律性。高效的数据治理可以促进跨组织协作和结构化决策,进而提高数据的质量、可用性和完整性。[1]

应当指出,虽然维基百科把微观层面上的数据治理等同于数据管理,但在一些研究者看来,二者还是存在差异的。"数据治理是政策、程序、结构、角色和责任的组织与实施,旨在为有效管理信息资产,提供和实施有关参与、决策和责任的规则。无论如何定义,底线在于数据治理是运用权力和政策,确保信息资产的妥善管理。"因此,数据治理不是由信息管理人员承担的职能。数据治理确定必需的控制、政策和过程,并制定规则,而信息管理人员负责执行这些规则。[2] 类似地,国内有观点认为,数据治理明确战略方针、组织架构、政策和过程,并制定规则和规范,来评估、指导和监督数据管理;数据管理则是通过计划、建设、运营和监控相关方针、活动和项目,以获取、控制、保护、交付和提高数据资产价值来实现数据治理所作的决策,并向数据治理提供相应的反馈。[3]

其实,若是从角色、职能分工而言,对二者加以区分是合理的。但数据治理既然是对数据管理和使用的治理,目的之一是确保数据的有效管理,因此,数据管理就是数据治理的有机组成部分,尽管二者之间绝对不能画等号。故有论者指出,"数据治理是围绕数据资产展开的系列工作,以服务组织各层决策为目标,涉及有关数据管理的技术、过程、标准和政策的集合。"[4]

---

[1] See Oklahoma Office of Management & Enterprise Services, *Data Governance Overview*, p. 4, https://www.oklahoma.gov/content/dam/ok/en/omes/documents/DataGovernanceOverview.pdf, last visited on Oct. 21, 2024.

[2] See John Ladley, *Data Governance: How to Design, Deploy and Sustain an Effective Data Governance Program*, Elsevier Inc., 2012, p. 11.

[3] 参见包冬梅、范颖捷、李鸣:《高校图书馆数据治理及其框架》,载《图书情报工作》2015年第18期。

[4] 参见张宁、袁勤俭:《数据治理研究述评》,载《情报杂志》2017年第5期。

2. 数据治理的多层次意涵

以上并未穷尽也不可能穷尽所有关于数据治理的定义，只是管中窥豹。可以看出，各种定义虽然表述不同，但基本指向的都是对数据及其管理和使用的治理，甚至最广义地可以指向所有与数据有关的决策和行动及对这种决策和行动过程的治理。在数据治理这个概念最先出现的时候，这个决策和行动的主体更多是指企业，"数据治理最早被企业所重视"[1]，"源于企业对数据资产的治理"[2]。然而，由于数据尤其是大数据的利用，不仅可以为企业创造无限的商业价值，在政府对经济、社会、环境等公共事务的治理中，也同样有其巨大的用武之地。于是，政府数据治理观念应运而生。

政府数据治理又有不同层次上的意涵。首先，政府如企业一样，需要对其在行政管理和服务过程中产生和使用的数据进行治理，以维护数据质量，保证数据安全。其次，政府应当充分利用数据和数据分析，以为其决策和行动提供支撑，提升其治理能力和水平。这就是前文提及的基于数据、利用数据的治理。再次，政府应当对政府数据资源的对外共享和开放利用加强治理，以促进企业和社会乃至个人，利用安全可靠的政府数据，参与到公共治理之中。治理（governance）不同于统治（government），其主体不限于政府，各种公共和私人机构行使权力得到公众认可，就能成为各个层面上的权力中心。[3] 政府数据资源的开放利用可以促成各方主体的智慧决策，更有助于善治的形成。如第三方机构利用和分析开放的政府数据，形成对企业的信用等级评价或认证。最后，在更为宏观的层次上，政府对数据产业、数据经济乃至整个社会数据化过程进行全方位的、引领式的治理，如国家数据战略。[4] 由于企业并没有政府那样的治理之责，故狭义的数据治理很少有以上后三个层次的含义。

综上，回到之前提及的问题，本讲采用最广意义上的"数据治理"概

---

[1] 参见谭必勇、陈艳：《加拿大联邦政府数据治理框架分析及其对我国的启示》，载《电子政务》2019年第1期。
[2] 参见黄璜：《美国联邦政府数据治理：政策与结构》，载《中国行政管理》2017年第8期。
[3] 参见俞可平：《全球治理引论》，载《马克思主义与现实》2002年第1期。
[4] 参见黄璜：《美国联邦政府数据治理：政策与结构》，载《中国行政管理》2017年第8期。

念。简单说,既包括对数据的治理,也指向利用数据进行治理。[①] 而且,二者经常是相互交织的。政府、企业、社会组织等都需要对其产生、获取的数据进行有效管理和利用,这种需要是大数据时代的应时而为,而非任何法律所强制。政府可以利用数据提升治理水平,企业、社会组织等也可以利用数据参与到公共治理之中。但是,数据的有效管理和利用,都需要一套相适应的、由不同规范构成的制度体系,这就是对数据及其管理和利用进行的治理。没有对数据的良好治理,就不会有基于数据的良好决策,包括企业、社会组织乃至政府的各自决策,更是无法利用数据对经济、社会、环境等进行良好治理。

三、数据治理的目标及规则任务

在如此广义的数据治理概念之下,讨论数据治理的目标,是有相当难度的。毕竟,两个关联的维度——对数据治理和用数据治理——都各有其不同的使命。更何况,即便在其中任何一个维度,又有许多更加具体化、特定化的需求。不过,对多维度、多领域数据治理的复杂性了解越多,就越能意识和理解软法在其中可能发挥的重要作用。

1. 数据治理的第一个维度:对数据的治理

首先,在第一个维度,政府、企业、社会机构等不同形式的组织,都有对其产生、获得的数据进行治理的需要。之所以如此,是因为数据或多或少会面临以下主要问题:(1)数据不完整。缺少关键基础数据,部分辅助数据缺失或不全面,历史数据丢失严重。(2)数据分散、不一致。组织——尤其是略具规模的组织——内部数据入口众多,同一类数据采用的标准、规则不一致。(3)数据质量低。大量数据是"堆积"在一起,集成数据的可用性差。(4)数据共享集成成本高:数据标准不统一、分散,数据核对、清理、映射的工作量巨大,导致共享集成和数据分析的成本非常高。(5)数据效益不显著。数据决策分析的结果可靠性差,投入与产出

---

① 参见李重照、黄璜:《英国政府数据治理的政策与治理结构》,载《电子政务》2019年第1期。

不匹配,影响良好决策。① (6) 不良数据散布风险。在数据管理混乱的情况下,不良数据(bad data)也容易散布并产生负面影响。② (7) 数据安全风险。木马、病毒、僵尸网络、黑客等都会使数据存在篡改、泄漏、崩溃的风险。③ (8) 数据隐私泄露风险。敏感隐私的数据被泄露或非法利用的可能性加大。④

当然,不同组织需要解决的数据问题是不尽一致的。为解决不同问题,就需要确定不同的目标,并采取相应的、针对性强的措施。不过,根据《DGI框架》,数据治理还是存在普遍性目标的,即(1)确保更好的决策;(2)减少运行的摩擦;(3)保护数据利益相关者的需求;(4)培训管理部门及其人员采取通用方法处理数据问题;(5)构建标准的、可重复的流程;(6)通过协作减少成本、提高效率;(7)保证流程的透明度。⑤

与此类似,杨琳等认为,数据治理的目标主要有四项:(1)战略一致。即数据治理应当满足组织持续发展的需要。(2)风险可控。治理同时作为价值来源和风险来源的数据,可以避免决策失败、经济损失。(3)运营合规。治理数据可以让组织的运营符合法律法规和行业规范,降低合规风险,提升组织信誉。(4)价值实现。通过大数据与业务的融合,保证数据价值的实现。⑥ 张一鸣指出,通过有效的数据治理,可以获得:(1)完善的数据管控体系;(2)统一的数据来源;(3)标准化、规范化的数据;(4)提高的工作效率;(5)降低的数据管理、维护、集成成本。⑦ 张宁等给出更简洁、更直接的目标叙述,数据治理能确保数据的准确性、可获取性、

---

① 参见张一鸣:《数据治理过程浅析》,载《中国信息界》2012年第9期。
② See Oklahoma Office of Management & Enterprise Services, "Data Governance Overview", p. 3, https://www.oklahoma.gov/content/dam/ok/en/omes/documents/DataGovernanceOverview.pdf,, last visited on Oct. 21, 2024.
③ 参见吴沈括:《数据治理的全球态势及中国应对策略》,载《电子政务》2019年第1期。
④ 参见杨琳、高洪美、宋俊典、张绍华:《大数据环境下的数据治理框架研究及应用》,载《计算机应用与软件》2017年第4期。
⑤ See Data Governance Institute, *DGI Data Governance Framework*, 2004, p. 6, http://www.datagovernance.com/wp-content/uploads/2014/11/dgi_framework.pdf, last visited on Sept. 30, 2019.
⑥ 参见杨琳、高洪美、宋俊典、张绍华:《大数据环境下的数据治理框架研究及应用》,载《计算机应用与软件》2017年第4期。
⑦ 参见张一鸣:《数据治理过程浅析》,载《中国信息界》2012年第9期。

安全性、适度分享和合规使用。①

　　这些关于数据治理目标的论述尽管不同,却可看出其中不乏许多共同的指向,并且都有助于解决前文所述数据存在的问题。要实现这些一般性目标,数据治理的任务会根据目标的特定化差异而有不同的侧重和措施。例如,《DGI 框架》给出了数据治理六个可能的聚焦领域②,并且在每个领域,都指出了应予从事的不同任务。③

　　需要注意的是,在林林总总关于数据治理目标的叙述中,可以发现一点共性,即制定规则是数据治理不可或缺的一项重要任务。《DGI 框架》就指出,所有的数据治理项目都会采取行动,以完成由三个部分构成的治理任务:创制规则(create rules)、解决冲突(resolve conflicts)和提供持续服务(provide ongoing services)。这是它们的共性所在。④ 把创制规则放在数据治理任务三个组成部分的首要位置,可见其重大意义。

　　《数据管理和使用:21 世纪的治理》在定义数据治理的时候,也指出它"包括关于活动、惯例和实践的法律规范、道德规范、职业规范和行为规范的制度性结构,以及制定和实施这些规范的制度性机制,这些规范加起来共同对数据的收集、储存、使用和转让进行治理"⑤。可见,数据治理必定是一个复杂的规范集的治理过程。联系其需要解决的问题,不难想象,若没有有效的规范体系,是无法实现高质量、安全、可靠、协调的数据,以及数据管理和应用的合法、合规与效率的。

---

① 参见张宁、袁勤俭:《数据治理研究述评》,载《情报杂志》2017 年第 5 期。
② 这些聚焦领域分别是:(1) 政策、标准和战略;(2) 数据质量;(3) 隐私、合规与安全;(4) 数据结构与集成;(5) 数据库和商业智能;(6) 管理支持。
③ 在此仅举两例说明。若聚焦"政策、标准和战略",主要任务是:(1) 审查、批准和监督政策;(2) 收集、挑选、审查、批准和监督标准;(3) 保证政策和标准相互一致;(4) 制定商业规则;(5) 制定数据战略;(6) 识别利益相关者并设定决策权利。若聚焦"数据质量",主要任务是:(1) 为数据质量设定方向;(2) 监督数据质量;(3) 报告数据质量方案的实施情况;(4) 识别利益相关者,设定决策权利,厘清责任。See Data Governance Institute, *DGI Data Governance Framework*, 2004, p. 8, http://www.datagovernance.com/wp-content/uploads/2014/11/dgi_framework.pdf, last visited on Sept. 30, 2019.
④ Ibid., p. 6.
⑤ See British Academy & Royal Society, *Data Management and Use: Governance in the 21st Century*, 2017, p. 96, https://royalsociety.org/~/media/policy/projects/data-governance/data-management-governance.pdf, last visited on Oct. 21, 2024.

2. 数据治理的第二个维度：利用数据进行治理

第二个维度——用数据治理——是与第一个维度紧密交织的，但又有其自身的目标和任务。虽然用数据治理的主体是多元化的，不仅限于政府，但政府又确实是用数据治理体系中的主导者。由于数据时代的来临，政府治理的内容和方式会发生急剧的变化。

唐斯斯等就指出，政府用数据治理可以：(1) 就公共服务而言，实现公共服务环境的开放化、公共服务方式的推送化、公共服务产品的个性化以及随需所想的公共服务；(2) 就社会管理而言，实现"微"决策（运用数据挖掘发现分散、小概率事件背后的问题，发挥提前预警功能）、"被"决策（利用数据把握民意和民智，更多地参考和回应公众意愿）、"智"决策（通过数据分析形成精准报告和预测，有助于实时决策），让参与型社会更具实质化，更好地实施社会危机和风险治理；(3) 就政府绩效管理而言，实现"用数据说话"的政府绩效评估、关联化评估（外部对政府的参与度、评价，内部对工作绩效、组织管理绩效、资金管理绩效、IT资产管理绩效等各种相关因素的综合评估）以及政府绩效的量化评估。[1] 而要实现大数据助推政府治理的目标，也同样需像企业治理数据那样对政府数据进行有效的治理，保证政府数据的安全可靠、有机融合、内部共享、分析利用，以及企业数据治理并不见得必做的对外开放。[2]

把对数据治理和用数据治理更加充分地结合起来的政府数据治理以及基于数据的公共治理（data-based public governance），势必会有更重的规则创制任务。因为，除了对政府生成或获得的数据进行治理、保障这些数据的高质量和可用性的需要以外，政府应该如何通过政府信息公开、政府数据的收集和开放、电子政务的实施、政府数据利用与个性化管理、个性化服务的对接、政府数据与不同企业、社会组织数据的分享利用以及个人隐私的保护，来充分提升政府治理乃至公共治理的水平，都需要有大量的法律、政策、指令、指导性意见等规则的支撑。这在其他国家的政府数

---

[1] 参见唐斯斯、刘叶婷：《以"数据治理"推动政府治理创新》，载《中国发展观察》2014年第5期。

[2] 参见范灵俊、洪学海、黄晁、华岗、李国杰：《政府大数据治理的挑战及对策》，载《大数据》2016年第3期。

据治理中已经有充分体现。① 如李重照等指出,这或许也可以理解为政府数据治理的第三个层面:"数据环境治理",即对与数据相关的要素进行治理,通过完善政策法规、建立标准规范、保障数据安全,构建良好的"用数"环境。②

四、数据治理的软法空间

数据治理的规则创制任务,是否可以完全由国家法律完成呢?尤其是有强制约束力的国家法律即硬法来完成?如前所述,数据治理是现代公共治理体系中一个新的组成部分,由于公共治理需要软法之治已经基本成为共识③,似乎很容易就得出一个否定的答案,即数据治理不能完全依靠硬法。然而,为更好地理解数据治理的软法空间,仍然有必要在此离开这个简单的推理结论,针对数据治理的特殊性,探讨软法为什么以及在什么范围内有助于数据治理。

1. 数据治理的普遍性需要软法

数据治理并不是一个企业、一个行业或一个政府机构的事情。任何有着一定规模的组织,都会在当下与未来面对如何在数据的管理和应用上最大化其收益,因此都需要通过相应的规则加强数据治理。当然,组织为其自己的数据治理任务而创设的规则,并不属于软法范畴。然而,由于"对数据治理"和"用数据治理"的普遍存在,以及组织之间可能需要的在两个维度上的合作,因此,完全有必要通过软法性质的规则,去引导组织自身的"对数据治理",以及组织或组织之间的"用数据治理"。如前文提

---

① 参见李重照、黄璜:《英国政府数据治理的政策与治理结构》,载《电子政务》2019年第1期;黄璜:《美国联邦政府数据治理:政策与结构》,载《中国行政管理》2017年第8期;谭必勇、陈艳:《加拿大联邦政府数据治理框架分析及其对我国的启示》,载《电子政务》2019年第1期。

② 参见李重照、黄璜:《英国政府数据治理的政策与治理结构》,载《电子政务》2019年第1期。

③ 参见翟小波:《"软法"及其概念之证成——以公共治理为背景》,载《法律科学》2007年第2期;罗豪才:《公共治理的崛起呼唤软法之治》,载姜明安主编:《行政法论丛》第11卷,法律出版社2008年版,第1—5页;姜明安:《完善软法机制,推进社会公共治理创新》,载《中国法学》2010年第5期。

及的《DGI框架》已经为全球数百个组织所用。该框架的内容没有传统国家法的色彩,其提出的数据治理原则和规则都是建议性的、指引性的,却得到了广泛参考和应用。

2. 数据治理的技术性需要软法

数据治理之所以需要软法,技术性也是其中一个原因,同前一讲所提风险交流需要软法如出一辙。数据治理是现代信息技术(IT)发展的结果。已有的或可能的技术发展带来什么样的数据治理问题,以及针对这些问题应该如何结合技术特点,制定相应的数据治理规则,是数据治理必须应对的。由于技术性太强,这些规则的提供不可能完全依赖正式国家法律的制定过程。

例如,云技术是在广域网或局域网内将硬件、软件、网络等系列资源统一起来,实现数据的计算、储存、处理和共享的一种托管技术。为了给新加坡金融机构在外包云技术及相应管理方面提供指引,新加坡银行协会(Association of Bank in Singapore,ABS)于2019年8月2日发布了《ABS云计算实施指南2.0》(ABS Cloud Computing Implementation Guide 2.0 for the Financial Industry in Singapore,以下简称《ABS云计算指南2.0》)。这个指南中的建议都是经过新加坡银行协会网络安全常务委员会讨论和同意的,旨在帮助金融机构了解云技术外包过程中应持续进行的尽职调查、供应商管理和关键点控制。它还专门指出,该指南包含的最佳实践建议和注意事项是为了支持安全使用云技术,但不是一套强制性要求。[①]

3. 数据治理的复杂性需要软法

数据治理的复杂性也是其相当程度依赖软法的重要原因。复杂性不仅源于技术,而且与任务的多样性、组织及其所在国家或地区的差异性有关。例如,前文已经提及,《DGI框架》给出数据治理六大聚焦领域的同时,大致说明了每个聚焦领域应予完成的任务,而对应这些不同的任务,

---

① See Association of Banks in Singapore, *ABS Cloud Computing Implementation Guilds 2.0: For the Financial Industry in Singapore*, https://abs.org.sg/docs/library/abs-cloud-computing-implementation-guide.pdf, last visited on Oct. 21, 2024.

就需要不同的操作规则,包括但不限于政策、标准、策略等。① 又如,IBM公司的《大数据时代信息治理原则和实践》(Information Governance Principles and Practices for a Big Data Landscape,以下简称《IBM信息治理》)也指出,"当企业和信息技术专业人员首次考察信息治理主题时,许多人对这个主题的复杂性感到不知所措。信息系统的数量和相互竞争的企业议程将如此多的变量混杂在一起,以至于手头的任务似乎是无法应付的。"对于许多企业而言,在全球经济时代,它们都需要履行来自国际的、国家的、地区的各种外部规制所提出的不同义务,才能做到合规。② 至于政府的利用数据治理,更是牵扯不同的部门、不同的领域、不同的治理任务,显然无法通过屈指可数的国家法规则予以全面覆盖。③ 多个变量造成的复杂性,使得软法更具适应性。

4. 数据治理的应时性需要软法

数据治理建立在信息技术发展基础之上,而信息技术的发展速度是极快的。传统上,通过赋予法律(主要是国家法)的强制约束力,可以保证法律在相当一段时期内得到普遍遵守,保证法律具有高度的稳定性,从而维系应有的秩序。但是,现如今,技术的日新月异,造成问题的产生远快于问题的解决。如何于迅速变化之中在稳定性和适应性之间寻得平衡,是当代法治必须应对的棘手难题。数据治理就处于如此情境之中。

因此,《IBM信息治理》指出,数据治理实践必须对技术、客户需求以及内部流程的变化反应灵敏。④ 而要做到这一点,比硬法更具有应时性

---

① See Data Governance Institute, *DGI Data Governance Framework*, 2004, pp.7-10, http://www.datagovernance.com/wp-content/uploads/2014/11/dgi_framework.pdf, last visited on Sept.30, 2019.
② See IBM, *Information Governance Principles and Practices for a Big Data Landscape*, 2014, pp.33, 37, http://www.redbooks.ibm.com/redbooks/pdfs/sg248165.pdf, last visited on Oct.21, 2024.
③ 例如,在美国医疗保健领域的改革呈现"新治理"倾向,数据收集和传播是其中的一个治理手段,该手段本身就被视为是软法的作用。See Louise G. Trubek, "New Governance and Soft Law in Health Care Reform", *Indiana Health Law Review*, Vol.3, pp.139-170 (2006).
④ See IBM, *Information Governance Principles and Practices for a Big Data Landscape*, 2014, p.37, http://www.redbooks.ibm.com/redbooks/pdfs/sg248165.pdf, last visited on Oct.21, 2024.

特点和功能的软法，就有了更大的存在空间。① 例如，新加坡银行协会2016年6月发布《云计算实施指南》，而仅仅3年之后，该协会就对指南进行了更新升级，颁布了前述的《ABS云计算指南2.0》。②

由上分析可知，数据治理的普遍性、技术性、复杂性和应时性，决定了其对软法有着非常大的需求。当然，数据治理对软法有着极大数量的需求，并不意味着其单凭软法或主要依靠软法即可实现数据的安全性、完整性、一致性、可靠性、可得性、可用性及其利用的智慧性、准确性和权益平衡性。其实，如同在许多领域一样，数据治理若没有硬法规定基础性规范，软法也难以发挥真正有效的作用。

例如，加拿大的政府数据治理依靠大量的软法规则，如《信息和技术政策框架》《信息技术管理政策》《信息技术管理指令》《加拿大政府2016至2020年信息管理和信息技术战略计划》《运营安全标准：信息技术安全管理》《加拿大白皮书：数据主权和公共云》《开放政府伙伴关系第三个双年计划：2016—2018》《加拿大2018—2020开放政府行动计划》《关于隐私实践的指令(2014)》《隐私保护政策(2018)》《综合风险管理指南》《企业风险档案指南》《风险陈述指南》《风险分类指南》等，不胜枚举。然而，所有这些都建立在比较成熟的硬法体系基础上，如《隐私法》《个人信息保护和电子文件法》《信息获取法》《信息安全法》《加拿大安全信息共享法》《加拿大国家图书档案馆法》等。③ 英国④、美国⑤等的政府数据治理也呈现类似硬法、软法混合治理的情形。⑥

---

① "相对于法律修改程序和流程的复杂和周期的长久，政策的修改和更新速度更能保证对政府数据治理实践的指导"。谭必勇、陈艳：《加拿大联邦政府数据治理框架分析及其对我国的启示》，载《电子政务》2019年第1期。

② See Association of Banks in Singapore, "ABS Updates Implementation Guide on Cloud Services", https://www.abs.org.sg/docs/library/20190802-media-release-on-abs-issues-cloud-computing-implementation-guide-version-2-0_final-ver.pdf, last visited on Oct. 21, 2024.

③ 参见谭必勇、陈艳：《加拿大联邦政府数据治理框架分析及其对我国的启示》，载《电子政务》2019年第1期。该文将 Guide to Corporate Risk Profiles 翻译为《国家风险简档》，应该是不妥的，笔者在此译为《企业风险档案指南》。

④ 参见李重照、黄璜：《英国政府数据治理的政策与治理结构》，载《电子政务》2019年第1期。

⑤ 参见黄璜：《美国联邦政府数据治理：政策与结构》，载《中国行政管理》2017年第8期。

⑥ 关于硬法和软法混合治理概念的最先提出，参见罗豪才、宋功德：《认真对待软法——公域软法的一般理论及其中国实践》，载《中国法学》2006年第2期。

五、结语：数字时代的软法未来

敏锐的读者可以发现，本讲与前一讲的旨趣有诸多相似，都是就特定领域需要软法更多介入进行阐述。不同之处在于，前一讲触及的是风险交流这一风险社会治理中重要的、无所不在的环节，它看似普遍、普通但确实需要更多引导才能有效进行，而本讲所涉的是快速发展的数字技术所带来的数据治理规则需求问题，其深层次是日新月异的技术发展与其不确定、不可控后果之间的张力，以及艰巨的应对这种张力的任务。

本讲当然是一个非常初步的探索。数据治理内含"对数据治理"和"用数据治理"两个相互关联的维度，从个体商家、企业、行业协会、非政府组织，到地区和国家的政府，乃至跨越国境的共同体，不计其数的不同类型的组织或机构都有数据治理的需要。在数据治理背后的冷酷现实就是：人类正在被难以计量的、快速繁殖的数据"围剿"。对安全、隐私的关怀，同对数据的商业、社会和政治价值的挖掘利用，经常交织在一起，以至于相关的权利、权力边界发生了更多的模糊性、流动性。希冀硬法对此进行常规的、定准的调整，显然是一种奢望。数据治理的普遍性、技术性、复杂性、应时性，都在呼唤硬法与软法的共同构建。若能就此达成普遍共识，那么，更深入的研究将会与数据治理的具体目标和任务——例如，数据质量、安全保障、数据公开、隐私保护等——相结合，探究具体目标和任务之下，哪些规范必须由硬法提供，哪些规范可以考虑由软法供应，以及二者之间如何实现有效的互动与作用。

由数据治理延伸开来，在数字时代的未来，由于数字技术将更大范围、更强有力地改变人民的日常生活，从法律、法学的视角对数据、算法、人工智能的规范化控制的研究，注定会越来越多地考虑软法的意义、作用及其发挥实效的机制。"用软法来应对硬问题"，已经被认为是在不确定的未来治理新兴技术的重要机制，因为它可以更有效地应对硬法规制面临的"配速问题"(pacing problem)。[①]

[①] See Ryan Hagemann, Jennifer Huddleston Skees & Adam Thierer, "Soft Law for Hard Problems: The Governance of Emerging Technologies in an Uncertain Future", *Colorado Technology Law Journal*, Vol. 17.1, pp. 37-129 (2018).

主要参考文献

中文著作

1. 〔英〕安德鲁·海伍德:《政治的常识》(第三版),中国人民大学出版社 2014 年版。

2. 〔英〕戴维·哈尔彭:《助推:小行动如何推动大变革》,梁本彬、于菲菲、潘翠翠译,中信出版社 2018 年版。

3. 〔美〕E. 博登海默:《法理学:法律哲学与法律方法》,邓正来译,中国政法大学出版社 1999 年版。

4. 高其才:《法理学》(第四版),清华大学出版社 2021 年版。

5. 〔英〕H. L. A. 哈特:《法律的概念》,张文显等译,中国大百科全书出版社 1996 年版。

6. 〔美〕哈罗德. J. 伯尔曼:《法律与革命(第一卷)——西方法律传统的形成》(中文修订版),贺卫方、高鸿钧、张志铭、夏勇译,法律出版社 2008 年版。

7. 〔奥〕汉斯·凯尔森:《法与国家的一般理论》,沈宗灵译,中国大百科全书出版社 1996 年版。

8. 〔奥〕汉斯·凯尔森:《纯粹法学说》(第二版),雷磊译,法律出版社 2021 年版。

9. 〔美〕理查德·塞勒、卡斯·桑斯坦:《助推:如何做出有关健康、财富与幸福的最佳决策》,刘宁译,中信出版社 2018 年版。

10. 李启成:《外来规则与固有习惯——祭田法制的近代转型》,北京大学出版社 2014 年版。

11. 刘星:《西方法学初步》,广东人民出版社 1998 年版。

12. 罗豪才等:《软法与公共治理》,北京大学出版社 2006 年版。

13. 罗豪才、宋功德:《软法亦法:公共治理呼唤软法之治》,法律出版社 2009 年版。

14. 罗豪才主编：《软法的理论与实践》，北京大学出版社 2010 年版。

15. 罗豪才、毕洪海编：《软法的挑战》，商务印书馆 2011 年版。

16. 〔比〕马克·范·胡克：《法律的沟通之维》，孙国东译，法律出版社 2008 年版。

17. 〔美〕卡斯·桑斯坦：《为什么助推》，马冬梅译，中信出版社 2015 年版。

18. 〔日〕千叶正士：《法律多元——从日本法律文化迈向一般理论》，强世功等译，中国政法大学出版社 1997 年版。

19. 覃雄派、陈跃国、杜小勇编著：《数据科学概论》，中国人民大学出版社 2018 年版。

20. 〔美〕史蒂芬·布雷耶：《规制及其改革》，李洪雷等译，北京大学出版社 2008 年版。

21. 苏力：《法治及其本土资源》，中国政法大学出版社 1996 年版。

22. 孙国华、朱景文主编：《法理学》（第五版），中国人民大学出版社 2021 年版。

23. 〔美〕T.L.塞尔瑙等：《食品安全风险交流方法——以信息为中心》，李强等译，化学工业出版社 2012 年版。

24. 王铭铭、王斯福主编：《乡土社会的秩序、公正与权威》，中国政法大学出版社 1997 年版。

25. 〔德〕乌尔里希·贝克：《风险社会》，何博闻译，译林出版社 2004 年版。

26. 〔美〕约翰·奇普曼·格雷：《法律的性质与渊源》，商务印书馆 2022 年版。

27. 〔英〕约翰·密尔：《论自由》，许宝骙译，商务印书馆 2005 年版。

28. 周敏：《阐释·流动·想象：风险社会下的信息流动与传播管理》，北京大学出版社 2014 年版。

中文论文

1. 包冬梅、范颖捷、李鸣：《高校图书馆数据治理及其框架》，载《图书情报工作》2015 年第 18 期。

2. 陈景辉：《"习惯法"是法律吗？》，载《法学》2018 年第 1 期。

3. 程信和：《硬法、软法与经济法》，载《甘肃社会科学》2007 年第 4 期。

4. 〔美〕大卫·罗佩克：《风险交流：超出事实和感受》，载《国际原子能机构通报》2008 年第 2 期。

5. 范灵俊、洪学海、黄晁、华岗、李国杰：《政府大数据治理的挑战及对策》，载《大数据》2016 年第 3 期。

6. 〔英〕弗朗西斯·施耐德：《软法与治理——欧盟组织结构和工作流程的经验》，徐维译，载罗豪才主编：《软法的理论与实践》，北京大学出版社 2010 年版。

7. 高其才:《民法典中的习惯法:界定、内容和意义》,载《甘肃政法大学学报》2020 年第 5 期。

8. 〔德〕贡特尔·托依布纳:《匿名的魔阵:跨国活动中"私人"对人权的侵犯》,泮伟江译,载《清华法治论衡》2007 年第 2 期,清华大学出版社 2008 年版。

9. 韩春晖:《软法机制初探——沿袭经验主义的认知方式》,载罗豪才等:《软法与公共治理》,北京大学出版社 2006 年版。

10. 韩永红:《论食品安全国际法律规制中的软法》,载《河北法学》2010 年第 8 期。

11. 华智亚:《风险沟通与风险型环境群体性事件的应对》,载《人文杂志》2014 年第 5 期。

12. 黄璜:《美国联邦政府数据治理:政策与结构》,载《中国行政管理》2017 年第 8 期。

13. 姜明安:《软法的兴起与软法之治》,载《中国法学》2006 年第 2 期。

14. 姜明安:《完善软法机制,推进社会公共治理创新》,载《中国法学》2010 年第 5 期。

15. 李明光、陈新庚:《浅议环境风险交流》,载《广州环境科学》2000 年第 4 期。

16. 李重照、黄璜:《英国政府数据治理的政策与治理结构》,载《电子政务》2019 年第 1 期。

17. 梁楠、杨静、张弨:《新型冠状病毒肺炎(COVID-19)和严重急性呼吸综合征(SARS)药物治疗中的共性和差异探讨》,载《中国药事》2020 年第 5 期。

18. 梁治平:《中国法律史上的民间法——兼论中国古代法律的多元格局》,载《中国文化》1997 年第 15、16 期。

19. 罗豪才、毕洪海:《通过软法的治理》,载《法学家》2006 年第 1 期。

20. 罗豪才、宋功德:《认真对待软法——公域软法的一般理论及其中国实践》,载《中国法学》2006 年第 2 期。

21. 罗豪才、周强:《法治政府建设中的软法治理》,载《江海学刊》2016 年第 1 期。

22. 聂红波:《我国环境风险沟通机制法制化研究》,华中科技大学 2012 年硕士学位论文。

23. 〔荷〕让·克莱伯斯:《冗余的软法》,魏武译,载《行政法学研究》2008 年第 2 期。

24. 沈岿:《解析行政规则对司法的约束力——以行政诉讼为论域》,载《中外法学》2006 年第 2 期。

25. 沈岿:《风险治理决策程序的应急模式——对防控甲型 H1N1 流感隔离决策的考察》,载《华东政法大学学报》2009 年第 5 期。

26. 沈岿:《分散和团结:软法参与社会治理的效用向度》,载《现代法治研究》2016年第1期。

27. 谭必勇、陈艳:《加拿大联邦政府数据治理框架分析及其对我国的启示》,载《电子政务》2019年第1期。

28. 唐斯斯、刘叶婷:《以"数据治理"推动政府治理创新》,载《中国发展观察》2014年第5期。

29. 田成有:《"习惯法"是法吗?》,载《云南法学》2000年第3期。

30. 万霞:《国际法中的"软法"现象探析》,载《外交学院学报》2005年第1期。

31. 王兰:《全球数字金融监管异化的软法治理归正》,载《现代法学》2021年第3期。

32. 王天华:《裁量基准与个别情况考虑义务——周文明诉文山交警不按"红头文件"处罚案评析》,载《交大法学》2011年第1期。

33. 〔德〕沃尔夫冈·多伊普勒:《〈欧美人工智能法案〉的背景、主要内容与评价——兼论该法案对劳动法的影响》,王倩译,载《环球法律评论》2024年第3期。

34. 〔德〕乌尔里希·贝克:《风险社会再思考》,郗卫东编译,载《马克思主义与现实》2002年第4期。

35. 〔德〕乌尔里希·贝克:《风险社会政治学》,刘宁宁、沈天霄编译,载《马克思主义与现实》2005年第3期。

36. 吴沈括:《数据治理的全球态势及中国应对策略》,载《电子政务》2019年第1期。

37. 夏恿:《法治是什么——渊源、规诫与价值》,载《中国社会科学》1999年第4期。

38. 谢晖:《论民间法研究的学术范型》,载《政法论坛》2011年第4期。

39. 邢鸿飞:《软法治理的迷失与归位——对政府规制中软法治理理论和实践的思考》,载《南京大学学报(哲学·人文科学·社会科学版)》2007年第5期。

40. 徐爱国:《现代社会中的民间法——folklaw的域外法学考察》,载《法学评论》2023年第6期。

41. 徐崇利:《全球治理与跨国法律体系:硬法与软法的"中心—外围"之构造》,载《国外理论动态》2013年第8期。

42. 杨琳、高洪美、宋俊典、张绍华:《大数据环境下的数据治理框架研究及应用》,载《计算机应用与软件》2017年第4期。

43. 杨雪冬:《全球化、风险社会与复合治理》,载《马克思主义与现实》2004年第4期。

44. 俞可平:《全球治理引论》,载《马克思主义与现实》2002年第1期。

45. 于立深:《现代行政法的行政自制理论——以内部行政法为视角》,载《当代法学》2009 年第 6 期。

46. 翟小波:《软法概念与公共治理》,载罗豪才等:《软法与公共治理》,北京大学出版社 2006 年版。

47. 张根大:《论法律效力》,载《法学研究》1998 年第 2 期。

48. 张宁、袁勤俭:《数据治理研究述评》,载《情报杂志》2017 年第 5 期。

49. 张一鸣:《数据治理过程浅析》,载《中国信息界》2012 年第 9 期。

50. 周佑勇:《裁量基准的正当性问题研究》,载《中国法学》2007 年第 6 期。

51. 周佑勇:《在软法与硬法之间:裁量基准效力的法理定位》,载《法学论坛》2009 年第 4 期。

52. 朱芒:《论行政规定的性质——从行政规范体系角度的定位》,载《中国法学》2003 年第 1 期。

英文著作

1. Alf Ross, *On Law and Justice*, translated by Uta Bindreiter, Oxford University Press, 2019.

2. Andrew Heywood, *Political Theory: An Introduction*, 3rd ed., Palgrave MacMillan, 2004.

3. British Academy & Royal Society, *Data Management and Use: Governance in the 21st Century*, 2017, https://royalsociety.org/~/media/policy/projects/data-governance/data-management-governance.pdf, last visited on Oct. 21, 2024.

4. Cass R. Sunstein, *Why Nudge: The Politics of Libertarian Paternalism*, Yale University Press, 2014.

5. Chris Brummer, *Soft Law and the Global Financial System: Rule Making in the 21st Century*, 2nd ed., Cambridge University Press, 2015.

6. Data Governance Institute, *DGI Data Governance Framework*, 2004, http://www.datagovernance.com/wp-content/uploads/2014/11/dgi_framework.pdf, last visited on Sept. 30, 2019.

7. EFSA, *When Food is Cooking up a Storm: Proven Recipes for Risk Communication*, 2017, https://www.efsa.europa.eu/sites/default/files/corporate_publications/files/riskcommguidelines170524.pdf, last visited on Oct. 20, 2024.

8. EFSA, *EFSA Risk Communications Strategy and Plans: 2006-2009*, http://www.efca.europa.eu/sites/default/files/assets/commstrategy.pdf, last visited on Oct. 20, 2024.

9. EFSA, *EFSA's Communications Strategy: 2010-2013 Perspective*, https://www.efsa.europa.eu/sites/default/files/assets/commstrategyperspective2013.pdf, last visited on Oct. 20, 2024.

10. Eva Sørensen & Peter Triantafillou, ed., *The Politics of Self-governance*, Ashgate Publishing Limited, 2009.

11. Giovanni Carrada, *Communicating Science: A Scientist's Survival Kit*, Directorate-General for Research of European Commission, 2006.

12. Hans Kelsen, *Pure Theory of Law*, translated by Max Knight, The Law Exchange Ltd., 2005.

13. Hans Kelsen, *General Theory of Law and State*, Transaction Publishers, 2006.

14. James Anderson et al, *Public Policymaking: An Introduction*, 9th ed., Cengage, 2021.

15. Maris Köpcke, *Legal Validity: The Fabric of Justice*, Hart Publishing, 2019.

16. John Ladley, *Data Governance: How to Design, Deploy and Sustain an Effective Data Governance Program*, Elsevier Inc., 2012.

17. Jürgen Friedrich, *International Environmental "Soft Law"*, Springer, 2013.

18. Mariolina Eliantonio, Emilia Korkea-aho & Oana Stefan eds., *EU Soft Law in the Member States: Theoretical Findings and Empirical Evidence*, Hart Publishing, 2021.

19. Mark D. White, *The Manipulation of Choices: Ethics and Libertarian Paternalism*, Palgrave Macmillan, 2013.

20. Michael E. Kraft & Scott R. Furlong, *Public Policy*, 7th ed., Sage Publications Inc., 2021.

21. Ortwin Renn, *Risk Governance: Coping with Uncertainty in a Complex World*, Earthscan, 2008.

22. Richard H. Thaler & Cass R. Sunstein, *Nudge: Improving Decisions About Health, Wealth, and Happiness*, Yale University Press, 2008.

23. Sarah Conly, *Against Autonomy: Justifying Coercive Paternalism*, Cambridge University Press, 2013.

24. Social Issues Research Centre, Royal Society & Royal Institution of Great Britain, *Guidelines on Science and Health Communication*, https://www.asset-

scienceinsociety. eu/sites/default/files/science_and_health_communication_guidelines_0. pdf, last visited on Oct. 20, 2024.

25. Stephen Munzer, *Legal Validity*, Martinus Nijhoff, The Hague, Netherlands, 1972.

英文论文

1. Andreas T. Schmidt, "The Power to Nudge", *The American Political Science Review*, Vol. 111 (2017).

2. Andrew T. Guzman & Timothy L. Meyer, "International Soft Law", *Journal of Legal Analysis*, Vol. 2 (2010).

3. Anna Di Robilant, "Genealogies of Soft Law", *The American Journal of Comparative Law*, Vol. 3 (2006).

4. Anna Jobin, Marcello lenca & Effy Vayena, "The Global Landscape of AI Ethics Guidelines", *Nature Machine Intelligence*, Vol. 1 (2019).

5. Alexandre Flückiger, "Why Do We Obey Soft Law?", in Stéphan Nahrath & Frédéric Varone ed. , *Rediscovering Public Law and Public Administration in Comparative Policy Analysis: A Tribute to Perter Knoepfel*, Presses polytechniques romandes/Haupt, Lausanne et Berne, 2009.

6. Barry Friedman, Farhang Heydari, Max Issacs & Katie Kinsey, "Policing Police Tech: A Soft Law Solution", *Berkeley Technology Law Journal*, Vol. 37 (2022).

7. Bernard Gert & Charles M. Culver, "Paternalistic Behavior", *Philosophy & Public Affairs*, Vol. 6 (1976).

8. Brendon Murphy & Jay Sanderson, "Soft Law, Responsibility and the Biopolitics of Front-of-Pack Food Labels", *Griffith Law Review*, Vol. 26 (2017).

9. Brian Galle, "A Response: What's in a Nudge", *Administrative Law Review Accord*, Vol. 3, No. 1 (2017).

10. Cass R. Sunstein, "Forward: The Ethics of Nudging", in Alberto Alemanno & Anne-Lise Sibony eds. , *Nudge and the Law: A European Perspective*, Hart Publishing Ltd. ,2015,

11. Cass R. Sunstein, "Do People Like Nudges?", *Administrative Law Review*, Vol. 68 (2016).

12. Char J. Word, Anna K. Harding, Gordon R. Bilyard & James R. Weber, "Basic Science and Risk Communication: A Dialogue-Based Study", *Risk: Health,*

Safety & Environment, Vol. 10 (1999).

13. Christine Jolls, Cass R. Sunstein & Richard Thaler, "A Behavioral Approach to Law and Economics", *Stanford Law Review*, Vol. 50 (1998).

14. Daniel Kahneman, "Forward", in Eldar Shafir ed., *The Behavioral Foundations of Public Policy*, Princeton University Press, 2013.

15. Daniel M. Hausman & Brynn Welch, "Debate: To Nudge or Not to Nudge", *The Journal of Political Philosophy*, Vol. 18 (2009).

16. Danny Scoccia, "Paternalism and Respect for Autonomy", *Ethics*, Vol. 100 (1990).

17. Danny Scoccia, "The Concept of Paternalism", in Kalle Grill & Jason Hanna eds, *The Routledge Handbook of the Philosophy of Paternalism*, Routledge, 2018.

18. David L. Charles & Ian Wesley-Smith, "Beyond Blackstone: The Modern Emergence of Customary Law", *Property Rights Conference Journal*, Vol. 4 (2015).

19. Dietmar von der Pfordten, "Validity in Positive Law: A Mere Summary Concept", in Pauline Westerman, Jaap Hage, Stephan Kirste & Anne Ruth Mackor eds., *Legal Validity and Soft Law*, Springer International Publishing, 2018.

20. Douglas N. Husak, "Paternalism and Autonomy", *Philosophy & Public Affairs*, Vol. 10 (1981).

21. Even Riley, "The Beneficent Nudge Program and Epistemic Injustice", *Ethical Theory and Moral Practice*, Vol. 20 (2017).

22. Evan Sellinger & Kyle Powys Whyte, "Is There a Right Way to Nudge? The Practice and Ethics of Choice Architecture", *Sociology Compass*, Vol. 5 (2011).

23. Evan Sellinger & Kyle Powys Whyte, "What Counts as a Nudge?", *American Journal of Bioethics*, Vol. 12 (2012).

24. Francis Snyder, "The Effectiveness of European Community Law: Institutions, Processes, Tools and Techniques", *The Modern Law Review*, Vol. 56 (1993).

25. Frederic Bouder, "Can Practitioners Do Better at Risk Communication? Using Evidence to Develop Best Practice", *European Journal of Risk Regulation*, Vol. 3 (2010).

26. Gary E. Marchant, "The Growing Gap between Emerging Technologies and the Law", in Gary E. Marchant, Braden Allenby & Joseph Herkert ed., *The Growing Gap between Emerging Technologies and Legal-Ethical Oversight: The*

Pacing Problem, Springer, 2011.

27. Gary E. Marchant, "'Soft Law' Governance of Artificial Intelligence", https://escholarship. org/content/qt0jq252ks/qt0jq252ks _ noSplash _ 1ff6445b4d4efd438fd6e06cc2df4775. pdf? t=po1uh8, last visited on Aug. 6, 2024.

28. Gary E. Marchant, Lucille Tournas & Carlos Ignacio Gutierrez, "Governing Emerging Technologies through Soft Law: Lessons for Artificial Intelligence", *Jurimetrics*, Vol. 61 (2020).

29. Gary E. Marchant & Carlos Ignacio Gutierrez, "Indirect Enforcement of Artificial Intelligence 'Soft Law'", TPRC48: The 48th Research Conference on Communication, Information and Internet Policy, available at SSRN: https://ssrn.com/abstract=3749776, last visited on Aug. 6, 2024.

30. Gary E. Marchant & Carlos Ignacio Gutierrez, "Soft Law 2. 0: An Agile and Effective Governance Approach for Artificial Intelligence", *Minnesota Journal of Law, Science & Technology*, Vol. 24, No. 2 (2023).

31. Gerald Dworkin, "Paternalism", *The Monist*, Vol. 56 (1972).

32. Jaap Hage, "What is Legal Validity: Lessons from Soft Law", in Pauline Westerman, Jaap Hage, Stephan Kirste & Anne Ruth Mackor eds., *Legal Validity and Soft Law*, Springer International Publishing, 2018.

33. Jacob E. Gersen & Eric A. Posner, "Soft Law: Lessons from Congressional Practice", *Stanford Law Review*, Vol. 61 (2008).

34. James E. Grunig & Larrisa A. Grunig, "Models of Public Relations and Communication", in James E. Grunig ed., *Excellence in Public Relations and Communication Management*, Lawrence Erlbaum Associates, Inc. Publishers, 1992.

35. Jan Klabbers, "Reflections on Soft International Law in a Privatized World", *Finnish Year Book of International Law*, Vol. 16 (2005).

36. J. E. S. Hayward, "The Official Social Philosophy of the French Third Republic: Léon Bourgeois and Solidarism", *International Review of Social History*, Vol. 6, No. 1 (1961).

37. J. N. Garver, "On the Rationality of Persuading", *Mind*, Vol. 69 (1960).

38. Karl-Peter Sommermann, "Some Reflections on the Concept of Solidarity and its Transformation into a Legal Principle", *Archiv des Völkerrechts*, 52. Bd. No. 1 (2014).

39. Kevin T. Jackson, "Global Corporate Governance: Soft Law and

Reputational Accountability", *Brooklyn Journal of International Law*, Vol. 35 (2010).

40. Kevin Dutton, "The Power to Persuade", *Scientific American Mind*, Vol. 21 (2010).

41. László Blutman, "In the Trap of a Legal Metaphor: International Soft Law", *International and Comparative Law Quarterly*, Vol. 59 (2010).

42. Lucas Swaine, "The Origins of Autonomy", *Historical of Political Thought*, Vol. 37, No. 2 (2016).

43. Miriam Hartlapp, "Soft Law Implementation in the EU Multilevel System: Legitimacy and Governance Efficiency Revisited", in Nathalie Behnke, Jörg Broschek &. Jared Sonnicksen eds. , *Configurations, Dynamics and Mechanisms of Multilevel Governance*, Palgrave Macmillan, 2019.

44. Nicholas Cornell, "A Third Theory of Paternalism", *Michigan Law Review*, Vol. 113 (2015).

45. Paul Slovic &. Ellen Peters, "Risk Perception and Affect", *Current Directions in Psychological Science*, Vol. 6 (2006).

46. Pelle Guldorg Hansen &. Andreas Maaloe Jespersen, "Nudge and the Manipulation of Choice: A Framework for the Responsible Use of the Nudge Approach to Behavior Change in Public Policy", *European Journal of Risk Regulation*, Vol. 4 (2013).

47. Pelle Guldborg Hansen, "The Definition of Nudge and Libertarian Paternalism: Does the Hand Fit the Glove?", *European Journal of Risk Regulation*, Vol. 7 (2016).

48. Raja Chatila &. John Havens, "The IEEE Global Initiative on Ethics of Autonomous and Intelligent Systems", in Maria Isabel Aldinhas Ferreira et al. eds., *Robotics and Well-being*, Springer, 2019.

49. Richard H. Thaler &. Cass R. Sunstein, "Libertarian Paternalism", *The American Economic Journal*, Vol. 93 (2003).

50. Roger E. Kasperson &. Ingar Palmlund, "Evaluating Risk Communication", in Vincent T. Covello et al. eds., *Effective Risk Communication: The Role of Government and Nongovernment Organizations*, Springer Science &. Business dledia, 2012.

51. Stefan Haack, "Monopoly on the Use of Force", in Ludger Kühnhardt &. Tilman Mayer, ed., *The Bonn Handbook of Globality*, Vol. 2, Springer

International Publishing AG, 2019.

52. Stephan Kirste, "Concept and Validity of Law", in Pauline Westerman, Jaap Hage, Stephan Kirste & Anne Ruth Mackor eds., *Legal Validity and Soft Law*, Springer International Publishing, 2018.

53. Sweta Chakraborty & Naomi Creutzfeldt-Banda, "Implications of the Risk Communication Guidelines for the European Union", *European Journal of Risk Regulation*, Vol. 4 (2010).

54. Thilo Hagendorff, "The Ethics of AI Ethics: An Evaluation of Guidelines", *Minds & Machines*, Vol. 30 (2020).

55. Timnit Gebru et al., "Datasheets for Datasets", submitted on 23 Mar. 2018 (version 1), last revised 1 Dec. 2021 (version 8).

56. Ville Vakkuri et al., "ECCOLA-A Method for Implementing Ethically Aligned AI Systems", *The Journal of Systems & Software*, Vol. 182 (2021).

57. William Glod, "How Nudges Often Fail to Treat People According to Their Own Preferences", *Social Theory and Practice*, Vol. 41 (2015).

58. William Leiss, "Three Phases in the Evolution of Risk Communication Practice", *Annals of the American Academy of Political and Social Science*, Vol. 545 (1996).

59. Willem Witteveen & Bart van Klink, "Why Is Soft Law really Law? A Communicative Approach to Legislation", *RegelMaat*, Vol. 3 (1999).

60. Yueh-Hsuan Weng & Yasuhisa Hirata, "Ethically Aligned Design for Assistive Robotics", in *Proceedings of the 2018 IEEE International Conference on Intelligence and Safety for Robotics*, 2018.